COST MANAGEMENT

호텔 & 외식산업

원가관리론

진 양 호

지구문화사
JIGU PUBLISHING Co.

머리말 PREFACE

2014년 경제 부분을 보면 각 연구기관마다 차이는 있지만 국내경제 연착륙과 국내 경제성장을 3~4% 내로 전망하고 있는 현실입니다. 현 경제상황 속에서 외식산업의 경기는 무척 어려운 환경입니다. 이러한 때, 우리 모두는 SWOT방식에 입각하여 내적환경 및 외적환경의 위기와 기회를 분석하여 미래에 대한 전략과 전술을 잘 세워 이 현실을 슬기롭게 이겨내야 할 것입니다.

피터 드러커는 "지식이란 일하는 방법을 개선하여 새롭게 개발하거나 또는 기존의 틀을 바꾸는 혁신을 단행해서 부가가치를 높이는 것"이라고 했습니다. 그래서 우리는 끊임없이 배우는 자세가 무엇보다도 중요하며 매사에 서비스 지향적인 사고를 지녀 긍정적 에너지를 발산해 내야만 합니다.

이제 스스로의 학문연구가 호텔·외식산업계의 지속적인 성장에 기여할 수 있는데 힘을 쏟아야 할 때라고 생각합니다. 무한경쟁시대에 맞는 새로운 패러다임을 추구하고 배우며 혁신하는 지식경영인의 마인드를 가져야 됩니다. 그리고 대학생 수가 상상 못 할 정도로 줄어드는 한국 대학교육의 미래사회에 대비하는 유비무환의 정신도 필요한 때입니다.

현 정치, 경제 현상에서 호텔이나 외식산업도 원가절감을 통한 이익증대, 판촉전략을 통한 매출증대 그리고 생산성 극대화, 즉 고비용 저효율에서 저비용 고효율로 바꿔야할 때입니다.

특히 식재료관리를 통한 원가절감이 무엇보다도 요구되는 시대라고 봅니다. 이러한 때 호텔 및 외식산업 경영자와 종사자, 이 분야의 학생들을 위해 원가관리를 좀 더 이해하기 쉽게 재정리하고자 노력했습니다만, 그리 쉬운 일이 아니라는 것을 다시 한번 느꼈습니다.

끝으로 이 책의 출판을 위해 힘써주신 김예영, 권혁성, 고은주 선생들과 지구문화사 임직원 여러분께 진심으로 감사드립니다.

갑오년 만추에

광교산 기슭에서

차 례

Contents

Chapter 04 검수관리

Chapter 05 저장관리

Chapter 06 재고관리

Chapter 07 조리 및 분량관리

차 례

Part Ⅱ 호텔 및 외식산업 식음료원가관리

Chapter 08 원가계산

Chapter 09 식음료원가관리시스템

Contents

Part Ⅲ 재무제표

Chapter 10 재무제표

Chapter 11 대차대조표

Chapter 12 손익계산서

차 례

PART Ⅰ

총 론

Chapter 1

원가의 개요

Section 1 원가의 개념

1. 원가의 정의

원가(Cost)란 특정제품의 제로판매서비스를 위하여 소비되는 재화나 용역의 경제적 가치이다. 즉, 제품을 생산하는데 소비한 경제적 가치이다.

Check point

① 우리나라 "원가계산기준"에서 규정한 원가개념

원가란 경영에 있어서 일정한 급부와 관련하여 파악된 재화. 즉, 용역의 소비를 화폐액으로 표시한 것.

② 미국 회계학회 "원가개념 및 기준에 관한 위원회"의 원가개념

원가란 특정목적을 달성하기 위하여 이미 발생하였거나 또는 발생가능성이 있는 경제적 자원의 희생을 화폐가치로 측정한 것

2. 원가의 5가지 특징

① **급부(제품 또는 용역)창출 관련성** : 기업이 구입한 제품이나 용역을 소비하여 새롭게 창출한 경제적 가치가 원가이다.

② **경제적 가치의 관련성** : 경제적으로 가치있는 제품이나 용역을 소비함으로써 발생한 제품의 원가를 말한다.

③ **경영목적과의 관련성** : 원가는 제품이나 용역의 소비를 경영목적과 관련시킨 경제가치이다. (즉, 주된 영업활동 과정에서 발생한 것)

④ 정상적인 관련성 : 원가는 통상적이고 정상적으로 발생한 것이어야 한다. (수해나 파업 등의 비정상적 경제가치의 희생은 원가에 포함되지 않는다.)

⑤ 재화로 측정 관련성 : 원가는 재화(화폐)로 측정가능해야 한다.

Section 2 원가의 범위

3. 수익과 비용의 관계표

수입(수익) → 들어오는 돈	지출(비용) → 나가는 돈
↓ • 매출액+영업수익 • 영업 외 수익(수취이자, 잡수익) • 특별이익(고정자산매각수입) ↓ • 총수입액(매출액+수익 등)	↓ • 매출원가(제품을 만든 비용) • 일반관리, 판매비(매출원가 이외 비용) (급여 복리후생비, 광고선전비, 집세 등) • 영업외 비용(지불이자, 잡손실) • 특별손실(고정자산매각손실, 특별퇴직금) ↓ 총원가

4. 원가의 자산, 비용, 손실관계표

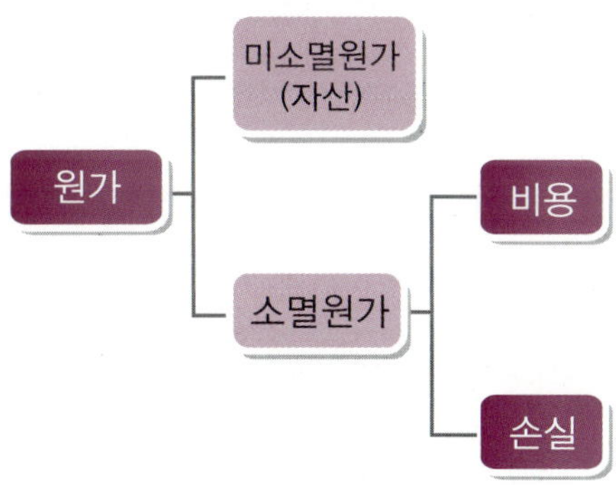

5. 원가의 범위

원가는 호텔, 외식, 식품업체마다 다르다. 동일업체라 할지라도 업장별 특성을 감안하기 때문에 차이가 날 수 있지만, 기본원가개념만은 동일하다고 볼 수 있다. 또한 원가범위에 있어서도 여러 관점에서 볼 수 있으며, 관점이 다르기 때문에 여러 가지로 분류될 수 있다.

표 1-1 원가의 분류

분류	내용
발생형태에 따라	재료원가, 인건비, 경비
제품과의 관련에 따라	직접원가, 간접원가
조업도와의 관련에 따라	변동원가, 고정원가
원가산정의 시점에 따라	과거원가, 미래원가 혹은 취득원가, 추정원가
제품제조의 전후에 따라	실제원가, 견적원가, 표준원가
집계하는 원가의 범위에 따라	전부원가, 부분원가
매출액과의 대응관계에 따라	제품원가, 기간원가
원가의 관리가능성에 따라	관리가능 원가, 관리불가능 원가

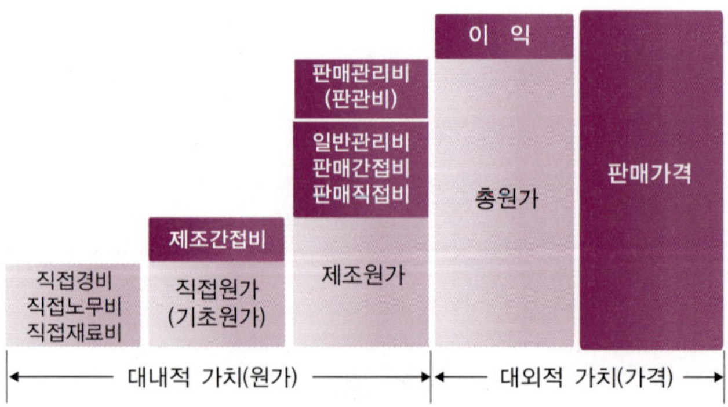

그림 1-1 원가와 판매가격 결정

Check point

- 판매가격 = 총원가 + 이익
- 총 원 가 = 제조원가 + 판매 및 일반관리비(판관비)
- 제조원가 = 직접원가 + 제조간접비

Check point

판매가격 계산법

① **총백분율** : 음식재료의 원가 5,000원 – 100%

② **부대비용과 예정총이익** : 부대비용과 이익 9,500원 – 190%

③ **산정된(추정) 판매가격** : 산정된 판매가격 14,500원 – 290%

④ **판매가의 계산**

예) 100% + 190% = 290%

5,000원 + 9,500원 = 14,500원

예) 290% / 100% = 2.9(상수)

5,000원 × 2.9 = 14,500원

예) 판매가격을 알고 있을 때

14,500원 / 2.9 = 5000원

⑤ **총이익의 최종계산** : 1인당 14,500원에 고객이 10명일 때 재료비는 50,000원이 되어 (100 × 50,000원) / 145,000원 = 34.48%가 된다. 즉, 총이익으로 9,500원을 바란다면(100 × 9,500원) / 14,500원 = 65.52%가 된다.

표 1-2 직접원가와 간접원가

직접원가	직접재료비	주요재료비, 매입부품비
	직접인건비	직접임금, 급여
	직접경비	외주가공비
간접원가	간접재료비	보조재료비, 공장 소모품비
	간접인건비	간접작업임금, 휴업임금, 사여, 퇴직급여, 잡급
	간접경비	감가상각비, 보험료, 수선비, 전력비, 가스비, 수도광열비, 임대료, 운반비, 복리후생비, 잡비

원가는 크게 생산을 위하여 소비되는 물품의 원가인 재료비와 직원들에게 제공되는 임금, 급료, 그리고 수당과 같은 생산을 위하여 소요되는 노동의 가치인 인건비가 있다. 그 밖에 수도비, 광열비, 전력비, 보험비, 그리고 감가상각비와 같이 재료비와 인건비 이외의 가치를 말하는 경비로 구성되어 있는데, 이것을 원가의 3요소라고 한다.

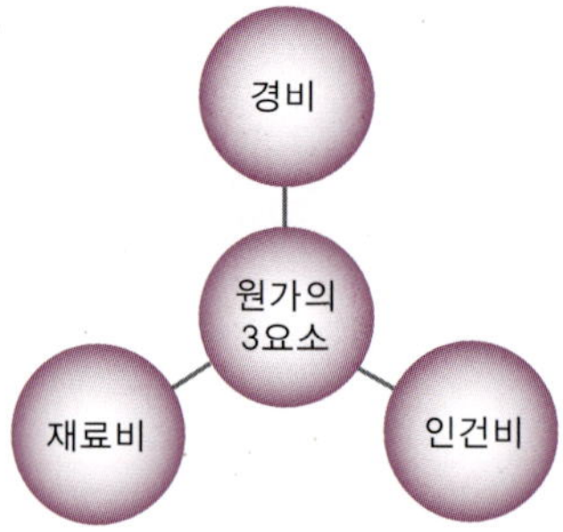

그림 1-2 원가의 3요소

이론적인 입장에서는 5개로 나누어 재료비, 인건비, 감가상각비, 이자비와 혼합비와 같이 5요소로 구분하기도 한다. 그러나 3요소로 나눌 경우에는 감가상각비, 이자비와 혼합비는 경비로 통칭한다.

한편, 비원가 항목으로 사채이자, 도난, 화재로 인한 손실액, 법인세, 소득세, 지급이자, 소송비, 그리고 벌금이 있다. 이러한 원가들을 판매원가를 결정하는데 이용된다.

Chapter 2

원가관리

Section 1 원가관리의 개념

1. 원가관리의 정의

호텔 및 외식산업에 있어 원가관리는 원가의 표준을 설정하고, 실제로 발생한 원가와 비교하여 차이를 분석하고 원가능률을 높이기 위한 조치이다. 즉, 불필요한 낭비를 막는데 큰 의미가 있다.

호텔 및 외식산업에 있어 1980년대까지는 생산이 수요에 미치지 못해 매출확대경영이 경영활동의 주관심사였고, 1990년대 중반까지는 이익중시경영이 주를 이루었으며, 1990년대 후반부터 현금흐름과 경제적 부가가치를 중시하는 가치중시의 경영활동에 힘을 쏟고 있다.

전체적으로 고객요구의 다양화, 개성화, 고급화와 다품종 소량생산, 물류 및 환경문제 대두 등으로 고정비와 인건비, 간접비의 증가, 변동비의 감소, 재고자산의 감소, 환경 및 물류 비용의 상승 등으로 경영여건은 무척 어려운 상황에 놓여있다.

2. 식음료원가관리

(1) 식음료원가관리란?

식음료원가관리의 시작은 정확하지 않지만 몇몇 학자들에 의하면, 제2차 세계대전 중 미국에서 사병들의 급식을 과학적으로 관리하기 위해서 행한 원가관리를 그 근원으로 보고 있다. 또한 일본은 1964년 동경올림픽 전후를 시점으로 하고 있으며, 한국은 호텔설립을 시점으로 하고 있다.

아직까지 식음료 부문에 있어서 통일되고 일률적이며 보편적인 식음료 원가계산시스템이 없었던 것은 업체들마다 서로 다른 상이성들을 가지고 있고, 그들의 시스템에 있어서 접근할 부분이 서로 다르기 때문이다. 최초의 식음료 원가계산시스템은 단순히 식음료구매의 총액만을 고려하는 것이었다.

Check point

식음료원가비율 = 원가 / 매출액 × 100

이러한 식음료원가비율에 따라 만족스러운 비율이 나오면 식음료원가를 제대로 관리하고 있다고 생각했다. 대부분의 상용 음식업자들은 여전히 이러한 식음료 원가계산의 단계에 머물러 있다.

그러나 모든 백분율은 전체 원가를 여러 식음료 그룹으로 나눔으로써 더 수정될 수 있음이 밝혀졌다. 실제로 이러한 식음료 원가계산은 매우 도움이 되었으나, 판매분석을 고려하지 않고 있었을 뿐만 아니라, 우연히 발생할 수도 있는 것을 고려하지 않고 발생한 결과에 대해서만 생각해 왔다.

어떤 업체들은 향후 판매와 그들의 원가를 예측할 수 있게 되었으며, 서로 다른 식음료 항목의 원가들은 사전에 표준레시피로부터 결정하게 되었고(그 결과는 표준원가라 불렸다), 실제 원가를 예측원가와 비교하기 시작하였다. 이때의 분석은 과잉생산, 빈약한 조리방법, 그리고 다른 요인들로부터 차이가 발생했는지를 결정하기 위해 행하게 되었다.

(2) 원가관리의 문제점 대두

이러한 상황에서 나타난 단일가격 식사제도(one-price meal plan)는 알라카트 항목들, 서로 다른 식사코스에 대해서 서로 다른 가격을 지니는 것과 같은 선택적인 가격과는 달랐다. 상용호텔에서 아메리칸스타일은 유럽스타일로 대체되었다. 이러한 현상은 객실료에 식사비가 포함되지 않아 더 많은 원가계산, 통제, 그리고 정보를 필요로 했다. 주방장의 직관에 의존하는 것은 관련된 가격결정을 통제하기에 더 이상 충분하지가 못하게 된 것이다.

따라서 경영자들은 초과적으로 원가가 발생하고 있는 부분, 보다 나은 구매기법이 필요한 부분, 낭비되고 있는 부분, 과잉생산되고 있는 부분, 또는 지나치게 관대한 분량관리가 이루어지고 있는 부분을 파악해 내고자 식음료 원가계산자

(accountant or bean counter)를 고용해야 한다는 필요성을 제기하였다. 또한 메뉴 선택과 가격결정 정책들에도 변화가 필요하다고 생각하게 되었다.

(3) 원가관리의 미래방향

앞으로 새로운 시스템들의 고안으로 이루어지는 전산화는 향후 식음료 원가계산에 큰 역할을 한 것으로 기대되고 있다. 막대한 기억력과 빠른 계산능력을 가지고 있는 컴퓨터들은 구매, 재고, 출고, 표준레시피, 판매, 예측 및 식음료 원가계산을 서로 유기적인 관계로 시스템화 시킬 수 있으리라 사료된다. 또한 기초적인 원가계산과 관리에서 벗어나 경영관리능력 배양뿐만 아니라 품질개선, 공정개선, 설비개선 등의 모든 과정에 걸쳐서 밀도 있는 연구과제가 차후 심도 있게 수행되어야 할 것으로 생각된다.

Section 2 원가관리의 목적

원가관리란 원가수치에 의해서 경영목표를 효과적으로 달성하기 위해 경영시스템 혹은 이들의 하부시스템을 통해서 기회손실을 최소화하는 관리방식을 의미한다. 즉, 식음료원가관리의 궁극적 목적인 식음료원가를 줄이며 판매를 증진시키고자 하는 데에 있다. 영리목적의 업체에 있어 원가는 판매량과 수익의 차기에 있으며, 원가절감의 여부는 수익에 큰 영향을 미친다.

Check point

한 음식 서비스업체가 500,000,000원의 판매량(100%), 150,000,000원의 재료원가(30%), 325,000,000원의 기타원가(65%), 25,000,000원의 수익(5%)을 가진다고 가정하면 결과는 다음과 같다.

판매량	500,000,000원	100%
－재료원가	150,000,000원	30%
－기타원가	325,000,000원	65%
＝수　익	25,000,000원	5%

계산에 의하면 3%의 재료원가 4,500,000원을 절감할 수 있다면 29.1%의 새로운 원가율이 나온다. 수익은 거의 20%로 29,500,000원 정도 증가한다. 판매량을 증가시킴으로써 똑같은 수익증가를 달성하고자 할 경우에는 18%(90,000,000원)의 판매증가가 필요하다(기타원가율이 같을 경우). 또한 총 비용에 있어 1% 미만 감소는 18%의 수익을 증가시킬 수 있다. 한편 재료원가가 3%(4,500,000원) 정도 증가한다면, 수익은 20,500,000원으로 18%가 감소하기 때문에, 비용의 증가는 부정적인 영향을 미친다.

한편, 영리를 목적으로 하지 않는 병원이나 학교음식 서비스업체와 같은 경우에 있어서도, 원가감소는 고객에게 더 나은 음식을 제공할 수 있거나 종사원에게 더 많은 편익을 제공할 수 있다는 것을 의미한다.

Section 3 원가관리의 범위

1. 원가관리의 범위

표 2-1 외식산업 식음료원가관리의 범위

사전관리단계	실행관리단계	사후관리단계
메뉴계획	구매관리	판매분석
메뉴의 표준량 목표 작성	검수관리	원가분석
표준분량 설정(standard portion)	저장관리	수익분석
표준산출(수율)량 설정(standard yield)	입출고관리	시장분석
표준구매명세서 작성	생산관리	메뉴분석
표준화된 검수 입출고 및 재고관리	판매관리	재고분석
	재고관리	매가분석
		관리분석

Check point

* 수율 용어

1. 구매시 무게(purchased weight)
2. 가식부분 무게(edible portion weight)
3. 손실률(waste) → 손실률(%) = 손실 무게 ÷ 구매시 무게 × 100
4. 총수율(yield) → 총수율(%) = 산출고 ÷ 구매시 무게 × 100

5. 준비수율 = 준비과정dptj 발생한 손실 무게 ÷ 구매시 무게 × 100
6. 조리수율 = 조리한 후 무게 ÷ 구매시 무게 × 100
7. 카빙수율 = 자르는 과정 발생한 손실 무게 ÷ 구매시 무게 × 100
8. 표준수율(standard yield) → 표준양목표 및 표를 분량에 따라라 산출한수율
9. 표준분량(standard portion) → 표준양목표 에서 제시된 1인분의 크기

*** 수율=구매무게÷표준산출량**

관리의 유형들은 서로 중복되기는 하지만, 서로 다르게 명명하여 접근할 수 있다. 오늘날 복잡하고 경쟁적이며 빠르게 변화하는 환경 속에서 조직이 계획을 하지 않으면 많은 어려움에 봉착하게 되기 때문에 일련의 관리가 필요하게 된다. 특히 음식 서비스업체와 같이 높은 원가의 특징을 보이는 산업에 있어서는 원가관리의 영역을 선정하여 관리하는 것이 중요하다.

보편적으로 음식 서비스업체에 있어 원가관리의 영역은 원가흐름 속에서 통제관리를 할 수 있는데 메뉴작성 → 시장조사 → 식재료 주문(규격, 분량, 품질, 수량) → 납품 → 검수 → 입고 → 식재료 청구 → 분출 → 조리 → 개당 요리분량 → 판매 → 재고조사 순서로 순환하고 있다.

2. 내부관리의 방법

(1) 현금등록기

본래 레스토랑업자에 의해 개발된 현금등록기는 판매를 기록하고, 현금의 입금과 출금을 계산하며, 현금서랍 속의 액수를 계산하기 위하여 이용되었다. 그러나 이러한 예전에 익숙했던 등록기는 전자 현금등록기(ECR : electronic cash register)와 판매기점등록기(POSR : point of sale register)로 바뀌었다.

전자 현금등록기는 기계등록기의 기능을 가지면서 전자적으로 기능을 수행한다. 특히 현금을 징수하는 것 이외에 다른 기능을 위하여 판매기점등록기를 이용할 수 있다. 이것은 다양한 자료들을 출력시켜 주는데 사실상 이것은 업체가 필요로 하는 대부분의 원가자료를 출력시켜 준다. 판매는 기록을 해야 하며, 원가의 기초자료로 활용되어야 한다.

특히 원가자료들을 여러 범주로 분류할 수가 있다. 그런데 이것은 식음료 재고 항목들을 분류하고, 적절한 현금자료를 출력시켜주며, 주문한 음식을 주방이나 바에 알려주기 위하여 사용될 수 있다. 또 사전체크장치로서 사용될 수 있고, 신용카드계산을 위해 필요한 자료를 제공할 수 있다.

(2) 판매기점등록기(POS)

1) 주요 구성요소

여기서는 판매기점등록기의 가장 중요한 3가지 구성요소를 설명하고자 한다.

① 입력장치

입력장치는 자료를 수집하고, 이것을 프로세서로 보낸다. 가장 흔한 입력장치는 키보드이다. 키들은 문자와 숫자로 구성되어 있다. 특별기능의 키들은 라벨이 붙여져 있는데, 이것은 사전에 결정된 키로, 눌렀을 때에 자동적으로 항목의 자료를 입력시키게 된다. 이들은 패스트푸드업체에서 흔히 이용되고 있다.

오픈키(open department key)들은 에피타이저, 앙뜨레, 그리고 디저트와 같은 범주로 되어 있다. 텐더키(tender key)들은 현금, 신용카드, 체크, 그리고 기타에 의해 얼마나 지불되어야 하는지를 나타내 준다. 가격표시키(PLU : price look-up key)들은 판매를 특정항목으로 나눈다. 그러나 항목당 사전에 결정된 하나의 키 대신에 개개의 가격표시키는 1,000개 정도의 항목을 처리할 수 있으며, 숫자로 입력된 항목에 유리하고 키보드상에 항목의 숫자를 입력함에 의해 그것에 관한 모든 정보를 알아볼 수 있다.

키보드는 또한 여러 유형이 있을 수 있으며, 표준키들로 이루어진 보드가 있다. 페이지 키보드는 책과 같이 페이지를 가지고 있고, 새로운 페이지는 마이크로 스위치의 상단에서 바꿀 수 있다. 예컨대 하나의 키보드 페이지는 조식을 위해, 다른 키보드 페이지는 중식을 위해 사용될 수 있다. 마이크로모션이나 플랫키보드는 스위치 상단에 놓고, 쉽게 서로 다른 식사나 상황을 위해 바꿀 수 있다.

중요한 입력장치는 키 잠금이다. 이것은 컨트롤을 포함하고, 여러 모드를 특화시키고 있다. 어떤 모델에 있어 첫 모드는 “A 모드”인데, 이것은 판매거래를 기록해 주는 기능을 가진다. 개개의 캐셔는 개별 색인으로 독립된 키를 사용할 수 있으며, 보이드키(void key)는 수정을 하는 관리자에 의해 사용될 수 있다.

② 프로세서

또다른 구성요소는 데이터가 처리되는 컴퓨터 내에 연산자동회로인 프로세서(processor)이다. 주요 구성요소는 중앙처리장치이다. 이것은 램(RAM)이라고 불리는 프로그램 작동지시와 데이터 저장능력을 가지고 있다. 또한 중앙처리장치는 덧셈, 뺄셈, 곱셈, 나눗셈의 연산능력을 가지고 있다.

③ 출력장치

출력장치는 사용자에게 정보를 제공한다. 프린터는 출력장치 한 유형이며, 프린터는 판매기점등록기로부터 약간 떨어진 곳에 배치될 수 있다. 또 다른 프린터는 수퍼마켓 체크아웃 카운터에서 제공하는 것과 유사한 영수증이나 저널 테이프일 수 있으며, 또한 주문서로 이용될 수 있다. 등록기는 감사목적을 위하여 또 다른 테이프를 가질 수 있는 기능과, 또한 게스트체크를 위하여 프린터가 있을 수 있다. 다른 입력장치는 디지털 디스플레이와 같은 등록기의 부분, 또는 브라운관 디스플레이를 포함하고 있다.

2) 판매기점등록기 형태

판매기점등록기와 전자현금 등록기에는 서로 다른 유형의 형태가 있을 수 있다.

① 분리되어 있는 형태

자체가 완전히 분리된 컴퓨터이다. 이것은 등록기가 하나인 업체에 적합할 수 있고, 가장 적은 비용이 드는 형태이다. 문제는 한 등록기가 잘못되면 전체 시스템이 잘못되고, 데이터가 다른 등록기와 통합될 수 없다는 것이다.

② 마스터-슬레이브

이러한 형태는 하드웨어에 의해 연결된 2개 이상의 등록기를 가지나, 마스터는 하나의 중앙처리장치나 전산능력을 가진다. 슬레이브가 잘못되더라도 나머지 시스템은 작동한다. 하지만 마스터가 잘못되면, 전체 시스템이 잘못된다. 한 마스터의 제한된 자료처리능력은 융통성을 떨어뜨린다는 결함이 있다.

③ ISM 시스템

각각의 등록기는 자체능력을 가지고 있으며, 다른 등록기의 메모리에 접근하여 카피할 수 있다. 물론, 이것은 각각의 등록기들에 접속(hookup)이 필요하나, 하나의 장치가 잘못되더라도 다른 장치가 영향을 받지 않는다.

④ 백룸 미니컴퓨터

이것은 다소 마스터-슬레이브와 유사하며, 마스터나 전산능력은 등록기에 없다. 등록기는 단순히 디스플레이능력만을 갖춘 덤터미널(dumb terminal)이다. 이것은 더 많은 전산능력을 제공하여 주며, 컴퓨터가 잘못되면, 전체 시스템이 잘못되는 결함을 가지고 있다.

3) 사전체킹시스템

사전체킹은 2가지 요소를 가지고 있다.

① 주방이나 기타 부서에서 손으로 작성된 청구서나 전자청구서인 경우
② 주문하거나 분배하는 어떠한 것에 대한 독립적인 기록인 경우

이 시스템의 목적은, 성실하지 못한 직원으로 인한 손실을 막아보고자 하는 데에 있다. 한 사람이 체크함으로써 체크와 현금을 같이 유지하더라도 서브자는 체크 없이 동료에게 음식을 제공할 수 있다. 음식 서비스업체는 오랫동안 이러한 유형의 손실을 입어 왔다. 한때는 독립된 음식체크자가 주방에서 식당으로 나간 것을 관찰했다. 그들은 모든 음식이 게스트체크상에 있는지 확인하기 위하여 검토하고, 개개의 서브자에 의해 가지고 나간 음식의 판매가를 계속하여 계산했다. 따라서 실제 판매한 것과 영수증을 비교할 수 있었다. 여러 이중 체크시스템이 서브자에 의해 픽업(pick up)된 것에 대한 이중의 주문서를 제시해야 하는 곳에서 이용되어, 개개 서브자의 판매와 총판매를 계산하고, 실제의 영수증과 비교될 수 있었다.

사전체킹시스템은 적용상이나 장비에 있어서 조금씩 다를지라도 일반적으로 다음과 같이 행해진다.

① 주문은 주문량식지나 어떤 다른 종이로 서브자에 의해 받게 된다.
② 서버는 사전체킹터미널에 어카운트(account)를 설정하고, 서버 ID번호, 파티에 참석한 수, 테이블 번호, 그리고 어카운트 수를 입력한다.
③ 게스트체크는 체크프린트(check print)에 삽입되고, 메뉴항목과 이들의 비용이 기록된다. 프리셋키, 가격표시키, 그리고 모디파이어키(modifier keys : 가령 육류의 레어나 웰던과 같은)등이 이용될 수 있고, 또한 입력된 날짜와 시간이 기록되고, 2번째 자료가 기록된다.

④ 메뉴항목들은 여러 프린터에 동시에 인쇄되고, 필요할 때에 어카운트 수, 서버의 넘버, 시간, 테이블 번호, 그리고 파티에 참석한 사람의 수를 인쇄할 수 있다.

⑤ 추가항목이 주문된다면 그들은 나중에 체크에 첨가될 수 있다. 체크프린터는 어카운트 수와 이전의 수를 비교할 수 있으며, 인위적으로 입력될 수 있다.

⑥ 식사가 끝날 무렵에 호스트(host)는 계산된 판매세금을 자동적으로 체크받을 수 있다.

⑦ 지불은 체크 어카운트 수가 끝나기 이전에 기록된다. 사전체킹시스템은 여러 가지를 통제하여 준다. 왜냐하면, 영수증은 등록기와 같아야 하고, 주문된 항목들의 기록은 재고기록이나 생산량과 비교될 수 있어야 하며, 어떠한 인쇄물 없이는 생산부서에서 어떠한 것도 제공될 수 없고, 서버들은 식별되어야 하기 때문이다. 또한, 파티에 참가한 수와 테이블 넘버의 기록은, 체크상으로 항목의 수, 그리고 파티에 참가한 사람의 수와 비교할 수 있어야 하기 때문이다.

4) 게스트 체크관리

음식 서비스업은 게스트 체크처리를 통하면 훨씬 손실을 덜 당하게 된다. 그러나 전산 사전체크시스템은 시스템 안에서 많은 게스트 체크관리를 행할 수 있다. 즉, 항목이 등록기에 입력되지 않으면 주문할 수 없고, 메뉴항목은 자동적으로 인쇄되어 가격이 정해지고 합계가 계산되며, 여러 체크번호와 그들을 기록한 서브자의 기록이 유지될 수 있기 때문이다.

서브자와 고객 모두는 빈약한 게스트 체크를 통제해서 업체를 상대하여 나쁜 행위를 할 수 있다. 이미 앞에서 언급한 바와 같이 불성실한 서브자는 고객으로부터 식사료를 받아서 게스트 체크와 현금을 모두 소지할 수 있기 때문이다. 그들은 자신의 목적을 위하여 음식을 주문할 수 있고, 현금을 갈취할 수도 있으며, 게스트 체크를 더 높게 계산하여 더 높은 금액을 요구할 수도 있다.

고객들과 서브자는 공모하여 음식을 고의로 계산하지 않을 수도 있으며, 본래의 가격보다 더 비싼 음식을 제공할 수도 있고, 고객들이 서로 다른 2개의 체크를 묵인하여 주는 경우도 있을 수 있다. 직원과 고객들의 횡령을 막기 위하여 음식서비스업자는 고객체크에 대해 통제해야 하는데, 다음과 같이 행할 필요가 있다.

① 게스트 체크의 이용
② 모든 체크에 대한 명확한 식별
③ 지워지지 않는 종이에 인쇄된 체크
④ 펜이나 지울 수 없는 연필 사용
⑤ 모든 체크의 사전 번호결정
⑥ 모든 웨이터들에게 그들의 체크에 대해 사인하도록 요구하는 웨이터 서명부
⑦ 파티에 참가한 사람들의 수와 그들의 테이블 번호를 체크에 포함
⑧ 가격과 부가적인 오류를 위해 체크를 정기적으로 검사
⑨ 사용된 모든 체크를 계산

표 2-2 웨이터 서명부

Waiter Signature Book

Date ____________ 19 ___

Waiter No	GUEST CHECK			DUPLICATES			WAITRESS SIGNATURE
	From	To	Closing No.	From	To	Closing No	

표 2-3은 전형적인 고객체크의 서식으로, 3개의 부분으로 이루어져 있다. 상단 부분은 업체의 이름이 기록되고, 날짜, 웨이터의 번호나 이름의 첫글자, 테이블 번호, 그리고 파티인원이 기록된다. 체크넘버는 연속적으로 기록되어 있어야 한다. 중간 부분에는 주문이 작성되고, 가격이 쓰여진다. 하단 부분은 지불된 총 합계액이 기록될 수 있도록 하여야 한다.

웨이터의 영수시스템으로 운영되는 경우 버튼인 체크서식의 마지막 부분은 '스터브(stub)' 가 된다. 이것은 구멍을 뚫음으로써 체크서식에서 분리할 수 있다. 그런데 이것은 웨이터 넘버, 캐셔의 심볼, 그리고 식비를 위한 공간이 될 수 있다. 웨이터가 체크하고 지불할 때, 캐셔는 '지불(paid)' 이라는 도장을 찍고, 이부분은 스터브에 표시된다. 이것은 특정기간 동안(보통 3일 정도) 웨이터가 보유하다가 문제 발생 시 해당번호의 스터브를 제시해야 한다. 만약 체크서식을 잃어버린다면 캐셔는 그때 그것에 대해 책임을 지게 된다.

표 2-3 고객체크 서식

DATE	SERVER	TABLE NO.	PERSONS	CHECK NO. 4467
1				
2				
3				
4				
5				
6				
7				
8				
9				
10				
11				
PAY ONLY THIS TOTAL ☞				
RORM CK-3	WHITNEY DUPLICATING CHECK CO. N.Y.			
SERVER'S RECEIPT	DO NOT PAY THIS STUB			
DATE	SERVER	TABLE NO.	PERSONS	CHECK NO. 4467

업체는 여러 식당이나 음료에 대해서 서로 다르고 명확한 체크서식을 가지고 있어야 한다. 이러한 서식은 가령 서로 다른 것은 서로 다른 색깔의 종이로 행할 수 있다. 음료판매의 경우, 음식체크의 반대쪽에 기록될 수도 있다.

고객판매는 감사되어야 한다. 즉, 모든 체크된 내역들은 계산되어야 하고, 하루의 체크총액은 레스토랑 캐셔시트, 등록기 테이프 합계액, 또는 현금영수증과 비교되어야 한다. 또 음식 체킹시스템 이용 시 총판매는 체킹시스템에 의해 생산된 총액과 비교되어 불일치가 분석되어야 한다. 또한, 체크는 발생할 수도 있는 가격의 오류나 수적 계산의 오류를 위해 감사되어야 한다.

표 2-5, 2-6은 판매기점등록기에 의해 나온 고객체크를 분석하였다. 판매기점등록기는 게스트체크를 계산한다. 체크서식 상에 식사비의 계산, 이들 가격의 총액, 그리고 영수액수를 위한 서로 다른 시스템이 있다. 웨이터는 테이블에 가격을 표시할 수 있다.

또는 품목가격이 판매기점등록기나 음식 체킹장치에 의해 체크서식 상에 인쇄될 수 있다. 이전의 시스템에 있어서 웨이터는 가격을 설정할 수 없었으므로 독립된 음식 체크자가 행했다. 웨이터나 캐셔는 체크의 총액을 계산할 수 있다. 웨이터는 체크에 대한 요금을 징수하거나 캐셔에게 그것을 가져다 주거나 고객이 식당을 떠날 때에 지불할 수 있다. 요금을 징수하는 웨이터는 보통 어떠한 사람이 계산하지 않고 나가는지를 확인할 수 있다.

어떤 사람들은 웨이터나 웨이츄레스가 요금을 관리하는 것이 정교한 테이블서비스를 위해 적합한 것으로 알고 있다. 그러나 이것은 웨이터의 직무에 초과업무를 제공하게 된다. 물론, 한 종사원이 주문서를 작성하고, 그것을 수집하여 체크서식을 만들고 식사료를 받는다면 통제의 필요성은 줄어든다. 하지만 그 반면에 다른 직원이 절차상에 포함될 때에 통제의 필요성은 증가한다.

표 2-4 판매기점등록기의 고객체크 서식

Your Restaurant Name
William CK# 1002

06/30/98 10:02 AM 07 Table-20 Covers-2			
			-16 character alpha for all menu items
3 FOOD	11 OZ N.Y.STRIP	9.95	-menu items categorized by
4	BAKED POTATO	0.00	product group
5	GARDEN PEAS	0.00	-automatically assigned
6	MAINE LOBSTER	12.95	check number.
7	FRENCH FRIES	0.00	-no need for costly 2-part
8	FRESH BROCCOLI	0.00	checks.
9	2 COLOMBIAN COFFEE	1.50	-table and cover counts
14	BWL CLAM CHOWDER	1.75	-time and date
15	CHEFS SALAD	4.25	-eight character alpha
########	TOTAL FOOD	30.40	server name
1 BEVERAGE	DEWARS	2.55	-subtotals by product
2	EARLY TIMES	2.55	groups.
12	DEWARS	2.55	-accurate pricing
13	EARLY TIMES	2.55	-tip add on
########	TOTAL BVEVERAGE	10.20	-no previous balance
10 WINE	GLASS CHABLIS	1.50	pick ups.
11	GLASS ROSE	1.50	-no handwriting on check
#########	TOTAL WINE	3.00	-header and trailer mess.
43.60SBTL	1.67TX	45.27TTL	printed on every check.
			-easy but controlled void.

표 2-5 판매위치결정 리포트

SALES LOCATION SETTLEMENT REPORT###

TIME : 12 : 30PM 00 DATE:	01/06/98	
LOCATION--- RESTAURANT --- BY DEPT.	3419850.39	← Non-resettable Value of Products sold, including Open Totals
FOOD 77 723.40 LIQUOR 32 91.00		← Number of items sold and Value of Sales for each Dept.
###GROSS SALES	814.40	← Sum of Departmental Sales
---ADJUST FOR ALLOWANCES		
EMP MEAL 3 – 63.61 MGMT 2 – 95.37 15PRCT 4 + 25.64		← # of times each Allowance was rung, and value of each. + = surcharge,
###ALLOWANCES TOTAL –	133.34	–= Discount, or Allowance method of Payment
###NET SALES	681.06	← sum of Depart. Totals, with Surcharge added, Discnts
TAX1 43.40 TAX2 0.00 GRATUITY 5 34.00		And Allowances Subtracted. ← Two tax rates: each item is assigned to rate 1 or 2.
####GRAND TOTAL	758.46	← Total money that should have been received.
RECEIPTS 2 CASH 54.92 3 AMEX 256.69 1 CB/DC 44.00 6 MC/VISA 343.79 1 ROOM CHG 59.06		ALWAYS EQUAL !!!
####GROSS RECEIPTS	758.46	← Total money settled via Receipts (checks Paid).
1 VOID CHECK 86.25 2 VOID ITEM 15.75 4 PAID TIPS 34.00 6 OPEN NO SALE 0.00		← Report includes only the voids performed with the Supervisor key After Total.
ROSO283 CODE 346 12:45pm01/06/98 END		

Chapter 3

구매관리

Section 1 식재료관리의 개념

식재료(material)관리는 외식업 영업에서 수익과 직결되기 때문에 철저한 관리가 이루어지지 않고서는 안 된다.

1. 식재료관리의 정의

외식업 영업은 음식을 판매하기 위해 식재료를 사용하여 상품인 요리를 조리하여 판매하는 기능을 본질로 하고 있는데, 이에 조리하는 과정이나 식재료의 특수성으로 인한 낭비와 손실발생 가능성을 내포하고 있다. 이러한 낭비와 손실발생의 가능성을 배제하기 위하여 주방 내에서 메뉴에 의해 사전계획을 수립하여 식재료를 사용하도록 조정하는 일련의 작업관리를 말한다. 즉, 식재료관리는 필요한 재료를 사용하지 못하게 통제하는 것이 아니라 불필요한 낭비나 손실을 방지하거나 감소시키는 데 목적이 있다. 그래서 식재료관리는 원가관리라고도 할 수 있다.

2. 식재료관리활동

주방 내에서 식재료를 잘 관리하기 위해서는 먼저 주방에서 요구한 신선한 상태의 재료를 수령해야 하며, 메뉴선정 → 메뉴에 의한 구매 →검수 → 입고 → 출고 → 주방조리 → 판매의 과정을 거쳐야 한다.

첫째, 주방에서 메뉴를 선정하여 메뉴에 의한 예정 식재료 소요량을 파악하고 1일식자재와 외자재를 구분하여 1일식자재는 매일 주문하고, 외자재는 분기마다 구매부서에 구매의뢰한다.

둘째, 구매부서에서는 주방에서 주문한 식재료를 공개경쟁입찰을 하든지, 수의계약방식으로 하든지, 제일 좋은 식자재를 제일 싼 값으로 구매하여야 한다.

셋째, 검수부서에서는 구매부서에서 구매해 온 식재료를 주방에서 주문한 대로 식재료가 들어 왔는지, 즉 양과 질과 규격에 맞는지 주방장과 같이 검수해야 한다.

넷째, 창고부서에서는 검수되어 들어 온 식재료를 분야별로 구분하여 창고에 보관해야 한다. 아무리 좋은 식자재가 들어 왔다 하더라도 저장을 잘못하면 막대한 손실을 가져오기 때문이며, 검수를 거쳐 입고된 식자재는 반품할 수 없기 때문이다. 그래서 선입·선출(FIFO)방식에 의하여 입고와 불출하기 위해 창고에 들어오는 식자재는 재고카드(stock card)를 붙여 보관해야 혼동하지 않는다.

끝으로 4개의 부서가 다같이 노력해야만 식재료관리의 최대효과를 거둘 수 있는데, 이는 서로 긴밀한 유대관계를 갖는 동시에 서로 견제하는 성격을 가져야 하므로 독립적인 부서이어야 한다.

3. 식재료의 관리방법

주방에서 식재료를 관리하는 데는 먼저 ① 월말재고 관리방법과 ② 일일재고 관리방법 중의 어느 한 방법을 정해야 한다. 현재 많은 식당들이 월말재고 관리방법을 취하고 있는데, 이 방법은 재고조사를 월단위로 하기 때문에 월 중에는 많은 양의 식재료를 주방 내에 쌓아 놓고 쓰게 되어 손이 많이 타고, 조리사들 입에 들어 가는 양이 적지 않다. 반면에 일일재고 관리방법은 매일매일 재고관리를 하기 때문에 영업분석이나 원가관리에 도움을 준다. 이는 하루 사용할 양만 주문하여 사용하기 때문에 분실될 식재료가 거의 없으며, 조리사들 입에도 들어가지 않는다.

또한 고기·채소·달걀·과일 등 각기 다른 저장온도와 습도가 필요한데, 주방마다 냉장고와 냉동고가 그렇게 따로 보관할 수 있도록 설치되어 있지 않아 그 사용할 식재료만 수령하여 사용하기 때문에 더욱 신선한 식재료를 사용할 수 있다. 주방에 식재료가 많이 쌓여 있지 않기 때문에 깨끗한 주방을 유지하며, 식재료를 사용할 때 많은 주의를 한다.

많은 식재료가 쌓여 있으면 주의를 소홀히 하는 경향이 있어 식재료의 낭비나 손실이 크다. 그러므로 일일재고 관리방식은 표준화된 요리를 하는 데 있어서 절대 필요하다.

주방에서 식재료관리는 먼저 해야 할 일과 나중에 해야 할 일들을 결정지어 준다. 창고에서 수령해 온 식재료를 식재료의 특성에 맞게 손질하여 요리할 수 있는 상태까지 준비함으로써 더욱 손실을 막을 수 있다. 또한 냉장고나 창고의 관리를 철저히 함으로써 좋은 식재료가 창고 속에서 오래되어 하급식재료로 전락하는 경우가 없도록 해야 한다.

주방에서 식재료를 관리하는 데 수량과 금액을 병행해서 사용하여야 한다. 그것은 같은 질과 수량이라 하더라도 가격은 유동적이기 때문이다. 이런 점을 고려하여 표준량의 목표에 의해 매일 똑같은 요리는 똑같은 재료와 양으로 조리하므로 고객에게 최대의 만족을 줄 수 있어야 한다.

주방에서 쓰고 남은 식재료관리가 주방 식재료관리에 있어 최대의 과제가 되는데, 이를 위해 외국에서 최근 많이 사용하고 있는 방법이 진공포장조리(vacuum cooking)방법이다. 이 방법은 요리를 완성하여 진공포장하거나 식재료를 그대로 진공포장함으로써 공기의 접촉을 차단하여 부패나 변질을 막아 장기간 저장할 수 있어 식재료관리에 큰 몫을 차지하고 있다.

Section 2 구매관리의 개념

1. 구매의 정의

구매한 생산활동이나 영업활동에 필요한 설비시설, 식재료, 부품, 소모품 등을 구입하는 활동이다.

기업활동 중 품질향상과 원가절감, 제품의 경쟁력과 기업이익을 올리는 기능을 동시에 실현할 수 있는 구매에 대한 기대가 높다.

2. 구매의 목적

필요한 품질의 물품이나 서비스를 싸고, 시의적절하게 구입하여 성장하고 안정적인 기업활동에 공헌해야 한다.

3. 구매관리(purchasing management)

경영목적을 달성하기 위한 생산계획과정에 필요한 물품을 공정한 거래선으로부터 최적 품질을 확보하며 필요한 시기에 필요한 수량을 최소비용으로 구입 할 목적으로 구매활동을 계획 실시 통제하는 관리활동을 말한다.

즉 기업의 원가절감과 활발한 메뉴 및 상품관리 및 능동적인 고객대응을 통해서 고객만족과 효율적인 경영 관리가 이루어 질 수 있도록 품목, 품질, 규격, 수량, 가격, 시기, 장소, 공급원 등이 고려되어야 한다.

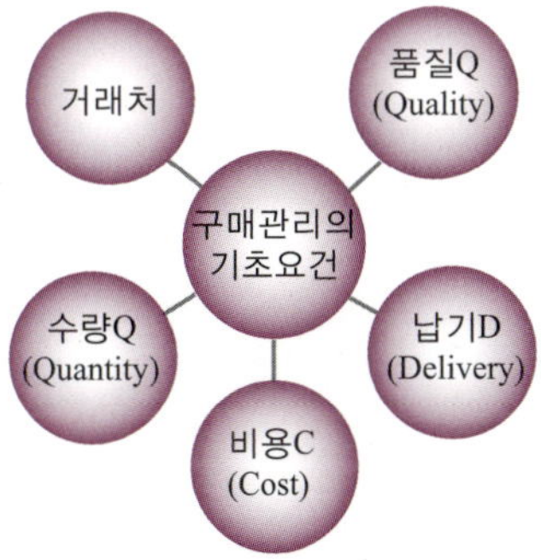

4. 구매관리의 중요성

구매부서의 구매관리활동이 기업의 생산활동이나 영업활동을 원활하게 할 수 있도록 필요한 물품이나 서비스를 적시, 적량을 공급해야 한다. 즉, 구입품의 QCD를 향상시켜 경쟁사보다 뛰어난 품질을 내놓거나 재료원가를 낮출 수 있게 되면 자사제품의 경쟁력을 높임으로서 기업이익창출에 공헌하기 때문에 중요하다.

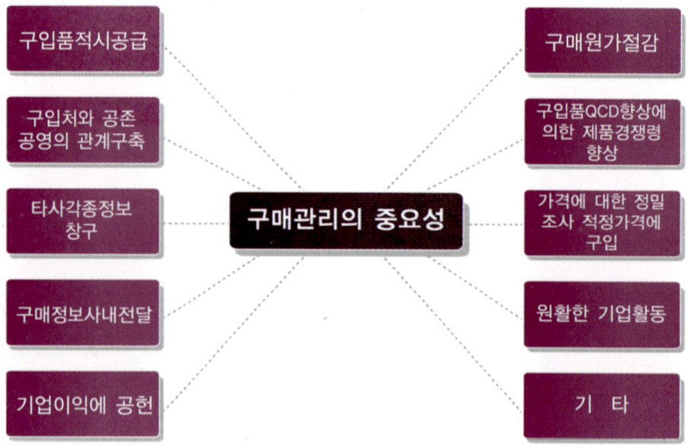

5. 구매관리 기능

구매부서에서는 사내 구매 사양서에 의한 구입품을 적정한 거래처를 선정하고 필요한 품질의 재료를 필요한 시기에 필요한 양만큼 적정한 가격으로 구입하여 기업이익창출에 기여하는 기능을 가진다. 이러한 업무수행을 위한 다음 기능들이 필요하다.

(1) 구매 업무의 역할

① 구입품의 사양을 결정하는 역할(어떤 것, 언제까지, 몇 개, 어디서, 얼마나, 어떻게 구입하는가)
② 거래처와 계약하는 기능
③ 구입품의 QCD를 확보하는 기능
④ 기타 제조에 대한 보안기능

(2) 구매관리의 4가지 기능

① 구입품 → 품질관리, 납기관리, 원가관리, 불합격품처리
② 거래처 → 거래처평가와 선정, 거래처 실태조사, 거래처 발굴, 거래조건 협정, 협력활동지원
③ 부분운영 → 구매계획, 발주관리, 가격관리, 거래처관리, 리스크관리, 구매업무규정의 정비
④ 회사전체와의 관계 → 자체생산, 외주생산구분, 원가절감활동, 매입활동

(3) 구매관리의 구체적 내용

① 시장조사
② 구매계획입안
③ 구입품의 QCD관리
④ 지급품관리
⑤ 협력사 운영지원
⑥ 거래처 지원육성
⑦ 신규거래처 방문
⑧ 거래처와 계약
⑨ 구입의뢰품 발주관리
⑩ 관련부서와의 조정
⑪ 기관 필요업무
⑫ 거래처 평가

(4) 구매관리시스템

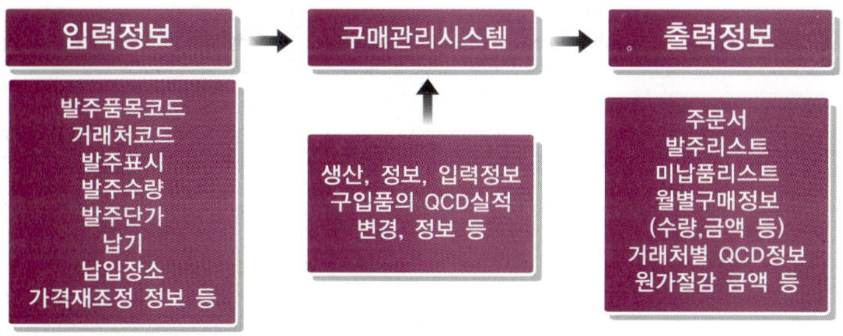

Section 3 식료구매

식료구매 절차들은 최근에 변화되고 있으며, 앞으로도 더 많은 변화들이 예상되고 있다. 이전에 구매자는 서로 다른 식료항목들을 거래하는 납품업자들과 접촉하고, 가장 좋은 조건의 거래를 선택하여 구매를 하였다.

업체는 신선한 상품, 육류, 냉동식료, 가금류, 달걀, 조미료, 그리고 베이크드 상품들을 전문으로 하는 납품업자들과 1가지 유형의 상품을 전문으로 하는 전형적인 납품업자들을 따로 분리하여 거래할 수 있었다. 그러나 마케팅 혁신들로 한 라인의 납품업자의 형태가 변하지 않으면 안 되게 되었으며 음식 서비스산업의 변화와 새로운 여러 상품들을 이용할 수 있게 된 것 또한 구매절차를 변화시키고 있다. 전통적인 구매절차에 있어서 변화를 발생시키는 요인들은 다음과 같다.

① 식료 유통업자들은 자신의 라인을 확대하고 있다. 이전에 신선한 상품만을 거래했던 납품업자가 현재 냉동식료들을 저장할 수 있게 되었다. 사실상 식료뿐만 아니라, 비식료 물품이나 주방과 식기장비를 같이 공급하고 있다.
② 납품업자들은 가령 메뉴계획과 마케팅전략, 컴퓨터 시간분배, 그리고 데이터 처리에 관한 비상품서비스를 더 많이 제공하고 있다.
③ 소규모의 지역 유통업자는 더 광범위한 지역까지 서브할 수 있는 유통체인으로 성장하고 있고, 서로 합병하고 있다.
④ 새로운 상품들이 구매절차를 바꾸고 있다.
⑤ 다단위 업체들은 중앙조리시설(central kitchen) 또는 매점(commissaries)을 운영하고 있다.
⑥ 대부분의 업체들, 특히 패스트푸드점은 계속하여 바꾸지 않아도 되는 비교적 제한된 메뉴항목으로 영업하고 있다.
⑦ 유사한 음식 서비스업체들은 서로가 공동으로 구매하고 있다.
⑧ 식품마케팅이 변화하고 있다. 어떤 회사들은 전통적인 중간 유통시스템을 통해서보다는 업체에 직접 판매하기 시작했다.
⑨ 수직적 마케팅 통합(vertical marketing integration)이 더 유행하고 있다.
⑩ 유통원가의 상승이 납품업자가 제공할 수 있는 서비스를 제한하고 있다.
⑪ 가계사업을 독점하고 있는 슈퍼마켓들이 기관업체의 공급분야에도 적극적으로 나서고 있다.
⑫ 1973년 쇠고기파동과 같은 식료파동은 어떠한 정상적인 계획이나 과정에 의한 구매를 어렵게 할 수 있다.

컴퓨터의 등장 또한 식료구매를 변화시켰다. 정확한 예측이 필요한 식료구매에 있어 컴퓨터는 정확한 구매량을 결정해 줄 대안으로 이용되게 되었다. 어떤 형태의 메뉴계획은 예측량과 거래자의 요구액을 결정하기 위하여 컴퓨터에 저장된 레시피를 이용할 수 있게 되었고, 컴퓨터에 의하면 거래자 매매리스트와 견적가격의 비교가 가능하게 되었다. 이것은 재고량을 계속하여 알 수 있게 할 뿐만 아니라, 저재고 경고 보고서를 출력하여 줄 수 있다.

Section 4 음료구매

일반적으로 음료구매(고급와인은 제외)는 식료구매보다 쉽다. 가격이나 품질에 있어서 계절적인 변동이 없이 공급되고, 부패될 우려가 없기 때문이다. 가격들은 일관적이고, 거래가 협정되더라도 매일 경쟁가격 비교를 이용하는 것보다 오히려 양이나 장기간을 바탕으로 하여 운영한다.

음료구매의 주요 측면은 하우스(house) 브랜드를 선택할 것인지 웰(well) 브랜드를 선택한 것인지이다. 고객이 다른 브랜드를 원하지 않는다면, 이들은 보통 제공되는 브랜드들이다. 하우스 브랜드의 선택에는 원가와 고객의 수용여부와 같은 요인들이 포함될 수 있다. 어떤 업체들은 마케팅 도구로써 높은 품질의 하우스 브랜드들을 제공하고 어떤 업체들은 덜 값비싼 브랜드로 경제적인 수익을 추구하고 있다.

구매량은 또 다른 구매 의사결정이다. 좋은 방법은 가능한 한 적은 양을 재고에 투자하는 것이지만 항목을 소모시킬 수 없을 정도로 적은 양이어서는 안 된다. 대부분의 업체들은 자신의 바를 위해서 뿐만 아니라, 리큐저장고나 와인저장고에 파시스템(par system)을 이용하고 있다. 이것은 구매양이나 재고를 파(par)에까지 이르도록 하기 때문에 구매를 더 쉽게 한다. 그러나 디스카운트를 위해서는 경영자가 파의 양 이상으로 구매할 필요가 있다.

구매 효과성의 측정은 재고회전일 수 있다. 보통 재고회전이 빠르면 구매가 더 빨리 된다. 재고회전의 공식은 다음과 같다.

Check point

$$\text{재고회전} = \frac{\text{이용된 음료의 원가(음료의 판매원가)}}{\text{평균 음료 재고}}$$

이 수치는 업체마다 다양할 수 있다. 맥주의 판매와 고급 와인재고는 회전에 영향을 미칠 수 있다. 업체가 현금흐름에 문제를 가지고 있고, 그날 그날 구매하여야 하고, 대량구매가 불가능하고, 바라는 모든 음료들을 확보할 여유가 없을 때에 회전이 필요하지 않다.

표 3-1은 저장고로부터 파스탁(par stock) 주문을 위한 포맷이다. 이 양식은 번호, 팩과 사이즈, 항목이름과 파와 같은 여러 정보가 포함될 수 있다.

항목들은 저장고에 저장된 것과 같이 표에 기록된다. 일주일에 한번 확보하고 있는 양이 파익되고, 파로부터의 차이가 보통의 주문이 된다. 항목들이 주문되는 것과 같이 책임을 맡은 직원은 일자, 납품업자, 양, 그리고 원가를 기입하여야 한다. 그런데 이러한 절차들은 전산화되면 편리하다.

표 3-1 음료구매표

1	2	3	4	5	6	7	8	9	10
						주 문			
코드 번호	항목	팩 & 사이즈	확보량	파	필요량	날짜	납품업자	양	원가

어떤 업체들은 자신의 음료구매를 위하여 작성된 구매주문서(written purchase order)를 이용하려고 한다. 이들 구매주문서는 검수과정 관리를 돕기 위하여 이용될 수 있다.

납품업자 선정에는 운반될 리큐의 라인, 이용할 수 있는 크레디트, 기능한 디스카운트, 배라서비스의 품질, 그리고 디스펜싱장비(beer taps 와 automatic pourere 와 같은 장비)의 공급을 감안하여야 한다.

Section 5 구매방법

1. 구매자의 요건

영업의 규모, 구매할 식료의 종류, 직원들의 교육훈련과 이익, 그리고 회사정책에 따라 구매자를 고용하게 된다. 그런데 이러한 구매자에게는 어떠한 요건들이 존재하고 있다. 일반적으로 구매자는 식료등급과 가격, 구매량의 명세서, 그리고 시장변동을 알고 있어야 한다. 또한 구매량을 결정하기 위하여 구매자는 과거 구매조사, 산출량 계산 분량계산, 그리고 판매예측을 할 수 있어야 한다.

식료구매품목은 다음과 같은 범주로 분류할 필요가 있다. 어떤 업체들은 구매책임자를 구분하는 것이 바람직하다는 것을 알고 있는데, 가령 관리자 자신이 육류 구매업무를 담당하고, 여타 식료품 구매업무는 스튜어드에게 맡긴다. 육류는 보통 식료원가의 큰 부분을 차지하고 있어서 상당한 주의를 할 필요가 있기 때문이다.

① 육류	② 가금류	③ 생선류
④ 과일류	⑤ 채소류	⑥ 낙농품류
⑦ 베이커리류	⑧ 커피류	⑨ 아이스크림류
⑩ 디저트류	⑪ 기타(condûments packaged foods)	

현재 추세는 구매업무를 담당하고 있는 주방장의 구매업무가 행정부서로 전환하고 있다. 주방장이 직접 구매가격과 양을 점검하기에는 업무량이 너무 많다. 어떤 업체에서는 구매 스튜어드나 어떤 다른 칭호로 불리우는 주방장의 행정업무 보조자를 두고 있기도 하다. 이들은 조리와 서비스에 직접적으로 관련되어 있지는 않지만, 업무를 효율적이고 경제적으로 수행하기 위하여 필요한 시간적 여유를 가질 필요가 있다.

관리목적상 구매자에게 또한 수령과 조리업무를 맡길 필요가 없다. 자신의 고용주를 상대로 어떠한 부정행위를 할 소지가 있는 사람에게, 구매와 수령업무를 맡기게 된다면, 부정행위의 기회를 제공하게 된다. 품질이나 양에 있어서의 결함도 쉽게 찾아낼 수 없기 때문에, 조리사들은 식료의 품질이 구매명세서의 조건을 충족시키는 것인지를 확인하여야 한다.

관리자가 직접적으로 식료를 구매할 필요는 없지만, 납품업자를 한정하거나 적어도 승인할 수 있어야 한다. 이것은 바람직하지 않은 구매의 가능성을 미리 예방할 수 있다. 그래서 대부분의 관리자들은 정기적으로 지불하는 가격이 비슷한 품질과 서비스를 위해, 다른 사람들에 의해 지불되는 가격들보다 값비싼 것들인지를 확인하기 위해, 유사한 업체의 것들과 비교하여 그들의 원가를 검토하고 있기도 하다.

식료구매자는 구입의뢰할 품목을 전화로 통보하여 발주업무를 수행하는 단순한 주문자가 아니기 때문에 상당히 중요한 위치에 있는 직원으로 식료에 관한 전문적 지식과 숙련된 구매업무 수행능력을 보유하도록 하여야 한다. 따라서 관리자는 구매자를 결정할 때에 다음과 같은 구매자의 요건을 고려하여 고용 및 감독을 하여야 한다.

(1) 구매자의 지식적 요건

① 식료의 주산지 및 계절적 변동요인
② 표준식료구매명세서 내역
③ 구매방법 및 발주 절차
④ 식료의 특성과 저장조건 및 시간
⑤ 식료의 산출률 및 관련음식
⑥ 긴급구매, 가치분석과 창조적 구매의 수행능력

(2) 구매자의 태도적 요건

① 정직, 성실한 인품
② 불법행위 배척(뇌물, 사기, 횡령)
③ 무편견의 내외적 인간관계

2. 구매량의 결정

식료를 구매할 때에 발생하는 주요문제는 구매량을 결정하는 것이다. 부족하게 식료를 구매하여서는 안 되겠지만, 너무 많은 양을 구매하게 되면 자금조달하는 데에 필요한 자금이 더 소요되고, 많은 양을 저장하기 위해 공간이 더 필요할 뿐만 아니라 부패가능성이 있다.

구매량을 결정하는 데에 있어서는 일반적으로 다음과 같은 요인들을 고려하여야 한다.

① 특정기간 동안의 이용률
② 구매에서 수령하기까지의 시간과 일수
③ 안전한 수준의 양 또는 최소량
④ 새로운 구매시점 또는 재고
⑤ 최대 저장수준과 최대량
⑥ 저장재고를 위한 공간 확보
⑦ 재고를 위해서 이용 가능한 자금

이들 요인들에 의하여 구매하는 데에 이용될 방법을 달리한다. 예컨대, 애플소스가 표준항목이라고 가정하면, 구매하여야 할 시점과 구매량은 아래 표와 같다.

표 3-2 애플소스의 구매시기와 양 I

항 목	단 위	구매 단위	단위당 서 빙	이용률	리드 타임	안전 수준	최대 재고	주문 시점	주문량
애플 소스	10캔	케이스 (6×10)	25	2×10 /일	8일	6일	36일	22캔	3~4 케이스

6×10캔과 같이 케이스로 애플소스를 구매하고 이용률은 하루에 평균 2캔이라면, 이것이 매일 2캔이 이용된다는 것을 의미하는 것이 아니라, 8일간 평균적으로 하루에 2캔이 이용된다는 것이다.

관리자는 예상하지 않았던 이용과 배달의 지체로 인하여 6캔 정도를 재고로 두고자 한다. 그러나 재고를 관리하기 위하여 관리자는 특정시기에 36캔(6케이스) 이상 확보하기를 원하지 않는다. 주문하여야 할 합리적인 시기는 재고가 22캔에 도달하였을 때이고, 합리적인 주문량은 18~24캔, 즉 3~4케이스가 될 것이다. 컴퓨터는 이용률을 계산해 내고, 또한 재고를 조사하고 필요한 주문시점을 파악해 내기 위하여 이용될 수 있다.

구매하는 또 다른 방법은 이용률을 예측하여 그만큼의 양을 주문하는 것이다. 만약 구매품목이 배달시기 동안에 한 번 이상 이용한다면 서로 다른 서빙타임은 함께 연관시킬 수 있다.

표 3-3 애플소스의 구매시기와 양 II

항 목	서빙예측	단위	단위당 서빙	필요한 단위	주문 리스트량	주문량
애플소스	150	10캔	25	6캔	1케이스 (6캔)	1케이스

중요상품이나 정규적인 저장항목들의 주문에 대한 정량적 접근방법은 경제적 주문량(EOQ : economic order quantity)이다. EOQ는 구매원가를 최소화시키는 양과 또한 재고원가를 최소화시킬 수 있는 양을 결정하여 준다. 즉, 총재고비용인 구매비용과 재고 유지비용이 최소가 되는 구매량으로 경제적 발주량이라고 한다.

특히 EOQ방식은 소량에 있어서만큼 대량을 주문하는 데 있어서도 쉬워진다. 구매원가와 재고원가를 줄이는 최적믹스는 EOQ에 의하면 된다. 이것의 공식은 다음과 같다.

Check point

$$EOQ = \sqrt{\frac{2FS}{CP}}$$

F : 주문의 고정원가 혹은 발주비용(1백만 원)
S : 1년 동안 판매나 이용단위수 혹은 연간소요량(100개의 냅킨)
C : 재고원가(20%) 혹은 관리비용(보험, 이자, 창고비)
P : 단위당 구매가격(개당 1백만 원)

$$EOQ = \sqrt{\frac{2 \times 1\text{백만 원} \times 100}{0.20 \times 1\text{백만 원}}} = \sqrt{1000} = 31.62(\text{개})$$

경제적 주문량은 31~32개가 된다. 특히 EOQ는 수요가 안전된 상태에서 적합하며, 발주량이 적으면 구매횟수가 늘게 되고 발주비용이 증가하고, 발주량이 커지면 평균 재고량도 증가하여 비용이 커지게 된다. 한편 발주량의 결정은 가격의 변화, 수량할인율, 재료의 특성, 계절적인 요인 등에 영향을 받는다.

3. 구매방법의 종류

구매에 있어서 가장 값이 싼 가격이 반드시 최적의 구매를 의미하지는 않는다. 달걀의 경우 34~60파운드까지 무게가 나갈 수 있다. 이 경우에 무게에 의한 가격 결정은 12개당 원가보다 더 유용할 수 있다. 뼈가 붙은 것이나 빈약하게 손질된 고기는 가격을 더 낮추어야 한다. 최적원가는 부분적으로 상품의 양에 의해 결정되며, 무게에 의한 가격으로 결정되는 것은 아니다.

식료구매업무를 수행하는 구체적인 형태에 관하여는 해당 업체의 실정에 적합한 시스템을 개발하여 탄력적으로 운용하고 있는 관계로 다소의 차이는 있겠지만 일반적 원리는 다음과 같다.

(1) 일일 직도구매(Daily Direct Purchase)

발주에 의하여 납품된 식료가 검수절차를 완료하여 회사의 자산으로 확정됨과 동시에 해당 식료의 매입을 의뢰한 단위주방 또는 식당으로 직송되어 대부분 당일에 전량 소비하게 되는 형태의 구매이다.

이러한 구매형태의 목적은 훌륭한 요리의 기본요건인 최상의 신선도를 보유한 식료구매의 필요성에 있으며, 미가공상태인 식료의 특징상 보관시기에 비례하는 변질과 부패 가능성의 최소화가 가능하고, 막대한 분량의 일일 식료를 입고시키고 출고시키는 다단계적 관리로 인한 저장고 면적의 증대부담에 있다. 또한 사내 유통관리 원가상승요인을 최소화 내지는 제거함으로써 음식의 품질유지 및 원가관리를 효율적으로 수행하게 함에 있다고 볼 수 있다.

직도구입 대상의 식료는 대부분 국내생산의 미가공 상태의 자재인 생육류, 활선어류, 채소류와 과실류이다. 그리고 대규모 호텔에서는 이들 식료의 주문과 발주에 일일시장리스트제도를 사용하고 있다.

(2) 저장고 구매(Food Store Room Purchase)

저장고의 식료 재고기준 수량에 입각하여 구입되는 구매형태로 검수완료와 동시에 저장고에 입고되어 재고자산으로 관리되다가 주방의 식료청구서에 의거하여 출고되어 사용되는 절차로 구분된다.

저장하여 두었다가 사용할 목적으로 구입한 식료는 식료조달상의 시간적 또는 거리적 제약요인이 절대적으로 작용하게 된다. 그런데 수입식료 및 국내 계절식료로서 냉동식품류, 건조식품류, 캔류, 그리고 향신료 등의 가공된 식료가 있다.

구매방법으로는 여러 가지가 있을 수 있으나 전통적인 방법은 다음과 같다.

1) 개방시장 구매(Open-Market Buying)

이것은 식료를 확보하기 위한 음식 서비스업의 전통적인 방법이다. 필요량을 결정한 이후에 구매자는 납품업자로부터 견적가격을 받고, 최적의 가격을 제시하는 납품업자로부터 구매하게 된다. 납품업자는 특정한 품질에 맞는 가장 낮은 가격으로 견적을 제시한다. 이러한 구매는 보통 전화에 의해 행해지나, 납품업자의 판매원으로부터 구매할 수 있다. 지역 납품업자들의 수가 많지 않아서 이것이 불가능할 수도 있지만 각각의 구매품목에 대하여 보통 3명의 납품업자로부터 가격견적을 받는 것이 좋은 관리절차이다. 구매규모가 크고, 여러 품목들을 구매할 경우에 서로 다른 납품업자들로부터 경쟁적인 납품을 유도할 수가 있다.

2) 대량구매(Sealed-Bid Buying)

이것은 주로 대규모 업체나 정부기관에서 이용한다. 이러한 방법은 ① 장기간에 걸쳐서 이용될 구매품목의 필요량을 결정하고, ② 구매품목에 대한 상세한 명세서를 준비하고, ③ 납품업자들에게 납품조건(Sealed Bid)을 제시하도록 요구하여 구매하게 되는 것이다. 이것은 빈번한 가격결정과 구매결정의 문제를 없애주고, 대량구매할인을 가능하게 한다. 이 시스템은 가격상의 이점을 얻지 못하는 단점을 가지고 있다.

3) 코스트 플러스 구매(Cost-Plus Buying)

이것은 자주 이용되지는 않지만 이점이 있다. 음식 서비스업체는 납품업자와 특정 종류의 식료 모두를 거래자의 원가에 대한 특정한 비율의 고정된 판매가격으로 구매하기 위하여 협정한다. 보통 음식 서비스업체는 특정시기에 모든 주문들을 전화로 협의하고, 명확한 유통계획을 협의할 수 있다. 업자에게 이점은 거래자의 마크업이 보통의 이윤이라는 것이다. 납품업자에게 이점은 거래처를 단골화 할 수 있고, 거래처가 원하고 있는 것과 식료를 저장하여야 할 위험이 없게 되며, 불필요한 사업기회를 예방하여 준다.

문제는 납품업자의 원가를 재검토하여야 할 때 발생한다. 음식 서비스업체는 납품업자가 가격이 어떻든 간에 자신의 최소보장원가비율을 알고 있기 때문에 최적가격을 제시하도록 독촉할 필요가 있다. 농수산부에 의해서 발행되는 정기간행물들이 현 시가를 결정하는 데에 도움이 될 수 있으며, 납품업자는 송장의 사본을 거래처에게 제공하여야 한다는 부수적인 협정이 이루어질 수 있다.

4) 공동구매(Co-Op Buying)

이것은 유사업체들(가령 학교, 병원, 협력단체)에 적용된다. 그룹은 그룹의 모든 구성원을 대신하여 가격과 품질을 조사하는 관리자를 고용할 수 있다. 이론적으로는 적어도 납품업자들이 정기적으로 여러 거래처들을 위하여, 모든 거래처들에게 판매원을 보낼 필요가 없기 때문에 더 낮은 가격을 제공할 수 있다.

이 방법들은 거래처들을 위하여 식료 이외에 여러 다른 품목들도 제공하고 여러 서비스들도 제공한다.

5) 웨어하우스클럽 구매(Warehouse-Club Buying)

이 방법은 소규모 음식 서비스업체에게 도움이 되는 구매방법이다. 처음에 이것은 소비자들을 위한 것이었다. 현재 음식 서비스업체에서 거의 사용되고 있지 않는 방법이다. 웨어하우스클럽을 이용할 수 있는 회원권을 통하여 도매업자보다 낮은 가격과 케이스로 구매하는 것이 아니라 낱개로 구매할 수 있는 이점이 있다.

6) 원스톱 구매(One-Stop Shopping)

전통적 식료구매절차는 다음과 같다.

① 메뉴결정
② 소비예측
③ 구매명세서의 작성
④ 필요량 결정
⑤ 납품업자에게 견적가격 요구
⑥ 납품업자에게 구매명세서 제공

대부분의 음식 서비스업체들이 여전히 이러한 절차를 따르고 있지만, 식료구매 환경 변화들로 인하여 새로운 원스톱 구매방법을 필요로 하고 있기도 하다. 원스톱 구매는 한 납품업자에게 업체의 필요들을 충족시켜 줄 수 있는 만큼의 충분한 여러 상품들을 거래할 수 있어야 한다는 것을 조건으로 한다.

그러나 이러한 납품업자에 대해서도 음식 서비스업체는 주문하지 않을 수도 있는데, 납품업자들은 음식 서비스업체들에게 새로운 상품들을 소개하고, 식료들을 메뉴에 이용할 수 있는 방법을 보여주는 등의 여러 노력들을 한다.

일반적으로 원스톱 구매는 다음과 같은 이점이 있다.

① 주문이 용이하다.
② 한 납품업자나 소수의 납품업자와의 거래는 지불, 회계작업, 또는 부수원가를 줄여 준다.
③ 음식 서비스업체는 판매업체로부터 더 많은 서비스를 받을 수 있다.

④ 납품업자들이 이용하고 있는 컴퓨터에 음식 서비스업체에서 구매하고 있는 식료량을 가지고 있기 때문에, 차후 구매량을 결정하는 데에 도움이 될 수 있다.
⑤ 대규모의 원스톱 납품업자는 음식 서비스업체의 값비싼 구매원가부담을 덜어 줄 수 있다.
⑥ 납품업자에게 많은 것을 주문하는 경우에 여러 서비스를 받을 수 있다.
⑦ 절약할 수 있다.

원스톱 구매에 있어서는 납품업자에게도 이점들이 있다. 사업량이 많을수록 더 많은 수익 잠재력이 있다. 또한 유통이 커지면 유통원가도 더 낮아진다. 판매원가는 구매접수가 자동적이기 때문에 줄어들 수 있고, 많은 판매노력이나 시간을 들이지 않아도 된다. 계속적인 원스톱 구매로 인하여 다른 납품업자들과 쉽게 거래하지 않을 것임을 알고 있기 때문에, 사업과 구매를 더 정확히 예측할 수 있다.

간단히 말해서 원스톱 구매로 음식 서비스업체는 보다 낮은 구매원가를 얻을 수 있고, 더 나은 모든 관련서비스를 제공받을 수 있다.

호텔에 있어 식료구매방법으로 채택되고 있는 여러 가지의 구매유형은 공개경쟁 입찰방법과 수의계약방법으로 대별된다. 식료조달의 거래처가 식품 도매업자, 식품 공급공사, 기관 식품사, 이동 식품업체, 협동조합, 그리고 수입 대행업자로 다양하지만 대부분의 호텔이 채택하고 있는 거래처는 국내식료의 경우에 지역 도소매업자이고, 수입식료의 경우에는 한국 관광호텔용품센터에 의한 위탁구매방법을 택하고 있다.

① 공개경쟁식 구매방법
② 수의계약에 의한 구매(계약재배구매, 견적비교, 특정 구매시장 직구입, 공동구입)
③ 분할구매와 일괄구매

이상의 구매방법을 채택하는 데 있어서는 구매하는 식료의 수량, 특히 납품업체와 음식 서비스업체 모두가 소정의 규모 이점(scale merit)이 확보되는 선에서 결정되어야 할 것이며, 단순히 저단가에 의한 납품업체 선정방법보다는 품질이나 상호 신뢰도, 그 밖에 경영적 여건이 고려된 방법의 선정이 바람직하다.

특히, 표 3-4에서 보는 바와 같이 대부분의 식료를 미국, 유럽, 일본, 또는 대만으로부터 수입함으로써 관광 외화 가득률의 효과를 떨어뜨리고 있는 상황을 해결하고자 한다면 식료재배 지원금 보조나 재배기술 지도육성과 동시에 국산화 가능의 식료에 대한 지나친 수입 식료구매 의존을 피하는 자구적 노력도 필요하다.

표 3-4 식료 품목별 원가구성

품목 \ 구분	총 계		국산식료		수입식료	
	원 가	구성률	원 가	의존도	원 가	의존도
우 육 류	126,672	21.5	17,675	14.0	108,997	86.0
돈 육 류	21,210	3.6	20,621	97.2	589	2.8
가 금 류	20,620	3.5	18,853	91.4	1,767	8.6
기 타 육 류	2,357	0.4			2,357	100.0
소 계	170,859	29.0	57,149	33.4	113,710	66.6
어 패 류	153,183	26.0	117,244	76.5	35,939	23.5
채 소 류	56,560	9.6	44,187	78.1	12,373	21.9
선 과 류	44,187	7.5	30,636	69.3	13,551	30.7
우 유 품 류	38,296	6.5	31,226	81.5	7,070	18.5
커피주스류	27,691	4.7	5,891	21.3	21,800	78.7
식 료 잡 화	98,391	16.7	63,040	64.1	35,351	35.9
소 계	418,308	71.0	292,224	69.9	126,084	30.1
총 계	589,167	100.0	349,373	59.3	236,794	40.7
Store Room Purchase			Direct Purchase			
348,777	59.2%		240,390		40.8%	

4. 구매크기의 결정

경영자가 적당히 구매하기 위해서는 무엇을 어떻게 구매해야 하는지를 알아야 한다. 보통 메뉴제공과 판매예측은 구매될 음식의 유형과 양을 결정하게 된다. 대부분의 음식 서비스업체들은 재고저장고를 운영하고, 주방은 단지 저장고로부터 음식을 요구하게 된다. 빵류, 낙농품류, 아이스크림류, 채소류, 그리고 조미료류 구매계획은 가능하다.

각각의 항목에 대해 기준량의 유지가 가능하다면, 사전에 결정된 크기의 주문은 재고가 사전에 결정된 양까지 감소할 때에 행해진다. 계속적으로 필요하지 않은 식료들을 대량으로 구매하여 저장하여 두는 것은 타당하지 않다.

구매하는데 있어서 구매량의 결정은 어려운 일이다. 메뉴가 결정된 후에 기대한 각각의 앙뜨레에 대한 판매량은 과거경험이나 정확한 예측을 통하여 계산되어야 한다. 판매된 앙뜨레의 기록은 구매량이나 생산량을 결정하고자 할 때 도움이 된다. 대부분의 경우에 이러한 기록을 고려하지 않고 구매량을 결정하게 된다.

이미 조리된 품목들은 원래의 형태로 저장되고 필요할 때에 이용될 수 있다. 그러나 로스트, 가금류, 또는 생선류와 같은 메뉴항목들에 있어서는 적합하지 않다. 잘못된 결정은 과잉생산, 과소생산, 원가상승, 또는 고객의 불만족을 발생시킨다.

5. 스튜어드의 시장견적서

스튜어드의 시장견적서는 사용될 음식을 기록하고 어느 정도를 확보 또는 주문하여야 하는지, 그리고 서로 다른 납품업자로부터 어떠한 것을 구매해야 하는지를 보여준다. 여러 납품업자로부터 견적을 받은 후에 구매자는 스튜어드의 시장견적리스트에 각각의 항목에 대한 최적의 가격을 고려하여 구매하게 된다. 시장견적서는 원하는 품목을 알려주기 위하여 수령담당자와 경쟁적 매매방법을 통하여 구매하고 있는지를 확인할 수 있도록 하기 위하여 음식컨트롤러에게 보여줄 수 있다.

6. 표준 구매명세서

표준 구매명세서란 음식을 생산하는 데에 필요한 식료의 품질, 크기, 무게, 단위수에 관하여 사내 표준으로 정해진 내역의 기술서를 말한다.

(1) 표준식료구매명세서의 목적

① 구매입찰의 견적기준 제시
② 검수기준의 명시화
③ 식료원가 및 음식품질의 관리
④ 식료의 산출률 측정과 분량 및 추정 판매가격 산정

(2) 표준식료구매명세서의 절차

① 구매책임자, 조리책임자, 식료통제자의 합의사항을 관리자의 재가로 정한다.
② 시장, 산지, 계절, 그리고 납품업계의 상황을 분석한다.

③ 수익성, 즉 단순한 단가절감보다는 상품화된 이후의 음식특성에 입각한 실제적 실험의 반복적 수행결과를 기준으로 한다.

(3) 표준식료구매명세서의 기술사항

① 식료의 정확한 품명(원명과 국문의 병용표기가 좋다)
② 등급, 상표, 교역조건, 품질명세
③ 구매의 계량단위(박스, 케이스, 카튼, 인치, 킬로, 또는 그램)
④ 컨테이너 크기, 포장단위
⑤ 특별히 요구되는 사항(산지지정, 수학시기, 견양, 중수량치)

식료구매에 있어서 필요한 것은 표준명세서의 이용이다. 이에 따르면, 품질과 규모에 따라 구매할 수 있다. 명세서는 같은 항목을 똑같이 거래할 수 있는 바탕이 되며, 표준산출량을 위한 기본이 된다. 예컨대, 7개 갈비의 소고기(seven-rib roast of beef)는 7~34 파운드까지 무게가 나갈 수 있다. 이들 각각으로부터 제공되는 음식의 수는 다양할 수 있다. 명세서는 이러한 품목의 선택여부를 판단할 수 있도록 수령원에게 제공되어야 한다. 그러지 않으면 자신의 판단을 이용할 수밖에 없기 때문이다.

명세서에 의하면 구매에 관하여 잘 모르는 직원들도 쉽게 식료를 주문할 수 있다. 효과적이기 위해서는 명세서가 구매자, 납품업자와 수령자가 이용할 수 있도록 하여야 한다. 여러 형태의 명세서들이 이용될 수 있으나 중요한 것은 구매자가 특정 운영을 위하여 가장 적합한 것을 개발하고 채택하는 것이다. 예컨대 20파운드의 로스트가 가장 높은 산출률을 제공할 수 있지만, 음식 서비스업체가 이것의 2/3 정도밖에 판매할 수 없다면, 이러한 로스트를 구매하는 것이 의미가 없다.

표 3-5 입방 스테이크를 위한 표준명세서

1. 등급－U.S. 프라임 등급
2. 무게－6온스(1/4온스의 오차 허용)
3. 보관상태－냉장상태나 냉동상태
4. 입방 스테이크는 막조직, 건질, 인대나 뼈가 없는 부분
5. 2개 이상이 붙고 접히는 것은 허용
6. 입방 스테이크는 형태가 일관되어야 함.
7. 표면의 지방은 폭이 1/4인치 이상이어서는 안 됨.
8. 표면지방과 접합부분의 지방이 전체의 15% 이상이어서는 안 됨.
9. 입방 스테이크는 외부 가장자리로부터 1/2인치 부분이 깨져서는 안 됨.

7. 바게인과 과잉구매

좋은 조건의 거래일 경우에는 과잉구매할 우려가 있다. 그러나 이러한 유혹은 바게인과 관련된 원가를 알지 못한 데서 비롯될 수 있다. 투자되거나 또 다른 수익을 위해 이용되는 자금은 보편적으로 대량구매와 관련되어 있다. 이것은 유지비, 냉장보관비, 또는 가열저장비를 발생시킬 수 있다. 원가는 또한 직원들이 제한되어 있지 않는 양을 사용할 때에 덜 주의하게 되므로 증가할 수 있고, 품질면에 있어서도 떨어질 수 있다.

종종 결정한 양보다 더 구매할 필요가 있다. 불규칙한 기후조건과 같은 이유로 필요한 때에 구매할 수 없어서 생기는 일시적인 식료부족은 평상시에도 안 좋은 과잉구매를 정당화 할 수 있다. 더구나 이러한 것을 이용하여 높은 가격을 요구하는 납품업자들도 있기 때문에, 적정구매는 상당히 중요하다.

8. 필요한 예측

고객의 수를 정확히 파악할 수 있다는 것은 최적의 구매에 필수적이다. 많은 양의 식료를 구매하는 것은 낭비나 부패를 초래하고 너무 적은 양의 식료구매는 고객의 불만족을 초래할 수 있다. 따라서 많은 업체들은 이 둘의 문제를 해결하기 위하여 예측을 한다. 예측은 한 개인이 할 수도 있고, 위원회에 의해서 행할 수도 있다.

효과적인 예측은 일별, 주별, 또는 다른 특정기간별로 고객의 수를 예측하는 것으로부터 시작한다. 예컨대, 이러한 예측에 관련된 요인들로는 전년도나 특정주의 특정일에 고객수, 날씨, 그리고 지역사업과 일반적인 사업추세에 영향을 미치는 여러 요인들에 관한 기록들이 있을 수 있다. 에피타이저, 샐러드, 알라카트음식, 그리고 디저트와 같은 여러 과정들을 주문하는 고객들의 비율은 보통 일정할 수 있다. 그리고 개개 코스의 비율로 고객수에 곱하게 되면, 개개 코스의 음식수를 파악하기가 쉽다. 메뉴가 꾸준히 변화한다면 개개코스에 개별항목들의 판매를 결정하기가 더 어렵다. 프라이드치킨은 관련 항목에서 한 메뉴의 항목으로 아주 인기가 있을 수 있으나, 다른 메뉴의 항목에서는 거의 인기가 없을 수 있다. 순환메뉴는 이러한 점에서 도움이 될 수 있고, 메뉴항목들의 상대적 인기도를 계속 기록하여 둔다면 판매예측을 용이하게 할 수 있다.

9. 고정주문

고정주문은 계속하여 구매를 하는 업체에게 도움이 될 수 있다. 이러한 주문에 의하면 월별이나 주별로 주문하기 때문에, 베이커리류와 낙농품류와 같은 정규적으로 이용되는 식료에 대한 빈번한 주문의 필요성을 줄여준다. 고정주문은 일별이나 월별로 배달되어야 하는 개개 항목의 양을 한정하여 준다. 보통 고정주문 항목들은 오직 한 개의 납품업자에 의해 공급되는 것이 좋다.

구매량에 변동이 있는 경우에 고정 주문방법이 이용되어서는 안 된다. 또한 공휴일이나 지속적인 영업에 있어서 변동이 예상될 수 있는 특별한 경우에 항상 고려되어야 한다. 확보된 공급물품에 대한 빈번한 검토와 현재의 필요에 대한 표작성 또한 손실을 예방할 수 있도록 행해져야 한다. 고정주문방법은 또한 재고와 관련하여 이용될 수 있다.

10. 판매원과의 관계유지

판매원에 의한 전화는 식료구매자에게 상당한 도움이 될 수 있다. 판매원은 시장동향에 관한 정보를 제공할 수 있고, 새로운 상품을 소개하고 좋은 구매에 관한 정보를 제공할 수도 있다. 대부분의 음식 서비스업체들은 정규적인 판매원의 방문이나 전화를 요구하는 것이 좋다.

11. 구매주문서 작성

어떤 대규모 조직들은 식료항목들에 대하여 작성된 구매주문서를 사용한다. 이들 구매주문서들은 거래자에게 보내진다. 그리고 보통, 양, 가격, 그리고 납품일자를 내용으로 한다. 또한 품질명세서들과 지불정보를 포함할 수 있다. 구매주문서는 가격결정과 양에 있어 오차를 줄이는 데에 도움이 되며, 수령과정에서 유용할 수 있다. 자금이 많이 들고, 품질에 관한 완전한 협정과 구매 세부사항이 중요한 캔류의 상품이나 잘 썩지 않는 항목들의 대규모 주문과 같은 특별한 경우를 제외하고 주문의 빈도, 납품일자, 그리고 관련사무는 구매주문서가 전형적인 음식 서비스업체에서 타당하지 못한 이유가 될 수 있다.

12. 캔따기 시험

대량의 캔류 제품을 구매할 때 특별 캔따기 시험을 하여야 한다. 납품업자는 음식 서비스업체의 명세서에 맞는 제품의 샘플을 보내도록 요청받을 수 있다. 컨테이너의 라벨 및 무게, 순무게(drain weight)가 캔의 항목수나 분량과 함께 확인되어야 한다. 라벨이 없는 샘플들은 품질, 색깔, 양, 시럽, 결함, 그리고 맛에 따라 물품을 평가하는 적어도 3인으로 구성되어 있는 위원회에 의해 조사되어야 한다. 가격은 이때에 음식 서비스업체가 원가를 더 강조하는지, 아니면 품질을 더 강조하느냐에 따라서 달라질 수도 있다. 대부분의 음식 서비스업체들은 개개의 새로운 캔 식료품목들을 따서 확인하고 있다.

13. 거래신용과 지불정책

식료구매를 위해 이용할 수 있는 자금을 가지고 있다는 것은 운전자본(유동자산-유동부채)을 위해 음식 서비스업체가 필요한 자금의 양에 영향을 미친다. 납품업자와 음식 서비스업자 사이에는 외상거래가 이루어질 수 있다.

일반적으로 납품업자는 가능한 한 빨리 외상대금을 되돌려 받으려고 하고, 빠른 지불을 받기 위해서 할인제도를 이용하기도 하며, 늦어지는 지불에 대해서는 벌칙을 적용할 수 있다.

현재 이용하고 있는 방법으로는 다음과 같은 것들이 있다.

① COD : 납품과 동시에 지급(물품이 배달되었을 때나 배달 이전에 지불된다)

② N-30(지불일은 순(Net) 또는 총(Total) 30일이다) : 지불을 위한 현금할인과 제한된 시간이 없음.

③ **미불에 대한 벌칙** : 이것은 어떠한 현금할인과 제한된 지불기간을 가지고 있지 않다. 월 1.5%(매해 18%) 같은 벌칙은 약정한 지불기간 안에 지불되지 않은 매달 미지불액에 더해질 수 있다.

④ **현금할인** : 이것은 2/10, N-30으로 표현될 수 있다. 이것은 10일, 최대 30일 이내에 지불되면 2% 할인이 된다는 것을 의미한다. 초기지불액에 대한 퍼센티지와 기간은 물론 납품업자들마다 다르다.

할인율과 관련하여 실제이자율을 고려하는 것은 도움이 될 수 있다. 이러한 비율을 계산하기 위한 공식은 다음과 같다.

Check point

$$할인(\%) = \frac{절약(원)}{순원가(원)} \times \frac{365}{할인가능시간(일)}$$

2/10, N−30으로 500,000원 구매, 절약액은 500,000원의 2%, 즉 10,000원이 되고, 순원가(Net Cost)는 500,000원−10,000원=490,000원이 되고, 할인가능시간은 30−10=20일이 된다고 가정하면, 할인율은 37.2%가 된다.

Check point

$$할인율 = \frac{10,000원}{490,000원} \times \frac{365}{20일} = 37.2\%$$

이것은 매해 10일 이내 지불에 대해 2%의 할인으로 이자율은 37.2%라는 것을 의미한다. 자금의 이용이 불가능하다면 할인의 이점을 얻기 위하여 37.2%의 비율로 자금을 빌리는 것이 좋을 수 있다.

한 업체의 신용관계는 신용의 정도와 납품업자가 제공할 수 있는 계약에 영향을 미칠 수 있다. 그러므로 가능한 한 신용관계를 좋게 유지하는 것이 업체에게 이익이다.

음식 서비스업체들은 빈약한 사업, 비수익적인 사업, 계절적 변동, 제3자의 지불지체, 또는 고객들의 지불지체로 신속한 구매대금지불이 어려울 수 있다. 납품업자들과 논의하고 그들과 어떤 재지불 계약을 하려고 공동 노력하는 것이 좋다.

지불지체를 예상하는 납품업자들은 고객에게 빌려주고 있는 자금의 원가를 상쇄하기 위해 그들의 가격을 올릴 수 있다. 납품업자들도 보다 빨리 대금을 받고자 하나, 고객과의 관계단절을 원하지 않기 때문에, 올바른 거래신용과 지불정책을 강구하는 것이 좋다.

Chapter 4

검수관리

Section 1 검수관리의 개념

1. 검수관리의 정의

검수관리는 계약에 의해 주문한 물품의 품목, 품질, 수량, 중량, 규격, 크기, 가격, 납기일 등이 구매발주서와 구매명세서에서 제시한 대로 납품되었는가를 확인하는 과정이다.

검수업무는 물품특성뿐만 아니라 운반 검수과정에서의 손실을 방지하고 품질의 고유특성과 규격, 크기, 무게 등을 보존하기 위해서 유효적절한 통제과정의 반복적인 피드백을 통해 원가절감을 이루고, 이를 통한 경영목적을 달성해서 그 시스템적 중요성이 부각되고 있다.

2. 검수시의 유의점

① 수령품의 품번이나 수량 등을 그 자리에서 확인한다.
② 현품표기가 붙어 있지 않은 물품은 받지 않는다.
③ 거래처와 검수불합격품의 처치방법을 구체적으로 결정해둔다.
④ 검수불합격품은 다른 합격품과 명확하게 구별하여 합격품에 혼입시키지 않는다.
⑤ 검수 전의 물품과 검수가 끝난 물품을 놓아두는 장소를 명확히 구분한다.
⑥ 구매명세서와 공급처의 거래명세서(송장, Invoice)를 잘 대조하여 확인한다.
⑦ 물품의 품질특성 검수(크기, 중량, 규격, 수량, 선도, 위생상태, 유통기간 등) 철저

Section 2 검수의 종류

① **전수검수** : 거래처의 품질관리를 거의 신용할 수 없을 때
② **엄격한 임의 발췌 검수** : 거래처의 품질관리를 그다지 신용할 수 없을 때
③ **임의 발췌검수** : 거래처의 품질관리를 어느정도 신용할 수 있을 때
④ **감시검수** : 거래처의 품질관리를 거의 신용할 수 있을 때
⑤ **무검수** : 거래처의 품질관리를 신용할 수 있을 때

Section 3 식료검수

전통적인 수령기능은 다음과 같다.

① 송장에 나와있는 것, 그리고 주문한 것과 같은 양이 실제로 배달되었는지를 검사
② 명세서와 같은 질과 크기인지 검사
③ 견적가격과 같은 가격인지를 검사
④ 송장의 최초 처리
⑤ 주방에 배달되지 않은 것과 부족분에 관하여 정보제공
⑥ 주방이나 저장고에 식료운반

어떤 면에 있어서 수령은 식료 원가관리 부문에서 최근에 더 쉬워졌다고 볼 수 있다. 예컨대, 냉동채소와 과일의 패키지를 검토하는 것이나 사전에 크기가 결정된 육류를 수령하는 데 있어서 전보다 더 편리하게 수령하고 관리할 수 있도록 하고 있다.

원스톱 구매와 납품업자의 라인확대를 통해 대규모로 여러 물품을 제공하고 있을 뿐만 아니라, 냉장 수송수단에 의하여 식료를 얼음으로 포장할 필요가 없어졌지만, 음식 서비스업체는 주문량과 명세서에 맞는 물품의 질을 보장받을 수 있어야 한다. 이와같이 수령부문은 긴밀하고 치밀한 관리가 필요한 곳이다. 일관되고 틀에 박힌 수령업무는 물품의 배달되는 동안에 발생할 수 있는 오차를 미연에 방지할 수 있다.

Section 4 음료검수

음료관리에 있어서 검수기능은 여러 면에 있어 식료검수와 유사하나, 배달될 음료의 정확한 검수는 더 중요하다. 검수지역에서 한 상자의 레터스(lettuce)를 남겨두는 것은 그렇게 큰 문제가 되지는 않지만 한 상자의 고급 스카치를 남겨둔다면 문제가 커진다. 검수될 때에 음료들은 카운트되어야 하고, 송장을 통하여 체크되어야 한다. 송장은 다양한 업무를 수행하는 직원을 명시하는 공간을 제공하기 위하여 스탬프화 될 수 있다.

계획한 브랜드를 구매한다면, 품질이나 명세를 체크할 필요가 없다. 검수자는 깨지거나 빠진 병을 확인하기 위하여 케이스를 조사하여야 한다. 어떤 업체들은 실제로 이것을 위하여 들어오는 상자의 무게를 달기도 한다.

예컨대, 구매주문과 구매리스트가 이용된다면 들어오는 상품들은 이들을 통하여 점검되어야 한다. 크레디트 메모랜덤이 필요한 경우에는 검수할 때에 만들어져야 하고, 납품업자쪽의 배달원에 의해 서명되어야 한다.

대부분의 납품업자들은 주 단위로 배달한다. 그래서 보통 식료배달보다는 적은 음료가 배달되지만 검수한 음료와 양을 나타내는 검수형태가 있어야 한다. 검수리포트는 확보하고 있는 것을 결정하고, 지불하고, 실제로 상품이 검수되었다는 것을 보증하는 데 도움이 되도록 하기 위해 필요하다. 검수된 것과 그들의 양을 송장에 간단히 기록하는 것에서부터 여러 정보들이 들어있는 정교한 형태에 이르기까지 음료검수리포트들을 위한 여러 서로 다른 포맷들이 존재하고 있다.

표 4-1은 한 형태를 위한 포맷이다. 당기말은 배달의 빈도에 따라 일, 주, 또는 월이 될 수도 있으며, 일자칼럼은 검수한 기간이 하루 이상인 경우에 이용될 수 있다. 납품업자의 이름은 송장의 번호와 같이 기입된다. 이러한 정보는 한 번 이상의 배달이 특정기간 동안 납품업자로부터 행해진다면 도움이 된다.

항목, 사이즈, 양은 단위원가와 함께 나타낸다. 총계는 단위원가가 곱해진 양이다. 송장합계는 상장에 있고, 보통 지불될 모든 항목들의 합계이다. 검토자 칼럼은 한 사람 이상의 음료를 검수하는 경우에 도움이 된다.

표 4-1 검수리포트

당기말________												
납품업자 :					송장 :							
									분류			
날짜	송장의 수	항목	사이즈	양	단위원가	총계	합계	체크자	Spirits	Wine	Beer	혼합 공급품

분류 칼럼은 음료원가를 스피리트류, 와인류, 그리고 비어류로 나누기 쉽도록 한다. 이들 항목들의 판매와 그들의 원가를 비교하는 것이 바람직할 수 있다. 혼합(mixes)에는 비알코올음료가 포함되고 공급품(supplies)에는 검수되나 음료원가에 포함되지 않는 스터러(stirrer)와 냅킨(napkin)이 포함된다. 과일과 가니쉬들은 분리하거나 혼합에 포함될 수 있다.

Section 5 효과적인 수령을 위한 조건

1. 유능한 직원

수령부서원은 4가지 I's를 가져야 한다. 즉, 지능(intelligence), 성실(integrity), 관심(interest), 그리고 식료에 관한 정보(information about food)를 가지고 있어야 한다. 기일 경과상품, 지나친 부족, 부족한 무게, 명세서와 다른 식료를 확인해 낼 수 있을 만큼의 성실한 직원이라야 한다.

이러한 직원은 중요한 위치에 있기 때문에 이에 상응하는 임금이 주어지게 되는데, 수령담당자를 고용할 여유가 없을 정도로 소규모 업체라면, 다른 유능한 직원에게 물품을 검수할 수 있는 업무를 주어야 할 정도로 중요한 부문이다. 대부분의 음식 서비스업체는 식료지출비 중의 절반을 차지하는 고원가 품목들인 육류, 가금류, 그리고 해산물과 같은 식료는 관리자나 유능한 직원에 의하여 검수하고 수령되도록 하여야 한다.

호텔의 수령원은 재산관리적 기능이 강조됨을 감안하면 정직하고 신뢰 할 수 있는 직원이라야 하고, 이러한 요건을 객관적으로 보장받을 수 있는 가정환경이나 대인관계, 그리고 재정보증이 확실하고, 가능한 구매자와 동일 소속이 아닌 직원이 적합하다. 일반적으로 이들의 조건 중에서 지식적인 조건은 다음과 같다.

① 표준 식료구매명세에 관한 전문적 지식을 갖출 것
② 시장동향, 신출하제품, 가격정보에 상당한 지식
③ 납품회사 또는 개인 식품업자에 관한 평판, 신용도에 관한 지식
④ 부정직한 식품상인의 전략에 대한 유형파악
⑤ 도량형 기기 조작법 숙지
⑥ 음식의 조리과정 및 특성요인의 숙지
⑦ 식료보관방법
⑧ 납품전표, 발주서, 견적서 및 수령보고서의 작성에 관한 지식

2. 시설과 장비

적합한 수령을 위한 첫 번째 요구조건은 적절한 수령부서이다. 어떤 식료업체에서는 수령부서 또한 직원들의 출입구, 쓰레기 예치장, 판매원의 출입구, 그리고 사용창고(general storage)를 위한 곳으로 이용될 수 있다. 그러나 수령하는 곳은 혼잡하여서는 안 되고, 식료의 운반이 시간과 노력을 줄일 수 있도록 저장고와 냉장고는 가까운 곳에 위치하여야 한다. 수령부서는 특정장비들을 필요로 하는데, 정확한 저울(scale)이 가장 중요하다.

한 조사에 의하면 수령부서에서 이용되고 있는 저울의 30%는 올바른 무게를 달 수 없음에도 불구하고 계속하여 이용되고 있다고 한다. 플랫폼(platform)과 카운터(counter)저울이 이용될 수 있는데, 플랫폼 저울이 더 중요하다. 대규모 업체들은 송장의 반대쪽이나 패킹 슬립(packing slip)에 무게를 인쇄할 수 있는 저울을 이용하고 있기도 하며, 어떤 저울들은 물품에 부착되도록 하는 테이프로 프린트한다. 이러한 시스템은 무게를 다는 과정에 있어서의 의심스러움을 없애준다. 현재 사용되고 있는 전자저울은 정확도가 100%에 가깝다. 그러나 문제는 이들이 온스에 의해서 보다는 소수점(decimal)으로 나타낼 때에 발생한다.

짐을 내려야 하는 트럭을 위하여 편리한 높이의 로딩 독(loading dock)이 있어야 하고, 물품을 내리는 것을 용이하기 위하여 램프(ramp)가 있어야 한다. 수령자는 서류작업을 하고, 송장과 주문량식을 기록하기 위한 데스크가 있어야 한다. 어떤 수령부서에서는 '수령(received)' 이라는 표시를 하고, 숫자로 스탬프할 수 있는 송장카피를 하기 위한 복사기계를 가지고 있다. 복사본은 그 다음에 영구 수령기록으로서 수령부서에서 보유하는 것 이외에 지불을 위하여 총무부수, 원가부서 그리고 저장고에 전달하게 된다.

또한 수령부서에는 적당히 작은 운반구(dolly와 hand truck)들이 필요하다. 이것은 물품의 운반을 최소한의 노력으로 가능하게 하는데에 도움이 된다. 냉동식료들을 수령지역에 일정기간 동안을 놓아두어야 한다면, 식료의 손실을 막기 위하여 적당한 냉동장치가 되어 있어야 한다.

3. 명세서

수령하는 사람은 납품업자가 제대로 납품하여야 하는 표준을 알고 있어야 하고, 명세서 또한 납품업자가 보관하고 있어야 한다. 명세서들은 보통 2가지 방법 중 하나로 수령원에게 전달되어야 한다. 메모랜덤이나 양, 가격, 그리고 품질이나 등급을 나타내는 주문한 식료의 구매명세서, 주문서 모두 수령원 자신이 보관한다. 그리고 주요 식료항목들에 대한 명세서는 무게, 크기, 양이 체크될 수 있도록 저울 가까이 있는 벽에 비치해야 한다.

4. 위 생

시설들은 쉽게 청소할 수 있도록 배치되어야 한다. 물을 뿌릴 수 있는 수도시설이나 구배시설이 필요하다. 곤충이나 설치류에 대한 구서, 구충 등의 적당한 조치도 필요하다.

5. 감 독

수령은 정기적으로 관리자에 의해 검토되어야 한다. 무게, 양, 그리고 품질을 재검토하는 것이 중요하며, 수령원은 자신의 업무에 대한 관리자의 관심과 그것의 중요성을 인식하고 있어야 한다.

6. 계획한 시간에 납품

가능하다면 납품업자들은 특정한 시기에 배달하여야 자격이 있는 수령자를 이용할 수 있고, 같은 시간에 너무 많은 배달로 인한 혼란을 막을 수 있다. 운전자들은 보편적으로 다음의 배달을 위해 쉬려고 함으로써, 수령부서원은 검수하는 데에 있어 이들로부터 압력을 받을 수 있고, 물품을 제대로 검토하지 못할 수 있다. 어떤 업체들은, 상하기 쉬운 식료는 오전에, 다른 식료는 오후에 배달되도록 요구한다. 그러나 대부분의 납품업자들은 시간과 연료의 효율적 이용을 위하여, 자신이 편한대로 배달한다는 것을 고려해야 한다.

7. 수령부서원의 일일보고서

주요 수령기록물은 수령담당원의 일일보고서로써, 이것은 여러 가지 용도로 이용된다. 수령된 모든 식료에 관한 정확한 기록, 배달일자, 거래자의 성명, 식료의 양, 무게 그리고 가격이 기록되어 있어야 한다. 이러한 자료는 검토와 계산을 위하여 도움이 될 수 있다. 원가를 관리하기 위해서는 주방과 저장고에 배달된 모든 음식의 단위당 가격을 알아야 한다.

수령 리포트에는 직도식료(direct food), 저장식료, 그리고 건조식료(sundries)의 칼럼이 있어야 한다. 이 칼럼들은 식료 원가관리시스템에서 필요하다.

8. 일일 배달리스트

수령자가 예상한 배달에 대한 사전 준비된 리스트를 갖는 데에 있어서 도움이 될 수 있다. 구매자에 의해 전일에 준비된 이들은 수령부서에 걸릴 수 있는 클립보드에 부착되어야 한다.

예상한 배달리스트는 클립보드에 부착되고 또 다른 카피와 메모는 공급업자에게 보내야 한다. 배달리스트에는 양, 상표, 크기, 무게, 그리고 가격이 포함되어야 한다.

9. 상하기 쉬운 식료

잘 운영되고 있는 여러 업체들에 있어서 식료는 크레용 또는 태그로 일자가 기입된다. 일자는 상자 위에 기입될 수 있다. 이러한 시스템은 선입선출을 가능하게 하고, 품질을 유지하는데 도움이 된다.

10. 미트 태깅

식료원가에 있어서 육류는 식료구매 중의 가장 큰 비용품목이다. 많은 업체들은 이러한 원가를 잘 관리하기 위해서 미트 태그 시스템(meat tag system)을 이용한다. 미트 태그는 개별 육류항목에 부착될 수 있는 카드로 표 4-2와 같다.

표 4-2 미트 태그

No. 9992	No. 9992
Date Rec'd ______	Date Re'd ______
Item ______ Grade ______	Item ______
Weight ______ Lbs. @ ______	Wt ______ Lbs, @ ____
Dealer ______ Extension ______	Ext. ______
Date Issed ______	Dealer ______
WILLIAM ALLEN & CO., N.Y.STOCK FORM 9247	Date Issed ______

(1) 미트 태깅 목적

① 해당 육류의 납품회사를 명시함으로써 후일에 발생된 품질 또는 수량상의 문제파악에 사용한다.

② 출고할 때에 계량업무를 없애준다.

③ 검수인의 검수업무의 정확도를 검사할 수 있다.

④ 육류의 재고순환의 자료가 된다.

⑤ 재고조사의 정확과 신속을 가능하게 한다.
⑥ 육류의 출고 원가산출의 자료가 된다.
⑦ 육류 주문량 산정의 자료가 된다.

(2) 미트 태깅 절차

표준카드는 2개의 부분으로 구성된다. 한 면에는 수와 날짜, 거래자의 성명, 자르기, 무게, 파운드당 가격, 그리고 총 가격을 위한 공간이다. 미트 태그를 이용하는 절차는 다음과 같다.

① 태그의 양면은 각각의 피스(piece), 상자(box), 또는 육류, 생선과 조류의 패키지에 대해 기록된다.
② 태그의 한쪽 윗부분은 물품에 달아 놓는다.
③ 사본(duplicate)의 하단 반은 식료원가회계에 책임이 있는 직원에게 보낸다.
④ 태그는 제거되고 보통 주방에서 이용될 때에 잠김장치가 되어 있는 상자에 매단다. 그리고 그 다음에 그 날에 육류원가를 결정하기 위해 태그를 이용하는 식료원가관리자에게 보낸다.
⑤ 식료원가관리자는 주방으로부터 보내 온 태그를 태그의 복사본과 비교한다.

(3) 장 점

① 수령자는 개별육류에 대해 태그를 기입해야 하고, 이것은 수령자가 무게를 달도록 한다.
② 무게를 단 품목으로 출고될 때에 이중으로 무게를 다는 일이 없다.
③ 특정일에 육류원가를 결정하기가 쉬워진다. 육류의 부족분이나 없어진 것은 저장고에 있는 품목들보다 태그를 통하여 알 수 있다.
④ 태그가 부착된 항목들은 쉽게 재고관리되며, 수중에 있는 품목의 재고가치나 화폐가치가 태그를 이용함에 의해서 결정될 수 있다.
⑤ 태그에 기록된 납품업자의 이름을 가지고 반품시켜야 할 경우에 쉽게 반품시킬 수 있다.
⑥ 태그에 기록된 일자는 선입선출을 쉽게 한다.

11. 송장 확인서

송장을 다루고 검토하는 과정을 용이하게 하기 위하여 어떤 업체들은 배달슬립(slip)이나 송장에 고무도장을 찍어 과정을 확인한다. 이것은 모든 단계가 수행되었음을 보장하고, 어떤 오차에 대한 책임한계를 분명히 하여 준다.

표 4-3 송장 확인증

Date Received ____________________
Quantity ____________________
Price OK ____________________
Extension OK ____________________
Entered ____________________
Paid ____________________

식료의 납품은 현품과 함께 물품송장을 첨부함이 원칙이다. 특히 호텔 식료의 다양한 품종이나 복수의 납품회사에 의한 반복적 구매라는 특성을 감안할 때, 그리고 현행의 부가세법이 요구하는 필수적 요식행위인 관계로서 송장은 필히 현품에 수반되어야 한다. 그러한 관계로 대다수의 특급호텔에서는 각 회사가 인쇄한 요식화 된 거래명세표를 납품업자에게 미리 배부하여 납품할 때에 사용하게 함으로써 업무의 능률을 기하고 있는 실정이다.

(1) 거래명세서(송장)의 기록사항

① 세법이 요구하는 구매자와 판매자의 상호, 주소, 거래자번호
② 품목명, 수량, 단가, 금액, 부가세 대상 여부 및 세금액
③ 주문서 또는 발주서의 일련번호
④ 납품일자

(2) 수령확인인(Invoice Stamp)

검수단계에서 합격된 식료의 송장에 수령절차의 완료를 확인하는 스탬프를 날인함으로써 납품이 완료된다. 스탬프의 날인으로써 모든 인가된 관계자의 서명과 검수 및 수령의 날짜를 단일한 방법으로 확정시키게 되며, 대부분의 송장 스탬프는 다음과 같은 사항을 내용으로 한다.

① 수령일자　② 수령인　③ 가격검사인
④ 금액검사인　⑤ 대금지불승인　⑥ 대금지불일
⑦ 검사번호

(3) 송장의 용도

납품의 확인과 물품의 수령식료원가계산의 자료로 사용되는 송장의 사본 및 그의 용도는 다음과 같다.

① **원본** : 검수보고서의 작성자료가 되며 원가관리부에 송부되어 재검산과 원가산입을 필한 후에 경리부에 송부하여 대금의 지불을 의뢰한다.
② **일번사본** : 식료 검수부서가 보관하며, 업무일지의 자료가 된다.
③ **이번사본** : 식료 수령부서가 보관한다. 즉, 저장고 구입물품인 경우에는 저장고 담당자가 그의 재고관리자료로 사용하며, 직도물품인 경우는 주방 안의 물품관리자료로 사용된다.
④ **삼번사본** : 검수자가 구매자에게 송부하여 구매사항을 확인할 수 있도록 하며, 당일의 구매액 산정자료가 된다.
⑤ **사번사본** : 납품자가 납품확인의 자료로, 그리고 대금지불의 청구용 증빙서로 사용한다.

12. 스탠딩 주문

사전 결정된 양은 일별이나 정기적으로 배달될 수 있다. 빵류, 낙농품류, 알류, 아이스크림류, 그리고 어떤 비식료물품들은 보통 이러한 납품범주로 분리된다. 배달자가 이들 물품들을 직접 저장고에 들여놓는 것을 허락하여서는 안 되며, 배달된 물품들이 수령부서원에 의해 수가 계산되고 이에 따라 저장되도록 하여야 한다.

13. 블라인드 수령

수령담당자로 하여금 들어온 물품의 무게를 달게 하고 수를 계산하도록 하기 위하여, 여러 업체들은 블라인드 수령(blind receiving) 시스템을 도입하고 있다.

납품업자는 선적송장(shipping invoice)에 물품들을 기록하고, 양이나 무게는 생략한다. 수령담당자는 이때에 송장이나 수령보고서에 기록하기 위하여 항목들의 수와 무게를 계산하여야 한다. 그 다음에 그 수치들은 납품업자에 의해 회계부서(accounting office)로 전달된 수나 양과 비교하여 검토되어야 한다. 이러한 방법을 이용할 경우에 음식 서비스업체는 납품업자에게 블라인드 송장(blind invoice)을 보낸다.

14. 크레디트 메모랜덤

물품의 종종 무게가 모자라거나 품질이 떨어질 수 있다. 크레디트 카드는 그것을 위해 이용될 수 있는데, 이러한 카드는 삼중으로 준비되도록 이용할 수 있다. 한 사본은 송장에 부착되어야 하고, 배달자에 의해 서명되어야 하며, 총무부서로 보내져야 한다. 두 번째 사본은 납품업자에 의해 유지되어야 한다. 게다가 오차를 파악하기 위하여 송장은 올바르게 기록되어야 한다. 거래자에게 전화연락이 필요할 수 있다.

크레디트 메모랜덤에는 납품업자의 이름, 날짜, 송장의 수, 차이, 그리고 크레디트의 수(amount of credit)가 기록되어야 한다.

15. 검수방법 및 검수시 고려사항

구매발주에 의해 사입된 물품의 검수방법으로는 식자재 전체를 검사하는 전수검수가 있는데, 이것은 식자재가 소량이거나 고가품인 경우나 특별한 경우에 활용한다. 또다른 하나는 발췌검수로서 식자재 일부만 무작위로 선택하여 검사하는 방법으로, 대량구매일 때에 활용하며, 시간적·비용적인 측면에서 유리하다.

또한 검수할 때에는 수령부서원과 납품업자나 그들의 배달자 사이에 충돌이 종종 발생할 수 있다. 관리직원은 부족한 배달을 눈감아주고, 자신의 직원이 이용할 수 없는 곳에 상품을 배달하도록 하거나 개인 커미션을 받을 수 있다.

부족한 배달은 소비한 것과 구매한 것이 맞지 않을 때에 발견될 수 있다. 컴퓨터의 예측에 따라 구매되어야 할 양을 결정하는 새로운 컴퓨터 시스템들은 더 정확히 부족한 양의 배달을 파악하는 데에 도움이 될 수 있다.

그러나 구매자에게 선물을 보내는 것과 같은 부정행위를 관리하기란 어려울 수 있다. 적어도 관리자는 이것에 대한 대책을 가지고 있어야 한다. 음성수입 중 사례상납이나 감사의 선물권 사이에 차이는 결정하기가 어려울 수 있으므로, 구매직원이 받을 수 있는 선물을 제한하여 둘 필요가 있다.

양심적이지 못한 사람은 업체를 상대로 해서는 안 될 행위를 하는 경우가 있으며, 그 행위 중에서 대표적인 사례 및 가지는 다음과 같다.

① 무게 달기를 어렵게 하거나 더 많은 무게가 나가도록 포장하거나 냉동하는 것
② 상품을 재포장하거나 새로운 상자에 무게가 덜 나가는 것을 담고, 원래의 무게의 상자와 같은 가격을 표지하는 것
③ 좋은 상품만을 맨 위에 올려놓는 것
④ 알려지는 것을 피하기 위하여 특정등급의 상품은 보내지 않는 것
⑤ 부족한 무게를 공급하는 것(가장 중요한 부분만의 무게 달기를 강조하는 것)
⑥ 뼈가 많거나 지방이 많은 것을 제공
⑦ 무게를 증가시키기 위하여 과대포장
⑧ 시간을 절약한다는 명목으로 모든 품목에 대한 전체 무게를 달도록 요구하는 것
⑨ 수령부서를 거치지 않고 직접 주방으로 상품을 배달하는 것
⑩ 수령지역에서 양과 질을 점검함이 없이, 저장고나 냉장고로 직접 운반하는 것을 요구

16. 검수절차

경영자는 적당한 수령절차를 체계화하고 적용할 책임이 있다. 이 절차는 다음과 같다.

① 예상한 배달의 일일리스트는 수령부서에서 준비한다.
② 모든 품목들에 대한 수와 무게를 정하고 표시한다.
③ 모든 육류, 생선류, 그리고 가금류의 무게를 정하고 개별적으로 조사하여 그들의 태그를 준비한다.

④ 과일이나 채소의 상자는 무작위로 선택하여, 양과 질을 조사한다.
⑤ 구매명세서와 비교하여 모든 항목들을 검토한다.
⑥ 송장가격은 구매주문서나 구매자의 견적서와 비교하여 검토한다.
⑦ 모든 수령송장은 검증 후에 수령부서원에 의해 스탬프(stamp)하고 서명한다.
⑧ 모든 물품들(merchandise, food, supplies)은 수령리포트에 기록한다.
⑨ 단위가격은 각 품목에 기입하고, 저장고나 냉장고에 비치한다.
⑩ 관리자는 수령절차를 정기적으로 검토한다.

17. 검수업무의 평가사항

(1) 수량검사

구매발주서에 명시된 계량단위에 입각하여 단가는 개수로, 중량단위는 계량으로 각각 명확히 계측하여 검사한다.

(2) 품질검사

육류 및 어류의 고가품목에 관한 검사는 표준 현품과 대조하게 되며, 주방장의 협조로 검사한다.

(3) 품종별 검사기준

① 육류 : 중량, 등급, 육질, 다듬기, 지방 및 힘줄의 점유도
② 계육 : 크기, 중량, 등급, 절단방법
③ 난류 : 크기, 중량
④ 과일 : 익은 정도, 크기, 형태, 등급, 향기, 색깔
⑤ 채소 : 색깔, 크기, 고르기, 연도

(4) 기 타

① 냉동식품검사 : 냉동온도, 해빙여부, 냉동방법
② 송장과 주문서의 수량 및 단가의 일치 여부와 합산금액의 정확성
③ 포장의 해체에 의한 식품의 보존상태 검사

④ 반품처리 절차와 수량차이의 처리
⑤ 특정 품목별의 검수시간 구분 실행의 여부
⑥ 송장의 서명과 상호교부에 관한 절차

18. 전산화

앞으로 수령담당자는 자신의 컴퓨터 터미널에서 보여주는 주문과 비교하여 들어오는 물품을 잘 검토할 수 있어야 한다. 즉, 컴퓨터가 재고하에 있는 수령된 물품, 일일 물품원가, 그리고 회계를 다룰 수 있는 터미널을 통하여 알 수 있어야 한다.

Chapter 5

저장관리

Section 1 저장관리의 개념

1. 저장관리의 정의

저장관리란 검수된 물품을 수요자에게 공급할 때까지 보관하는 동안 적절한 방법과 시스템, 시설 등을 통해서 입고할 때의 상태에서 변질이나 손상되지 않고 원상태 그대로 보존·관리하는 것을 말하며, 입고, 출고, 재고관리가 주종을 이루고 있다.

따라서 물품의 품목별, 규격별 품질특성별, 냉장·냉동식품별 등에 따라 저장방법이 다르기 때문에 체계적인 분류 속에서 관리해야 한다.

2. 저장관리의 목적

저장관리는 효율성, 유용성, 위생성과 안전성을 높이기 위한 목적이 있으며, 구체적인 사항은 다음과 같다.

① 원활한 입고, 출고업무의 수행
② 물품의 원상태 유지 및 낭비·손실·폐기율 최소화
③ 체계적인 물품의 분류와 적재 적소 보관 및 보존
④ 도난 및 부패 방지
⑤ 적정재고량 유지 관리
⑥ 전기누전이나 정전 등을 통한 자산의 보존

3. 저장관리의 원칙

① 품목별 저장 분류의 체계화원칙 : 대분류, 중분류, 소분류
② 품목별 위치의 표식화(바코드)원칙 : 품질특성별로 구획정리하여 tag시스템 관리
③ 품목별 품질 보존의 원칙 : 냉장고, 냉동고별 적정온도 유지
④ 선입선출(FIFO)의 원칙 : 선도유지, 유통기한 준수
⑤ 저장공간활용의 최대화원칙 : 동선의 효율성과 저장공간 최대활용

Section 2 식료저장

식료저장시설의 운영은 음식 서비스업체에 있어서 중요하다. 그러한 업체의 평가에 있어 저장부문의 적합성은 가장 중요한 고려사항들 중의 하나이어야 한다. 여기서 고가품은 필요한 때까지 최상의 물리적 조건에서 보관되어야 한다. 이것들은 질서정연하게 정돈되어야 하고, 깨끗하게 보관되어야 한다. 물품들이 혼잡하게 보관되거나, 비위생적으로 보관되어서는 안 된다. 또한 관리자가 무엇을 가지고 있는지를 알 수 없어 물품이 낭비되거나 폐기되는 일이 없도록 하여야 한다.

1. 식료저장의 4원칙

(1) 안전성

저장고 운용상의 안전사고에 대비하여 인원 및 물품 안전을 위한 물품의 적재방법, 사닥다리, 선반설비, 그리고 냉장고의 내부에 설치된 개폐장치에 대한 안전제일의 원칙에 유의해야 한다.

(2) 위생확보

모든 식료저장고는 청결하여야 하며, 곤충이나 벌레 또는 박테리아의 오염으로부터 보호되어야 한다.

(3) 지 각

보관식료의 배열, 재고조사대장의 순서에 의한 진열, 출하횟수에 입각한 위치 선정, 선입선출, 재고카드의 부착, 그리고 식품 특성에 따른 분리저장과 같은 합리적인 운용의 강구가 필요하다.

(4) 저장고 보안

저장고 책임자의 일인화, 키 관리, 저장고 출입자의 제한, 그리고 비상용 키의 철저한 관리절차와 같은 재고자산 보호방안이 강구되어야 한다.

2. 저장고 관리

[관리자의 고려사항]

① 얼마나 수량을 발주할 것인가
② 언제 발주할 것인가
③ 불확실성에 대비해서는 어떠한 재고를 유지할 것인가
④ 많은 품종 적은 발주인 식료 구입과 재고보존의 방침 결정
⑤ 장래의 메뉴계획에 적합성 여부 검토

3. 음료저장

음료저장고나 와인저장고의 안전은 특히 알코올음료에 있어서 중요하다. 그 저장품들의 분실을 예방할 수 있어야 하고, 어떤 경우에는 온도를 조정하여야 한다.

안전은 리큐에 접근을 제한함으로써 통제할 수 있다. 리큐를 방어할 수 있는 권한이 있는 사람들의 출입을 허용하여야 한다. 어떤 업체들은 리큐를 꺼내기 위해서는 문을 열어야 하는 더치도어(dutch door)를 이용하나, 대부분이 물품을 꺼내는 사람이 저장고로 접근하지 못하도록 폐쇄하고 있다. 이상적인 것은 입구가 한 개라야 하며, 어떤 경우라도 사람이 없을 경우에는 잠가 두어야 한다. 어떤 업체에서는 이러한 목적을 위하여 볼트도어(former bank valut door)를 이용하고 있다. 도어가 오픈될 때마다 출입을 기록하는 장치는 도움이 될 수 있다.

개개의 음료는 저장고에 자신만의 공간을 가지고 있어야 하고, 음료들은 예컨대, Bourbons With The Bourbon, Scotches With The Scotch, 그리고 Gins With The Gin과 같이 저장되어야 한다. 자주 이용되는 항목들은 예외이다.

이러한 항목들은 서빙 도어(serving door) 근처에서 제공되어야 한다. 음료들이 케이스로 출고되지 않는다면, 보통 저장고선반 위의 상자에 넣지 않고 저장된다. 이러한 항목들은 많은 독립된 개개 항목이나 빈(bin)으로 빈선반(bin shelve) 위에 비치된다.

많은 양의 와인 재고를 가지고 있는 업체는 와인저장고에 빈번한 출입으로 인하여 와인 리스테에 변화가 발생하는 문제를 가질 수 있다. 와인저장고의 온도에 대한 고려가 필요하고 스파클링과 화이트와인은 서늘한 곳에 저장되어야 한다. 하지만, 특별한 지역을 이용할 수 없다면, 바닥에 가까운 곳에서 온도가 더 낮기 때문에 레드와인 아래에 이들 와인들을 저장하여야 한다.

차갑게 제공되는 스파클링 와인과 다른 와인들을 위해서 40℉의 차가운 시설들을 이용할 수 있다. 알코올이 14% 미만인 코크와인(corked wine)은 코크 습기를 유지할 수 있도록 저장되어야 한다. 이를 위하여 특별한 랙이 필요하다. 고급 와인은 침전물을 없애기 위하여 제공 이전에 가능한 한 흔들리지 않게 하여야 한다. 이러한 침전물은 와인의 투명도에 영향을 미칠 수 있다.

맥주통(beer kegs)은 40~50℉의 온도를 유지할 수 있도록 하기 위하여 가능한 한 조심해야 한다. 더 높은 온도는 맥주를 와일드하게 만들고, 더 낮은 온도는 거품을 줄이게 된다. 병에 저장된 맥주는 직사광선에 노출되어서는 안 된다. 이것은 병 안의 온도를 상승시켜서 스컹키 맥주(skunky beer)가 될 수 있다.

4. 건조물품 저장

식료시설을 계획할 때는 정확한 저장의 필요성을 생각하지 않고 공간계획에 있어 여분의 공간을 저장고로 계획한다. 건조물품을 위한 공간계획에 있어서 고려하여야 할 사항은 다음과 같다.

① 적합한 공간　② 위치　③ 안전
④ 온도, 습기, 조명　⑤ 선반과 배치　⑥ 세균예방

(1) 적합한 공간

건조물품을 위해 필요한 공간은 영업의 형태, 메뉴, 판매량, 구매정책, 그리고 배달의 빈도와 같은 여러 요인에 의해 달라진다. 여러 메뉴와 변화되는 메뉴를 제공하는 업체는, 고정되고 제한된 메뉴를 제공하는 업체들과는 다른 저장조건을 가진다. 매일 그리고 쉽게 배달되는 식료를 구매하는 업체들은, 격리된 영업의 문제들을 가지지 않는다. 그러나 특정시기에 대량의 식료를 구매하고자 한다면, 그들은 식료저장을 위한 여유 공간을 준비하여야 한다.

업체들마다 서로 다르지만, 가이드라인으로 이용할 수 있는 몇몇 일반적인 규칙들이 있다. 한 접근방법은 식사당 평방피트 측면에서 필요한 공간을 한정시키는 것이다. 이 방법은 제공되는 식사당 1/2에서 1평방피트의 공간이 필요하다는 것이다. 또 다른 방법은 공급기간에서 저장의 필요여부를 결정하는 것이다.

일반적으로 2주 동안에 이용될 물품을 구매하는 경우에 이 방법이 사용되는데, 2주 동안에 이용될 건조물품의 양을 계산한 후에 필요한 공간의 양을 계산하는 방법이다.

대부분의 음식 서비스업체들은 어느 정도의 건조물품을 보관할 수 있을 정도의 공간을 확보하고 있다고 생각하나, 충분하지 못한 공간으로 인하여 불필요한 자본지출을 소모하고 있다. 더 큰 저장공간으로 재고품이 늘어날 수 있고, 빈 공간을 활용하기 위하여 저장하여서는 안 되는 다른 물품들까지 보관하게 되어 불필요한 인원의 출입이 잦아질 수 있다.

한편 너무 작은 공간계획도 너무 많은 물품들의 저장으로 어떤 품목들은 감추어 질 수 있고, 저장고에 보관되어야 할 것이 저장고 밖에 보관되기도 하며 구내 청결을 유지하기가 어려워지거나 안전사고가 발생할 우려도 있다.

(2) 위 치

이론적으로 저장지역은 수령지역과 조리지역 사이에 근접하도록 위치하여야 한다. 그러나 이것이 불가능한 여러 저장고들이 엘리베이터를 이용하여야 하는 주방 밑의 층에 위치하하거나 대형 기관업체들에서는 몇 블록 정도 떨어진 곳에 위치하기도 한다. 이러한 경우에는 가까운 곳의 저장시설을 이용하거나, 다른 지역에 거대한 저장고를 이용하는 것이 바람직할 수 있다.

(3) 안 전

저장지역에 있어서 최상의 목적은 물품들을 안전하게 보호하는 것이다. 치밀한 안전을 위하여 저장고에 접근하는 것은 엄격히 제한되어야 한다. 이상적인 것은 저장고 직원과 관리자만을 출입하도록 허용하는 것이다. 물품은 배달원에 의해 저장고 입구에 있는 포터(porter)나, 배달책임이 있는 저장고 직원에게만 전달되어야 한다. 그리고 배달원이 직접 저장고에 넣는 경우가 없도록 하여야 한다.

안전하게 물품을 보관하기 위해서 더치문(dutch door)은 유용하다. 이러한 장치를 통하여 물품이 건네지고, 들어가는 사람을 통제할 수 있다. 직원의 저장고 출입이 허용된다면, 물품이 분실될 우려가 있을 뿐만 아니라, 감독자의 눈을 피한 휴식공간으로 이용될 수도 있다. 또한 입구도 하나로 제한하고, 밖에서 잠금장치를 하는 것이 좋다.

(4) 온도, 습기 및 조명

어떤 업자들은 원재료나 상하기 쉬운 항목들에는 주의를 하여야 하지만, 캔 제품이나 박스제품에 대해서는 주의할 필요가 없다고 생각한다. 그러나 모든 식료는 가공처리 후에는 즉시 화학적 부패가 일어나기 시작한다. 설치류, 파리, 또는 바구미(weevil)의 침입이 가능하며, 장기간 동안을 저장하는 캔제품에도 자연적인 부패가 발생한다. 이러한 부패는 높은 온도와 갑작스런 온도의 변화로 가속화된다.

건조물품의 저장도 비교적 차갑게 유지해야 한다. 60~70°F의 온도가 적당하나, 50°F 온도를 유지하게 되면 대부분의 식료보다 나은 품질을 유지하는 데에는 도움이 된다. 한 연구에 따르면 100°F에서보다 70°F에서 건조물품을 더 오랫동안 보관할 수 있다고 한다.

전문가들의 연구를 살펴보면 식료에 영양적 손실은 저장온도가 상승함에 따라 증가함을 알 수 있다. 그러나 대부분의 저장고에는 저장고를 통과하는 가열파이프나 수도파이프가 있다. 가열파이프는 특히 환풍이 잘 되지 않을 경우 지나치게 많은 열을 발생시킬 수 있고, 수도파이프는 식료들을 응축시켜 물방울이나 습기를 발생시킨다.

적정습도는 약 50~60%이지만 곡류와 같은 식료보관에 있어서는 더 낮을 필요가 있다. 지나치게 많은 습기를 가지고 있는 업체들은, 기계적이나 화학적인 제습기를 설치할 필요가 있다. 상대습도가 너무 낮거나 공기가 너무 건조하다면 저장지역 주위에 분사할 급습기나 물통이 필요할 수도 있다.

저장고는 환풍이 되어야 하며 시간당 네 번 정도의 공기순환이 이루어져야 한다. 부적당하게 설치된 환풍기는 곤충이나 먼지의 침입문제들을 일으킬 수 있다.

대부분의 건조물품저장고에서 발생하는 문제는 냉장장치를 위한 냉장컴프레서(compressor)와 콘덴서(condenser)가 저장공간 내에 설치될 때에 발생한다. 이들은 열을 발산할 뿐만 아니라 정기적인 수선을 필요로 하여 다른 안전문제를 발생시킨다. 게다가 어떤 폐쇄된 저장고에서 콤프레서는 기계적인 문제를 발생시키기에 충분한 높은 온도를 상승시킨다.

발효성 음료(beer)와 근대(beet)와 같은 품목은 직사광선에 의해 영향을 받기 때문에 저장고 창문은 차광이 되어야 하고 윤이 나는 글래스 또한 컨테이너에 방사열(radiantheat)을 방출하여 내부온도를 상승시킬 수 있다.

저장고는 적합한 조명을 가지고 있어야 하고, 평방피트당 2~3와트의 조명이 좋다고는 하지만, 천장이 낮고 선반이 높은 경우에 적당한 조명방사가 이루어질 수 없다는 것을 주의해야 한다.

(5) 선반과 배치

선반은 케이스에 담아서 보관할 수 없는 것을 보관해야 할 때나 관리자가 캔 제품을 케이스에 보관하려고 하지 않는 경우에 필요하다. 선반은 조정이 가능하여야 하고, 금속이나 나무 재질을 활용한다. 금속선반은 나무선반보다 공간이 적게 들고 청소가 용이하며 쉽게 조정될 수 있다. 그 뿐만 아니라 깨질 우려도 없다. 한편 나무선반은 금속보다 다소 더 부드러우므로 글래스류를 보관하기에 더 적합하나, 많은 주의가 필요하다.

선반공간은 보통 10개의 캔이 들어갈 수 있는 크기를 기준으로 한다. 이것은 높이 7인치, 직경 6¼인치이다. 폭이 19인치, 높이 16인치의 선반은 10개 캔을 3줄로 2층의 높이로 겹쳐서 쌓을 수 있다. 2½개 캔을 4줄로 3층의 높이로 겹쳐서 쌓을 수 있는 높이이다. 특정한 장비를 이용할 수 없는 높이라면 물품들을 7½피트 이상으로 올려놓아서는 안 된다.

캔 제품의 케이스나 밀가루와 같은 물품은 마룻바닥에서 6~10인치 정도 높이의 팔렛 위에 보관되어야 한다. 마루바닥 위에나 벽과 붙여 보관되는 물품은 습기를 흡수할 수 있고 청소를 어렵게 하며 원활한 환풍을 방해할 수 있다.

이러한 이유로 선반 위의 물품은 벽으로부터 2인치 정도 떨어지게 보관해야 한다. 물품의 가방(bag)이나 크레이트(creat)가 마룻바닥 위 팔렛에 보관된다면 십자형으로 배치되어야 한다. 이것은 통풍이 잘 되도록 하고, 쉽게 쌓을 수 있게 한다. 그러나 6층 이상의 높이로 겹쳐서 쌓아서는 안 되는 것이 관례이다.

저장고에 식료를 배치하는 데에는 고려할 사항이 있다.

① 개개 항목을 위한 명확한 공간이 있어야 한다.

② 빨리 이동되는 항목들은 출구와 가까운 곳에 저장되어야 한다.

표 5-1 미국 환대협회의 식료분류

1. 음료, 우유제품 및 광천수	14. 과일류(드라이류와 유리류)
2. 캔디류	15. 과일주스와 칵테일
3. 조리된 곡류	16. 과일절임과 젤리
4. 곡류와 밀가루	17. 과일(스피이류와 피클류)
5. 초콜릿과 코코아	18. 젤라틴과 젤라틴 디저트
6. 쿠키, 케이크 및 크래커	19. 효모
7. 컬러링	20. 견과의 핵과 견과류
8. 콘디멘트와 스파이스	21. 피클과 올리브
9. 정제류	22. 소스와 랠리쉬
10. 지방과 오일	23. 설탕류
11. 생선, 조개류 및 해산물	24. 채소(캔류)
12. 파운틴(Fountain)과 아이스크림류	25. 채소(드라이류)
13. 과일류(캔류)	26. 특수품

효과적인 시스템을 식료를 그룹으로 분류하고 그룹 알파벳으로 선반 위에 배치하는 것이다. 만약에 과일주스가 그룹들 중 하나이고 캔류가 선반 위에 배치된다면 먼저 애플주스, 그란벨리, 그레이프, 그리고 그레이프프루트의 순으로 배치하게 된다. 그러나 자주 이용하는 항목들은 그들이 쉽게 꺼낼 수 있도록 배치되어야 한다.

개개 유형의 식료를 위한 뚜렷한 공간을 가지는 것은 식료가 아무렇게나 배치되는 경우보다 더 많은 공간이 필요할 수 있다. 식료들은 특정한 시기에 그들에게 할당된 모든 공간을 필요로 하지 않을 수 있기 때문이다.

그러나 물품을 찾기 위하여 허비되는 시간을 절약할 수 있으며 보관되어있는 것들을 정확히 헤아릴 수 있어 재고조사를 하는데 많은 시간이 절약될 수 있다.

종종 먼저 입고된 물품은 쌓아놓고 새로 입고된 물품을 사용하는 경우가 있다. 선입선출(FIFO : first in, first out)은 이전에 입고된 물품들을 먼저 출고되도록 하기 위하여, 재배치하는 과정이다. 이를 위해서는 약간의 재배치 노력이 필요하지만 오래 방치하여 발생하는 부패를 막을 수 있다. 재고를 파악하는데 도움이 되도록 하기 위하여 컨테이너나 케이스에 일자 스탬프를 이용하고 있기도 하다.

(6) 세균예방

저장고는 식료가 파리, 바구미, 또는 설치류에 의해 오염되는 것을 예방할 수 있어야 한다. 곡류는 특히 그러한 오염에 노출되기 쉬운데, 곤충으로부터의 예방은 벽, 천장, 그리고 마루에 생겨 있는 틈을 제거하여야 한다. 어떤 쥐는 1/2인치의 틈도 통과할 수 있으므로 창문은 꽉 닫을 수 있어야 하며 곤충들의 활동을 통제할 수 있도록 정기적인 청소와 살충제 살포도 필요하다. 특히 쓰레기통은 저장고에 가까이에 비치되어서는 안 된다. 파이프가 저장고의 벽을 통과하여야 한다면 그 벽의 파이프 주위는 단단히 봉해져야 한다.

많은 양의 곡류와 건조과일, 그리고 채소들은 뚜껑이 있는 금속 컨테이너나 단단한 플라스틱 컨테이너에 보관되어야 한다. 캔류는 라벨이 부착되어 있어야 하고 롤러 위에 올려놓아야 한다.

(7) 저장할 때의 고려사항

① 온도계를 비치한다.
② 저장고에 출입이 허용되는 직원을 엄격히 제한하고 통제하여야 한다.
③ 배달일자가 표시되어야 하고, 선입선출시스템이 도입되어야 한다.
④ 마룻바닥에서 6~7인치, 벽에서 2인치 정도가 떨어지게 저장되어야 한다.
⑤ 개개의 식료분류를 위한 뚜렷한 공간이 있어야 한다.
⑥ 종사원들의 개인소지품들을 저장고에 보관하지 못하게 한다.
⑦ 저장고는 권한이 주어진 직원이 사용하지 않을 경우에 잠가 두어야 하고, 잠겨진 보관함에 비상키를 넣어 경영자의 사무실에 보관한다.

⑧ 정기적으로 청소하고 살충제를 살포한다. 특히 어두운 구석부분과 선반아랫부분에 주의한다.
⑨ 유리류는 직사광선이나 강한 조명에 노출되지 않게 한다.
⑩ G.I. 캔류나 대형 플라스틱 컨테이너들은 단단한 뚜껑으로 덮여 있어야 하고, 쉽게 이동할 수 있도록 롤러 위에 올려 놓는다.

5. 냉장저장

냉장은 상하기 쉬운 항목들에 있어서 꼭 필요하다. 상할 수 있는 식료의 품질과 보존기간을 확대하는 데에 필요하다. 품질을 유지하는 것 이외에 냉장의 목적은 박테리아의 성장을 억제하여 식중독을 예방하고자 하는 데 있다. 저장은 냉장 이상의 온도가 유지될 때에 일반적으로 냉동저장으로 분류된다. 냉동은 32°F의 온도가 유지될 때에 행해질 수 있다. 냉장고는 보통 식료를 밖에서 꺼낼 수 있는 것은 리치인(reach-in)이라 하고, 들어가서 식료를 꺼내 와야 하는 것은 워크인(walk-in)이라 한다. 이외에도 맥주 냉각기(beer cooler), 샐러드 냉장고, 그리고 밀크 디스펜서(milk-dispenser)와 같은 특별한 냉장고도 이용된다.

(1) 냉장공간

어느 정도의 냉장공간이 필요한지를 결정하는 명확한 공식은 없다. 앙뜨레의 수, 이용되고 있는 편의식품의 양, 배달빈도, 남은 음식의 처리, 그리고 판매량에 있어서 변동이 필요한 냉장공간에 영향을 미친다. 크기를 결정하기 위해서는 기본적으로 저장될 음식의 양과 그것의 판매량을 결정해야 한다. 냉장공간은 보통 육류를 위해 3개, 신선상품과 채소를 위해 3개, 낙농품을 위해 6개, 냉동식료를 위해 6개로 구분된다. 그러나 이러한 구분은 메뉴배달과 이용된 냉동 편의식품의 양에 의해 결정된다.

어느 정도의 음식을 고객들에게 제공할 수 있다는 것을 예상하지 못한다면, 공간계산의 정확성은 기대할 수 없다. 일반적으로 냉장공간을 입방피트로 계산하여 제공될 음식당 2입방피트가 권장되고 있다.

너무 큰 냉장공간은 자본원가와 영업비용을 증가시킨다. 남은 것을 계속하여 축적하게 되고 결국은 폐기하는 계기가 된다. 그러므로 냉장공간의 제한은 과잉생산과 과잉주문을 절감할 수 있는 배경이 될 수 있다.

리치인의 냉장공간은 직원이 움직이기에 충분한 공간을 감안하여야 한다. 그러나 워크인 냉장고도 많은 양의 식료를 저장하기 위해서는 필요하다. 보편적으로 워크인 냉장고는 조리지역에서 떨어져 있는 곳에 위치하고 리치인 냉장고는 조리하는 곳에 위치한다. 자주 이용되고 필요한 양만 저장되는 리치인 냉장고는 식재료를 꺼내려고 가는 노력과 시간을 줄여준다.

저장에 있어서 효율성은 저장된 항목의 크기에 따라서 배치될 수 있는 조정이 가능한 선반과 랙(rack)을 설치함으로써 증가될 수 있다. 조정이 가능한 선반들은, 사용되지 않고 있는 저장공간을 없애는 데에도 도움이 된다.

(2) 물리적 시설

적당하지 못한 값싼 냉장설비는 경제적이지 못한다. 절연장치가 제대로 작동되지 않아서 밖의 더운 공기가 냉장고로 들어갈 수 있다. 냉장고는 스트리핑(stripping)이나 가스킷(gasket)으로 공간이 완전히 폐쇄되어야 한다. 워크인 냉장고의 문들은 안에서 열 수 있어야 하고, 조명이나 어떤 다른 신호장치가 설치되어 냉장고 안에 사람이 있음을 알릴 수 있어야 한다. 유리와 플리스틱으로 만들어진 문들이 많이 사용되고 있다.

워크인 냉장고의 내부시설의 벽은 쉽게 청소할 수 있는 재질이어야 한다. 내구적인 바닥(durable floor)도 중요하다. 냉장고의 바닥은 카트(cart)가 쉽게 들어갈 수 있도록 연결되어야 하고 쉽게 이동될 수 있는 선반이 바람직하다. 스테인리스 스틸로 된 것은 내구적이고 보기에도 좋으나 값이 비싸다. 냉장고에서 이용하는 핸들(handle), 랫취(latche), 릴리스(release), 그리고 다른 하드웨어가 잘 이용될 수 있어야 한다. 그리고 여유공간들의 활용에 대해서도 감안할 필요가 있다.

(3) 온도와 습기

어떤 대형업체들은 적어도 12개의 서로 다른 온도를 유지해야 한다. 식료별로 최적의 온도가 결정되어 있으나 제한된 식료를 가지고 있는 업체들 대부분은 표 5-2와 같이 결정하여야 한다. 냉장의 최고목적은 50~120°F에서도 번식할 수 있는 박테리아의 성장을 예방하는 것이다. 그러므로 모든 냉장음식은 50°F보다 낮은 차가운 온도가 유지되어야 한다. 또한 습도도 냉장식료에 영향을 미친다.

너무 높은 습도는 음식을 끈적끈적하게 만들고 박테리아 성장을 도와서 더 빨리 부패하도록 한다. 그러나 너무 낮은 습도는 식료를 건조시킬 수 있다. 너무 낮은 습도일 경우에는 식료를 젖은 천으로 포장하거나 축축하게 유지할 필요가 있다. 그러나 습도를 증가시키기 위해 뚜껑이 없는 컨테이너에 물을 담아서 냉장고 안에 비치하는 것은 위생적인 문제 때문에 금지한다.

표 5-2 식료별 온도와 습도

종 류	온 도(℉)	상대습도(%)
육 류	32~36	75~85
과일과 채소	35~45	85~95
낙 농 품	38~46	75~85
일반목적(리치인)	34~40	75~85

독립냉장고는 종종 세가지 유형의 상품 즉, 육류, 과일류와 낙농품류를 위해서 운용될 수 있다. 육류는 32~36℉의 온도, 75~85℉의 습도를 필요로 한다. 독립 육류저장고가 운영되지 않는다면, 육류는 가장 차가운 곳이나 보다 낮은 냉동고 안의 선반에서 보관되어야 한다.

온도가 너무 낮을 경우는 고기가 검게 변한다. 매달아 보관할 경우에는 서로가 붙지 않게 하고, 바닥과 벽에서 떨어지도록 하여야 한다. 그라운드 고기, 날 생선과 날 가금류는 가능한 한 빨리 이용되어야 한다.

과일류와 채소류는 35~45℉의 온도, 85~95℉의 습도로 보관되는 것이 바람직하다. 썩은 것들은 골라서 버리는 것이 컨테이너 안에 있는 다른 것들의 부패를 막을 수 있다. 포테이토, 스쿼시와 에그플랜트와 같은 채소들은 60℉에서도 보관될 수 있다.

낙농품류는 38~46℉의 온도, 75~85℉의 습도에서 보관되어야 한다. 달걀이 크레이트에 보관된다면, 크레이트는 겹쳐서 쌓아야 한다. 조명이나 공기에 노출되면 부패되기 때문에 거적으로 덮는 것이 더 좋다.

일반적으로 이용하는 리치인 냉장고는 34~40℉로 유지되어야 한다. 날생선의 저장에는 문제가 항상 존재하므로, 30℉에서 보관하고 빨리 이용되어야 한다. 얼음을 이용하여 보관하는 것이 가장 좋은 방법이다. 남은 것은 속이 깊은 팬보다 낮은 팬에 저장되어야 한다.

속이 깊은 팬의 내부까지 냉장온도에 이르려면 많은 시간이 걸릴 수 있어서 식료가 냉장되고 있으면서도 박테리아가 성장할 수 있기 때문에 너무 많은 뜨거운 음식은 냉장고에 영향을 미칠 수 있으며, 뜨거운 음식의 온도를 떨어뜨리는데 시간이 걸려서 박테리아가 성장할 수 있다. 그러므로 식료를 차가운 물이 들어 있는 싱크대에서 미리 식힌 후에 냉장고에 보관하는 것이 좋고 식힌 후이는 곧바로 냉장고에 집어 넣는 것이 좋다.

(4) 저장시 고려사항

냉장고 청결은 매니지먼트, 하우스키핑, 그리고 위생을 위해서 중요하다. 냉장고의 물품들은 매일 질서정연하게 배치되어야 한다. 그리고 흐트러지고 파손되어 주스가 흐르는 식료들은 즉시 거적으로 감싸주어야 한다. 냉장고의 내부벽을 닦기 위해서는 따뜻한 비눗물을 사용할 수 있으나 빨리 헹궈 주어야 하고 워크인 바닥은 매일 걸레질을 하여야 한다.

식료들이 끈적끈적하게 된다면 온도가 너무 높거나 공기순환이 잘 안 되고 있을 수 있다. 이러한 문제들은 증발기(evaporator)가 막혔거나 코일(coil)에 서리가 끼어서 발생할 수 있다. 보통 냉장고는 1/4인치의 얼음이 생길 경우에 서리를 제거하여야 한다. 또한 서리를 제거하는 것은 전기소비량을 줄일 수 있으며 자동 서리제거장치(self-defrosting unit)의 냉장고를 이용하면 노동원가를 줄일 수 있다.

식료가 건조되고 있다면 온도가 너무 낮거나 공기순환이 너무 많이 되고 있을 수 있기 때문에 팬을 조정하는 등의 조치가 필요하다. 이 때는 살균성이나 자외선 램프(ray lamp)가 도움이 될 수 있다. 어떤 업체들은 이들이 노화육류(aging meat)에 축적되는 세균을 줄일 수 있기 때문에 이용하고 있기도 하다. 그러나 이것이 유지의 산패를 가속화시킬 수 있음을 염두해 두어야 한다.

온도가 특정수준 이상으로 올라갈 때에 동작하는 경고등이나 부저를 갖춘 냉장고가 있다. 이러한 시스템은 직원들에게 사전에 사고의 발생을 경고하여 줌으로써 식료의 손실을 막는 데에 도움이 된다. 냉장고를 수선하는데 상당한 시간이 필요할 경우에는 얼음이나 드라이아이스를 냉장고의 높은 곳에 배치하는 등의 응급조치가 온도를 떨어뜨릴 수 있다.

모든 냉장고에는 온도계를 설치하고, 정기적으로 체크되어야 한다. 온도계의 눈금은 보기 쉽도록 냉장고의 밖에 설치하는 것이 좋다.

6. 냉동저장

냉동식료와 편의식품의 이용은 냉동식료저장에 많은 주의를 필요로 하고 있다. 냉동식료저장에 가장 중요한 요인은 0~10°F가 되어야 하는 온도이다. 32°F에 저장된 식료들이 기술적으로 냉동될지라도 화학적 변화와 미생물 발육은 이러한 온도범위에서 발생한다.

냉동식료 저장에 있어 10°F 온도증가마다 저장기간을 반으로 줄인다고 한다. 피스(peas)와 리마빈스(lima beans)와 같은 채소들은 10°F에서 두달 이내에 색깔이 변하거나 맛을 잃게 된다. 그러나 0°F에서는 1년까지 지속될 수 있고, 냉동피스의 경우에는 0°F에서보다 30°F에서 60배 정도 더 빨리 변화된다.

냉동식료는 습기나 증기를 막는 물질로 포장되어야 한다. 이것은 식료의 수분증발이나 냉해를 방지하는데 필요하다. 냉해는 갈색으로 변색이 되는 현상으로, 표면 아래에 지방이 산패될 때 발생한다. 건조한 공기는 저장된 식료의 수분을 빼앗기 때문에 높은 습기가 냉동지역에서 유지되어야 한다.

해동된 식료를 또다시 냉동시키면 안 되는 이유는, 잔류된 미생물들이 부패를 초래할 수 있고, 식료 세포구조의 변화가 품질을 손상시킬 수 있기 때문이다. 그러나 육류는 처리하기 이전에 전체 또는 부분적으로 해동되어야 한다. 박테리아의 급성장을 막기 위하여 이 항목들은 실내온도보다는 정상적인 냉장온도에서 해동되어야 한다. 해동되지 않은 육류를 조리하였을 때에는 덜 수축하게 되거나 조리시간이 더 길고 높은 연료원가가 소요된다.

정규적인 냉장과정에서와 마찬가지로 온도를 체크할 수 있는 온도계는 직접 눈으로 확인할 수 있어야 하고, 냉동온도가 어떤 안전수준 이상으로 상승하였다면 떨어뜨릴 수 있는 경보시스템을 설치하는 것이 바람직하다. 공기순환은 냉동장치 내부에서 제공되어야 하고, 공기순환은 물품을 벽과 천장, 또는 마룻바닥에 배치하지 않을 때에 원활하게 된다. 선입선출(FIFO)을 위해서 저장일자를 부착하는 것이 도움이 된다.

Section 3 출고관리

1. 출고관리의 정의

출고관리(issuing management)란 납품되어 저장된 물품을 사용부서의 요구에 의해 공급하는 일련의 과정이다.

2. 식료출고

출고하는 것이나 청구하는 것은 수령된 이후에 조리부서로 식료를 공급하기 위하여 이용되는 과정이다. 또한 이것은 조리부로 보내진 식료의 통제, 회계부서에 식료원가의 정보제공 그리고 어떤 경우에는 영구재고시스템에 정보를 제공하는 것을 포함한다. 출고는 수령부서나 저장고에서 직접 행해질 수 있는데, 출고가 저장고를 통하지 않고 수령지역으로부터 보내지는 경우를 직도구매 또는 직접출고라고 한다.

직접출고는 구매되는 날에 행해진다. 수령하였으나 구매한 날에 이용되지 않는 모든 식료들은 저장고 구매로 분류되고 이들은 저장고로부터 공급될 때 저장고 출고가 된다. 따라서 한 식료가 수령되고 저장고로 보내지며 저장고로부터 출고되어 같은 날에 이용된다면 저장고 출고로 분류된다.

저장고 출고에 대한 관리는 청구서이다. 청구서 양식으로 기록하고 주문되지 않는다면 어떠한 식료도 저장고로부터 출고되어서는 안 된다. 직접구매와 청구서의 가치를 더함으로써 그 날이나 특정기간 동안의 식료원가를 결정하기가 비교적 쉬워진다.

(1) 직도구매

정확한 식료원가 정보를 가지고 더 나은 관리를 하기 위해서는 직도구매(또는 출고)가 배달되는 날에 이용될 식료로 제한될 필요가 있다. 식료가 배달된 날에 이용되지 않는다면 배달되는 날에 기록된 식료원가는 지나치게 높게 될 수 있고, 실제로 사용된 날에 기록된 식료원가는 지나치게 낮을 수 있다.

(2) 저장고 출고

저장고에 의해 제공된 모든 음식은 청구서에 기록되어야 한다. 청구서가 사전에 결정된다면 이중적인 것과 잘못된 청구서를 더 쉽게 찾아낼 수 있다. 대부분의 업체들에 있어서는 일련번호가 정해진 청구서가 필요하지 않을지라도 일련번호를 정하는 것은 더 주의하도록 한다는 점에서 심리학적 가치를 가질 수 있다.

표 5-3 청구서 I

REPORT# :12 ***CBORD FOODSERVICE MANAGEMENT SYSTEMS***
OPTION :4.7. INVENTORY MANAGEMENT SYSTEM-V1.0.OR
USER# :1 CBORD TRAINING SCHOOL
STORE ROOM REQUISITION

COMMIT DATE :07/20/86
ISSUE DATE :07/22/86
REQ. NUMBER :5

-ITEM- NUMBER NAME	STORAGE LOCATION	QUANTITY ISSUED	ISSUE UNIT	UNIT COST	EXTEND COST
447 BEEF STEAK FLANK FROZEN	01	68.000	LBS	2.49	169.
449 BEEF ROUND	27	115.000	LB	L.91	219.
1078 CHEESE ROMANO GRATED KFT	04	0.200	10# CONT	22.01	4.
572 MAYONNAISE	18	4.000	1GAL JAR	4.65	18.
1077 CHEESE PARMESAN	04	2.000	LBS	8.15	16.
387 CELERY	06	24.000	BUNCH	0.48	11.
374 LETTUCE	06	12.000	HEAD	1.18	14.
380 ONIONS GREEN	06	66.000	BUNCH	0.07	4.
385 PEPPERS GREEN	06	120.000	PEPPER	0.11	13.
423 RADISHES	06	109.000	RADISHES	0.03	3.
384 TOMATOES	06	26.000	EACH	0.10	2.
295 PASTA MACARONI ELBOW	11	22.000	1LB BOX	0.85	18.
236 RELISH SWEET PICKLE	18	3.000	1GAL JAR	4.09	12.
673 FLOUR ALL PURPOSE	11	50.000	LB	0.18	9.
52 SUGAR REFINED GRAN	12	3.000	10LB BAG	3.22	9.
715 SALT TABLE IODIZED	18	3.000	5LB BAG	1.18	3.
710 PEPPER BLACK GROUND	18	2.000	1LB CAN	1.23	2.
TOTAL(S)					533.

예를 들어 주방, 팬츄리, 또는 베이크숍과 같은 주문부서의 이름은 일자와 함께 기입되어야 한다. 청구서에는 개개 항목의 양, 원하는 단위의 크기, 그리고 항목의 이름을 위한 난이 있어야 한다.

또한 단위원가와 총원가(단위의 수 × 개개항목의 원가)를 위한 공간이 있어야 한다. 라인(line)에는 조항을 서명하여야 하는 자가 포함되어야 한다. 저장고는 이러한 사람의 서명이 없이 물품을 내주어서는 안 된다. 또한 식료를 내주는 사람을 위한 공간이 있어야 한다. 게다가 장부기록에 청구서를 기입하는 사람을 위한 공간이 있는 것이 바람직할 수 있다. 출고에 문제가 있을 수 있으므로, 저장고로부터 식료를 출고하는 사람은 또한 서명하도록 하여야 한다.

어떤 업체들은 한 개의 청구서만을 이용하기도 하고, 사본(duplicate copy)을 이용하기도 한다. 사본들은 주문부서를 위한 청구서의 사본을 이용할 수 있도록 하고, 식료원가관리자에게 사본(duplicate)을 제시할 수 있도록 하여 준다. 사본은 주문과 동시에 되돌려 받을 수 있도록 하기 위하여 사용될 수 있다. 사본은 출고 저장고에서 만들어 질 수 있다.

실제의 판매일 이전에 조리를 위해서 식료를 요청할 때 종종 문제들이 발생한다. 이 문제들은 2개의 청구서, 즉 식료가 출고된 일자와 물품들이 이용될 일자를 기록하면 해결될 수 있다. 식료는 첫 번째 청구서에서 출고되나 두 번째 청구서는 원가관리 목적을 위해 이용된다. 출고는 되지만 계산되지 않는 물품들을 재고상에 크레디트(credit)로 처리하여야 한다는 것을 재고기간 말에 주의해야 한다.

저장부서에서 청구하는 물품을 공급할 수 없다면 'Out' 이라고 표시해야 한다. 어떤 경우에 있어서는 대체하거나 구매할 수 있도록 즉시 물품을 요구한 사람과 논의하여야 한다. 저장부서에서는 청구서를 변경하거나 전화로 물품주문을 받아서도 안 된다.

청구서의 가격결정과 원가계산은 저장고나 그 밖의 다른 지역에서 행해질 수 있다. 가격은 계속적으로 변화하므로 개개 물품의 정확한 원가계산은 문제가 될 수 있다. 이러한 원가를 결정하기 위한 아주 효과적이고 쉬운 방법은 수령될 때에 단위원가를 스탬프하거나 표시하는 것이다.

청구서를 기입할 때 원가를 기록할 수 있고 재고품목들의 가격결정을 쉽게 하여 준다. 또한 구매원가를 찾아내기 위하여 수령리포트, 송장, 또는 영구재고카드로 재검토할 필요가 없다. 어떤 업체들은 최신 구매원가로 청구서의 원가를 결정하지만, 이러한 방법은 재고평가를 하는 데 있어서 문제가 발생할 수 있다.

미트 태그시스템이 도입된다면 미트 태그는 원가계산 목적을 위하여 이용될 수 있다. 물품이 태그상의 무게로 출고되기 때문에 이것은 이중으로 무게를 달거나 재고를 계산할 필요가 없다.

표 5-4는 청구서를 표준레시피 카드와 관련시키고 있다. 필요한 항목들은 이미 기록되어 있어서 수량만 기입하면 된다. 이러한 시스템의 표준레시피 표는 물품이 조리될 때마다 이용되도록 해야 한다.

표 5-4 청구서 Ⅱ

Requisiton

Date ______________ Item ______________

Ingredients	Quantity	50 Servings	100 Servings	150 Servings
Eggs		9eggs	$1\frac{1}{2}$dozen	$2\frac{1}{4}$dozen
Shortening		3/4pound	$1\frac{1}{2}$pounds	$2\frac{1}{4}$pounds
Vanilla		1/8cup	1/4cup	3/8cup
Salt		3/4teaspoons	$1\frac{1}{2}$teaspoons	$2\frac{1}{4}$teaspoons
Sugar		2pounds	4pounds	6pounds
Flour		2pounds	4pounds	6pounds
Baking powder		$1\frac{3}{4}$ounces	$3\frac{1}{2}$ounces	$5\frac{1}{4}$ounces
Dry milk		3ounces	6ounces	9ounces

(3) 출고 전산화

출고과정의 대부분은 전산화 될 수 있다. 일단 메뉴상에 무엇이 진행되고 있는지와 제공된 수량을 알게 되면, 컴퓨터는 자신의 메모리에 표준레시피로부터 필요하거나 청구되어야 하는 식료의 수량을 결정하여 준다.

같은 물품이 여러 메뉴에 이용되는 경우 필요하다면 레시피에 함께 기록될 수 있다. 컴퓨터는 청구서를 출력할 수 있고, 그들의 원가를 계산할 수 있으며 동시에 재고계산으로부터 물품의 가격과 수량을 뺄 수 있다. 청구서는 또한 식사에 대한 식료원가나 일정기간 동안의 식료원가를 결정하기 위하여 이용될 수 있다.

청구서의 전산화는 부가적인 관리적 요소가 될 수 있다. 위조 청구서를 작성하기가 어렵다는 것이 한 예이다. 또한 컴퓨터는 수작업으로 준비된 청구서보다는 더 정확히 필요한 양을 제공하여 줄 수 있다. 또한 이것은 청구서의 추적을 가능하게 할 수 있다.

Chapter 6 재고관리

Section 1 재고관리의 개념

1. 재고관리의 정의

재고관리(Inventory management)란 기업활동에 있어서 미래의 영업에 대한 불확실한 수요와 공급을 만족시키고, 기업의 목적을 달성하기 위하여 물품의 과부족 없이 적절한 양을 보관하는 기능을 말한다.

2. 재고관리의 중요성

① 최소의 가격으로 최상의 품질 구매유지
② 물품부족으로 인한 영업활동 계획 차질 방지
③ 경제적인 재고관리에 의한 투자 및 비용의 최소화
④ 도난, 방지, 부패, 변질, 해충피해 등의 손실 최소화
⑤ 원가 절감 및 물품관리의 효율성 제고

Section 2 식료재고

1. 식료재고의 목적

① 불확실한 변화에 대응하기 위한 재고 : 호텔의 식품 수요 및 공급 변화의 예측 곤란에 대비한 안전 또는 예비성 재고

② **장래에 대비한 재고** : 계절적인 식료의 출하시기, 수요의 최고 시점에 대비한 비축 재고
③ **롯트 사이즈 재고** : 일정기간에 대하여 일정수량을 구매하고 저장하는재고
④ **배달기간 중에 발생하는 재고** : 수입식료와 같이 대금 지불 후에 상당한 시일이 경과하여 도착하는 경우 배달 소요기간에 대비한 재고

2. 호텔식료의 재고관리 모형

(1) 정량발주형 재고관리

재고가 일정수준의 발주점에 이르면 사전에 결정되어 있는 경제적 발주량을 발주하는 시스템이다. 이때의 발주점은 발주해서 입고되기까지의 조달기간 중에 소비되는 재고량과 소비량이 변동하는 경우에 대비한 재고량, 즉 안전재고와의 조정으로 결정된다.

(2) 정기발주형 재고관리

장래 수요량을 예상하여 사전에 결정된 재고한도(최대 재고량)에 이르도록 정기적으로 발주하는 방식이다. 발주량을 산정하는 계산식은 다음과 같다.

Check point

당기발주량 = (최대재고량 + 조달기간 중의 수요량)
− (발주일 현재의 재고량 + 발주 중의 기말입고량)
(단, 최대재고량 = 발주기간 중의 수요량 + 안전재고량)

(3) 절충형 재고관리시스템

정기발주형과 정량발주형의 특성을 결합한 시스템이다. 이 시스템은 재고정보의 피드백시스템을 활용한 것으로서, 전술한 2가지 시스템의 결점을 보완한 것이라 할 수 있다. 예컨대, 기준재고시스템은 정기발주형과 같이 정기적으로 재고수준이 검토되고 발주되지만, 사전에 결정된 발주점에 재고가 이르렀을 때에만 발주하는 방식이다.

재고는 불확실한 수요와 공급을 만족시키기 위한 물품의 적절한 보관기능을 말하는데 적정 재고관리는 비용이나 효익 측면에서 경제적인 원가관리의 하나이

다. 특히 호텔 식음료의 특징은 저장기간이 짧고 수입의존도가 심하며 업장별 용도가 다르다.

뿐만 아니라 수요예측이 어려우면서 식재료 종류가 다양하기 때문에 적정재고 확보가 중요한 것이다. 한편 재고관리는 물품의 흐름이 시스템 내의 어떤 지점에 정체되어 있는 상태를 시간적 관점에서 파악한 관리개념이다. 때문에 필요한 곳에, 필요한 시기에, 필요한 수량을 공급해야만 한다.

오늘날의 재고관리는 점점 더 중요한 식재료원가관리 요소가 되었다. 그것의 기능은 다음 사항들을 포함하고 있다.

① 재고에 가능한 가장 적은 투자
② 상품에 대해 품질과 안전 보호
③ 실제의 양과 예측한 양 간의 차이 제공
④ 재무보고서에 필요한 재고액 제공
⑤ 여러 식재료 항목의 용도를 보여줌
⑥ 자주 이용되지 않는 항목들을 알려 줌
⑦ 재고 보충이 필요한 때를 알려 줌
⑧ 유통시에 예측하지 않았던 문제가 발생할 경우에 안전요인을 제공

증가하는 원가압력으로 재고에 투자되어야 하는 투자금과 저장에 소요되는 금액을 가능한 낮게 유지할 필요가 있다. 효율적인 소비의 예측과 이에 따른 구매로, 식사시기나 특정기간에 구매함으로써 재고량을 줄일 수 있다. 이것은 납품업자들의 배달횟수와 신뢰성에 달려 있다. 어떤 재고는 기대하지 못한 상황발생을 위하여 비축되어야 한다.

관리자는 재고항목들의 확보량을 알고 있어야 하나, 영구재고시스템인 경우에만 가능하다. 어떤 경우에는 저장고에 가서 물리적으로 항목들을 계산하여야 하고 또한 개별항목들의 감소량을 파악하여야 한다. 결국 감소량 수치는 항목들에 있어서 너무 높은 수치들과 너무 낮은 수치와의 차가 클 때 문제가 생긴다. 어떤 업체들은 스테이크와 같은 높은 원가항목들이 있음에도 불구하고, 커피와 같은 높은 판매항목들에서만 감소량을 계산하고 있기도 하다.

손익계산서를 작성하는 데에 있어서는 판매의 원가를 결정하기 위하여 기초재고액과 기말재고액을 알아야 한다. 기초재고액은 이전기간의 기말재고액이다. 다양한 메뉴와 자주 변화하는 메뉴를 가지고 있는 업체들은 자주 이용되지 않는 항

목들도 가지고 있을 수 있다. 또는 더 이상 이용하지 않으나 재고상태에 있는 항목들도 있을 수 있다. 관리자는 이 항목들을 파악하고 그들을 이용할 방법을 강구하여야 한다. 문제는 재고항목들이 이용되지 않지만 출고될 때 발생한다. 이것은 특정기간 동안의 기말재고액을 감소시키지만 판매상품의 원가를 증가시키고 낮은 수익률을 보이게 한다.

관리자가 개별항목들의 용도를 아는 것이 도움이 될 수 있다. 컴퓨터 리포트는 어떤 기간 동안 어느 정도가 이용되는지 파악하기 위하여 이용될 수 있다. 또한 이것은 이용된 양을 확보하고 있는 양이나 평균확보량으로 나눔으로써 회전율을 계산하여 준다.

관리자는 그것이 재주문되어야 할 때를 알고자 한다. 컴퓨터는 재주문하여야 할 시점에 도달한 항목들을 리스트화 할 수 있다. 특정항목의 재고수준이 사전에 결정된 양 이하로 떨어지지 않도록 하기 위해, 재주문시점에 안전장치를 설치할 수 있다.

식재료 재고는 2가지 유형으로 나눌 수 있다. 즉, 물품을 실제로 계산하는 물리적 재고와 확보하고 있는 것의 계속적 차액을 나타내 주는 구매와 청구서가 기록되는 영구재고가 그것이다. 영구재고의 차액은 물리적 재고의 실제 계산으로 확인될 수 있다. 재고는 식재료원가를 정확히 계산하기 위해 필요하다. 또한 그들은 부족분을 나타내 주고 구매하는 데에 도움을 준다.

Section 3 음료재고

식료에 있어서와 마찬가지로, 음료재고에도 두 가지 유형이 있다. 하나는 물리적 재고이고, 다른 하나는 영구재고이다. 영구재고는 전산화하기가 쉬우나, 정기적인 물리적 재고로 체크하는 것이 바람직하다. 재고조사에 필요한 것은 화폐액과 양의 두 측면일 수 있다. 화폐가치는 판매된 상품의 원가를 결정하기 위하여 필요하다. 한편 양의 재고는 주문과 보충을 위하여 도움이 된다.

영구재고가 전산처리가 되지 않는다면, 영구재고는 원가관리자의 사무실에 비치될 수 있다. 이 표는 6-1과 같이 단순할 수 있지만, 표 6-2와 같이 다소 복잡하게 작성될 수도 있다.

표 6-1 영구재고표 Ⅰ

항목 ______________ 사이즈 ____________ 빈수 ________
최소 ______________ 최대 ____________ 주문점 ________

공급자 ______________ 전화 __________

날짜	입고	출고	차이
6/1	12		12
6/2		2	10

표 6-2 영구재고표 Ⅱ

날짜	입고	단위원가	총계	출고	원가	차이	가치
6/1	12	$8.00	$96	–		12	$96
6/2				2	$16	10	$80
6/3				2	$16	8	$64

음료구매가격은 식료가격과 같이 자주 변하지 않기 때문에 청구서에 의한 원가결정은 식료가격 결정에 있어서 큰 문제가 되지 않는다. 한 업체는 청구서 원가결정을 위하여 최근 구매원가 가격을 이용할 수 있거나, 서로 다른 가격으로 구매된 양을 유지할 수 있고, 또한 실제원가를 이용할 수 있다. 독립된 영구재고표를 관리자 사무실에 보관하는 대신에, 음료가 저장되어 있는 곳의 빈 카드(bin card)에 정보를 기록하여 둘 수 있다. 그러한 경우에 화폐액은 보통 생략된다.

음료 재고조정을 위한 공식은 다음과 같다.

Check point

기초재고	$3,000
+ 구매	10,000
+ 펑션 바로부터 반환	200
= 합계	12,800
− 바 청구서	9,500
− 주방 청구서	100
= 기말재고	3,200
± 물리적 재고	3,100
= 차이	100

이 공식은 그들의 독립된 가치를 파악하기 위하여 Spirits, Wines 및 Beers로 나누어질 수 있고, 또한 개별음료의 양에 적용될 수 있다.

Check point

Old Grand Dad (750mL 들이 병)

기초재고	18
+ 구매	96
= 합계	114
− 청구서	80
= 기말재고	34
± 물리적 재고	32
= 차이	2

저장고의 음료들은 펑션 바(function bar)로부터 반환된 음료들을 제외하고는 보통 채워진 병들일 것이다. 바에 음료들은 재고될 때에 마개가 없는 병들로, 이들 병들은 여러 방법으로 측정될 수 있다. 한 방법은 1/2이나 3/4과 같은 병의 양을 결정하는 것이다. 또 다른 방법은 병을 1/10로 나누는 것이다. 서로 다른 유형의 병들을 위하여 특별기준(special ruler)이 만들어질 수 있다.

병에 대한 기준을 정함으로써 양을 잴 수 있다. 또 다른 방법은 반 정도 채우거나 완전히 채운 오픈 병들을 카운트하고, 1/2 이하로 채워진 병들은 계산하지 않는 것이다.

1. 물리재고

적당한 물리재고가 없다면 청구서를 기록하지 않고 부족분의 식재료가 보충되지 않아서 식재료원가를 너무 낮게 계산할 수 있다. 이러한 경우에는 저장고가 비어, 한번에 다량의 식재료를 구매해야 한다. 따라서 이러한 경우를 감안하여 과소평가를 방지할 수 있도록 식재료원가는 기초재고액과 기말재고액을 같이 고려하여 계산되어야 한다. 원가는 저장고에 있는 물품의 수를 계산하고 그것의 가치를 결정함에 의해서 정확히 결정될 수 있다. 식재료원가를 결정하기 위한 공식은 다음과 같다.

Check point

기초재고 + 식료구매 = 총재고 − 기말재고
= 특정기간 동안의 식재료 소비원가

소비된 식재료의 원가는 총원가로 가령, 종사원들의 식사가 이러한 원가에서 누락된다면 결과수치는 판매된 상품의 원가를 의미한다. 식료원가는 직접구매와 청구서를 더함으로써 일을 기준으로 파악될 수 있지만 정확한 수치계산을 위해서는 재고변동이 고려되어야 한다.

보통 재고는 한달에 한번 월말이나 회계기간 말에 파악된다. 12월말의 재고는 회계연도가 1월1일부터 12월31일까지라면 그 해의 기말재고가 될 수 있다. 그러나 물리적 재고는 경영자가 정확한 식재료원가수치를 계산할 필요가 있을 때마다 파악된다.

한 사람이 수치를 기록하는 동안 다른 사람이 수량을 계산한다면 쉽게 재고를 파악할 수 있다. 관리를 위해서 재고파악자 중에서 한 사람은 저장고나 주방과 관련이 없는 사람이어야 하고, 그들의 직원에 의해 영향을 받지 않는 사람이어야 한다. 경영자나 식재료관리자들 중 한 사람이 이 업무를 행하는 것이 좋다.

재고는 루스리프식 재고표(looseleaf inventory sheet)로 파악된다. 이것은 선반에 배치된 것과 같은 주문의 항목을 리스트한다. 재고표상에는 그 해에 더해질 수 있는 새로운 항목들을 위한 공간이 있어야 한다. 가격결정을 용이하게 하기 위하여 단위가격은 가령 물품에 표시된다면 물품이 카운트될 때 고려되어야 한다. 식료그룹이 한 개 이상일 경우 이것이 개개의 재고페이지에 리스트되어서는 안되고 개개의페이지는 소합계액이 계산되어야 한다. 이들 소합계액은 총합계액에 더해지고 재고파악하는 직원은 책임구분을 위하여 그곳에 서명하여야 한다.

재고파악의 방법 중 많이 이용하는 방법은 12개월 재고분류서(inventory bound book)를 이용하는 것이다. 이 책은 재고파악자에게 물품들을 한번만 작성하도록 하고 페이지 반을 접어서 월별 카운트를 하여 월별로 물품들을 비교할 수 있도록 한다. 이 시스템은 재고파악을 용이하게 하고 저장하고 있는 양을 쉽게 비교할 수 있게 하며 자주 이용되지 않는 물품들을 쉽게 파악할 수 있도록 한다.

저장고 재고파악은 회계기간 마지막 날에 사업이 종료된 이후 행해져야 한다. 그러나 이것은 항상 가능한 것이 아니라 어떤 경우에 있어서는 그 날의 구매가 저장고에 들어오고 출고가 이루어진 이후에 파악되어야 할 때도 있다.

안정된 재고를 유지하고 있는 어떤 업체들은 저장고에 있는 물품들의 카운트가 월별로 다양하다는 것을 알고 있다. 어떤 경우에는 대부분의 물품들이 카운트되지 않고 그들이 계속하여 남아 있을 것이라고 가정하는 것이 경제적일 때도 있다. 따라서 값이 비싸고 자주 이용되는 물품들만이 계산된다. 방법은 정확성과 관리의 효율성이 떨어지지만 여러 가지 작은 재고파악업무를 줄여준다. 이것은 월별로 거의 차이가 없을 것이라는 확신을 가지고 있는 경우에만 가능하다. 그러나 정기적으로 완전한 재고파악은 필요하다.

생산재고품은 조리부서에서 판매되지 않고 남아 있는 재고품을 말한다. 이러한 것들은 단위책임자나 부서책임자에 의해 파악되고 현장체크는 식재료원가관리 책임자에 의해 행해져야 한다. 특히 육류는 보통 생산재고품 중에서 가장 큰 원가품목으로 조사되어야 하고, 주방재고품들은 총재고액을 위하여 저장고재고품에 더해져야 한다.

표 6-3은 저장고 조정을 위한 형식이다. 기초재고 이외에 구매, 출고, 기말재고와 다른 대변은 빼고 차변은 더한다. 특히 큰 불일치가 있다면 물품그룹을 조정하는 것이 바람직하고 이러한 불일치 발생처를 찾아내는 것이 중요하다.

표 6-3 저장고 조정

기초재고	2,000,000원
구매된 식재료 저장	8,000,000원
합계	10,000,000원
출고	8,050,000원
차액	1,950,000원
기말재고	1,925,000원
과잉(과소)	(25,000)원

대부분의 업체들은 그들의 재고가 한달에 3~5번 회전해야 한다고 생각한다. 따라서 5,000,000원의 재고액은 매달 15,000,000원~25,000,000원의 식재료 소비원가액이 된다. 재고회전은 재고액을 특정기간 동안에 소비된 음식의 원가로 나누어서 계산된다. 소비된 음식의 원가가 25,000,000원, 재고액이 5,000,000원이라면 재고회전은 5번이 된다. 이것은 업체에 따라 다양할 것이다. 제한된 메뉴의 업체인 패스트푸드 같은 업체는 상당히 높은 회전율을 가진다.

2. 영구재고

영구재고란 확보된 것이 항상 이용 가능하도록 저장고에 있는 각각의 물품에 대해 계속적으로 구매와 출고를 기록하는 것을 말한다. 이를 위해서는 전담직원을 필요로 한다. 최근 데이터처리 이용증가로 구매결정과 원가분석을 위해 영구재고를 더 많이 이용하고 있다.

(1) 영구재고의 이점

① 구매안내
② 과잉구매와 과소구매 관리
③ 지속적인 재고의 수치 제공 : 비록 영구재고가 물리적 재고에 비해 정기적으로 체크되어야 하지만 특정시기에 카드로부터 빠른 재고파악이 가능하다.
④ 재고품의 변화를 나타냄 : 영구재고는 각각의 물품이 어느 정도가 선반에 있어야 하는지 가르쳐 주고 특별한 변화를 보이는 물품들을 나타내 준다.
⑤ 오래된 물품들을 먼저 이용하도록 하는 데에 도움이 된다. 카드를 살펴봄으로써 메뉴에 사용될 수 있도록 하기 위하여 이용되지 않고 있는 물품들을 확인할 수 있다.

영구재고는 상당히 많은 작업이 수반되며, 효과적이기 위해서 계속하여 일자를 기록해야 한다. 어떤 업체들은 버터나 커피와 같은 자주 이용되는 물품들에 대해 영구재고를 한다. 100,000원의 판매량에 대해 이용되는 파운드 또는 100명의 고객에 대해 이용되는 파운드와 같은 비율은 식재료 이용이 한정된 범위 안에 있는지를 가르쳐 줄 것이다.

(2) 영구재고카드

영구재고는 표 6-4와 같은 카드에서 유지될 수 있으며, 보관하기에 편리한 방법이다. 구매와 원가정보는 카드의 한쪽 면에 기록될 수 있고, 영구재고는 다른쪽 면에 기록될 수 있다. 영구재고카드는 전산화 될 수 있고, 개별카드는 컴퓨터 스크린에 기록하거나 출력될 수 있다.

표 6-4 영구재고카드

수령						출고						
날짜	제공자	양	단위	가격	액수	날짜	수령자	청구번호	양	액수	차이	
											양	액수

3. ABC 관리기법

1951년 H.Ford Dickie에 의해 개발된 ABC시스템은 재고품목들을 품목의 가치, 사용량, 그리고 재고투자금액에 따라 A,B, C로 분류하여 관리방식을 달리 적용함으로써 보다 효율적으로 관리하고자 하는 것이다. 다시 말해서 ABC이론은 식자재 품목에 대해 연간 사용액을 산출해서 사용액별로 A등급, B등급, C등급으로 분류한다. 그리고 재고품목의 중요도 혹은 가치도에 따라 차등적으로 관리하는 방법을 의미한다. 또한 재고품목을 그룹화하는 목적은 각 품목의 중요도에 따라 적절한 정도의 통제를 하기 위함이다.

그러나 품목을 분류하는 방법은 업체에 따라 다양할 수 있다. 즉, 품목들을 분류할 때 분류기준을 어디에 두느냐에 따라 달라질 수 있다. 먼저 그 품목이 소모성인지, 비소모성인지를 구분한다. 그리고 그에 따라 고가품목을 A급, 중간가치품목을 B급, 그리고 저가품목을 C급으로 분류한다. 그때에 총가치의 계산은 가격과 사용빈도, 가격과 가격변동률, 또는 가격과 배달빈도의 요소들을 사용할 수 있다. 또한 그들 품목들은 소모성 품목인지 비소모성 품목인지 구분하여 사용되어야 한다.

표 6-5에 의한 분류를 보면 A품목은 소모성이 없고 가격이 싼 품목이다. 계속적으로 사용될 모든 품목들을 이 그룹으로 분류할 수 있다.

낮은 가치의 비소모성 품목들을 대량재고로 하여 관련관리의 비용을 줄일 수 있으며, 재고부족을 방지할 수 있다. 이 품목에는 케첩, 소금과 후추가 포함된다. 이들은 공간을 적게 차지하고 가격이 싼 품목들로 많은 양을 저장할 수 있다. 여기에 속하는 품목들은 1주일에 1번 또는 1개월에 1번만 주문함으로써 주문비용을 줄일 수 있다.

표 6-5 ABC 분석

품 목	가 격	평균이용빈도	총가치	분 류
1	20,000원	500	1,000,000	B
2	5,000원	1,000	5,000,000	C
3	300,000원	700	210,000,000	A
4	150,000원	400	60,000,000	A
5	1,000원	2,200	2,200,000	C

B품목은 소모되지 않고 꾸준히 이용되며, 가격이 비교적 비싼 품목들이 속한다. 여기에는 냉동제품이나 통조림제품으로 과일, 채소 및 주스류가 포함된다.

C품목에는 소모되지 않고 꾸준히 이용되나 가격이 비싼 품목들이 속한다. 따라서 대량으로 구매해서는 안 되는 품목들이다. 육류통조림이나 냉동육류, 생선, 그리고 가금류가 이 품목에 속한다.

표 6-5의 분류에서 보면, 가격이 고가이면서도 이용률이 적은 품목이 있을 수 있다. 그러면 이들을 분류할 때 C급으로 분류해도 되느냐 하는 문제가 있다. 이와 같은 방법에 의하면 이용률이 적으면 총가치도 떨어지게 되기 때문이다. 이러한 품목들은 특별품목으로 분류하는 이른바 D급으로 분류하는 방법도 필요함을 의미한다. 또한 이용빈도의 횟수가 정확해야만 총가치가 정확하게 계산되는데, 그 횟수를 결정하기가 어렵다는 점과 같은 문제를 내포하고 있다.

결국 재고파악에는 많은 시간과 비용이 투자되어야 하므로 더 많은 비용을 들이지 않고서도 검토해야 할 품목의 수를 줄일 수 있으면 총 관리비용을 줄일 수 있을 것이다. 따라서 오늘날과 같이 많은 품목들을 저장할 수밖에 없는 상황을 고려하면 ABC 분석시스템의 이용가치가 높은 방법이다.

4. MRP

MRP는 재고 통제기법으로 1975년에 J. Orlicky에 의해 체계화되었다. 1970년대 초반까지 수량지향적인 이론이 지배적이었던 상황에서 1970년대부터는 이러한 수량지향적인 재고이론에 시간을 붙이는 이론으로 바뀌었다. 이 기법을 업체에 적용할 때에 그 기본적인 논리는 음식의 수요시기와 양은 음식의 제공과 주문량 또는 예측된 수요량에 따라 결정된다고 하는데서 출발하게 된다.

이 기법의 목적은 평균재고의 개념으로 시도되고 있는 기존 재고관리기법에서 야기되는 과잉재고와 재고부족 상황을 방지하여 재고비용을 극소화하고자 하는데 있다. 그렇게 하기 위해서 이 기법은 필요한 자재의 적량적시구입과 식료재고의 수준, 그리고 음식생산에 소요되는 시기의 3가지 요소에 대한 상호관계를 논리적으로 분석한다. 즉, 음식에 대한 수요요건(제공시기와 제공량)을 전제로 하고, 이 제품을 그 때까지 생산하는 데에 어떤 재료가 언제 얼마만큼 준비되어야 하는가를 결정하여 음식을 생산하기에 필요한 재고량만 확보할 수 있도록 한다.

5. 재고관리 전산화

재고관리는 주로 수작업의 문제이다. 현재 전산시스템은 이러한 문제를 해결할 수 있는 수단이다. 또한 전산시스템은 변화리포트(물품은 실제계산을 위하여 여전히 물리적으로 카운트되어야 한다), 재주문 시점, 그리고 자주 이용되지 않은 항목의 보고서 등을 제외하고, 개별 항목들의 관리를 가능하게 할 수 있다.

재고관리는 예측, 구매, 출고, 그리고 생산관리와 같은 다른 분야를 포함하여 전산 식재료원가관리를 위한 초점이 될 수 있다. 자료처리의 용이, 속도, 그리고 낮은 원가는 재무자료를 더 빨리 제공하여 줄 수 있고, 식재료 이용원가를 알려 줄 수 있다. 이것은 식사가 제공된 이후 즉시 식사에 대한 손익계산서를 제공하므로 재무제표를 통하여 누군가가 자료를 수집할 때까지 기다릴 필요가 없게 된다. 이것은 특히 제공된 음식에서 발생하는 실수에 대한 손실을 벌충하기가 불가능하고 실수가 있더라도 발견되지 않는다면 그 손실이 계속되는 음식 서비스의 특징을 고려해 볼 때에 중요한 의미를 지닌다. 생산된 상품이 재고가 되는 제조업에서 있어서는 상품이 판매되기 이전에 가격을 조정할 수 있다.

Chapter 7 조리 및 분량관리

1. 조리와 분량관리의 정의

원가관리에서 중요한 부분을 차지하는 것이 조리부분과 분량관리이다. 이것은 조리준비단계에서부터 조리방법 등의 표준과정상 원가상승요인이 너무 많이 내재되어 있기 때문이다.

2. 조리와 분량관리의 목적

조리와 주방관리는 직원과 장비의 가장 효과적인 이용과 정해진 시간에 조리할 수 있도록 사전 결정된 양의 음식생산을 의미한다. 가능한 한 과잉생산과 낭비가 있어서는 안 되고 음식은 업체에 적합한 가장 높은 품질이어야 한다.

일반적으로 관리는 경영의 기본적인 기능이고 주방관리는 특히 관리자와 감독자의 관심사항이다. 효과적으로 관리하기 위하여 관리자는 지속적으로 조사하고, 점검하고, 지시하며 평가하여야 한다. 자율적으로 운영되는 것이 가장 효과적인 관리인 경우는 거의 드물다.

3. 조리방법

(1) 예 측

얼마의 양을 생산할 것인가를 측정하는 것은 주방관리에 있어 중요하다. 정확한 고객센서스를 가지고 있는 기관업체들은 이런 평가들이 비교적 쉽다. 그러나 서로 다른 음식들을 제공하는 업체에게 있어서는 전체 판매량과 개별선택의 양을 예측하는 것이 문제가 된다.

예측에는 보통 매출액, 고객의 수, 그리고 메뉴음식의 수 3가지가 있다. 여기서는 조리할 메뉴음식의 수에 관하여 설명한다. 생산측정은 적당한 계획과 구매가 더 정확할 수 있도록 하기 위하여 사전에 수행되어야 하고 판매될 개개의 음식수를 예측하는 것은 과거업무 수행기록을 필요로 한다. 표 7-1과 같은 판매상황표는 이들을 결정하는 데에 도움이 될 수 있다.

표 7-1 판매상황표

(단위 : EA)

프라이드 치킨							
날 짜	요 일	가 격	중식매출량	비 율	석식매출량	비 율	비 고
6/1	월	8,000원			40	20	
6/3	수	8,000원			40	18	
6/5	금	7,500원	25	12	15	5	
6/18	목	8,000원			50	22	
6/22	월	8,000원			45	20	

(2) 전체적인 생산계획

음식 생산표는 이용될 양이 예측된 이후에 만들어 진다. 표 7-2는 음식생산표의 한 유형이다. 음식생산표는 예측한 주문, 실제 준비된 양, 판매될 주문의 수, 남은 것의 수, 준비될 수와 비교되는 판매될 수에 남은 것을 더한 수 사이의 차이, 그리고 비고 공간으로 이루어진다. 여기에 기록되는 정보는 향후 예측에 이용될 수 있다.

표 7-2 음식생산표

(단위 : EA)

음식생산표 식사 : 석식 날짜와 요일 : 월, 1.1 날씨 : 비 총 식사수 : 200명							
음 식	예 측	조 리	매출량	비 율	남은 것	차 이	비 고
프라이드치킨	45	45	40	20	5		
필렛오브 솔	30	25	22	11	3		
베이크드 햄	70	70	61	31	2	7	
포트 로스트	80	75	67	33	8		
램 찹	5	10	10	5			
합 계	230	225	200	100	18	7	

(3) 업무분담

전체 음식생산이 결정된 이후에 사전 음식생산에 책임이 있는 주방에 개인들이나 스테이션들을 위해 개인 업무분담표가 만들어 질 수 있다. 스테이션을 위해 만들어진다면, 업무분담시트는 스테이션에 맡겨진 직원을 나타내어야 한다. 업무분담시트로 감독자는 직원들에게 생산하여야 할 것을 개별적으로 지시할 필요가 없다. 주문서가 작성되기 때문에 양에 있어 오차와 혼돈을 줄여준다.

업무분담시트를 작성하는 데에 있어 감독자는 작업량의 형평성을 감안하여야 한다. 예에서 보면 개인이나 부문이 준비하여야 할 음식들, 양목표 수(번호를 정하는 시스템이 이용된다면), 그리고 원하는 양을 기록하기 위한 칼럼이 있다. 조리시간의 기록은 감독자가 작업량을 결정하는데 도움을 줄 수 있고, 음식을 생산하기 위해서 필요한 시간을 지시하는데 도움이 된다.

'필요' 칼럼은 상품이 준비되어야 할 시점을 나타낸다. 소량의 조리가 바람직할 때 시간스케줄은 필요로 하는 양을 나타낸다. '비고' 란은 특별지시사항, 수행해야 할 다른 직무, 이용될 장비, 그리고 기타 감독자가 전달하고자 하는 추가정보를 위한 공간이다.

표 7-3 개인업무 분담표

업무 분담표

날짜: ____________

스테이션: ____________
종사원: ____________
____
____
____

음 식	양목표 번호	양	시 간	필 요	비 고

(4) 품질관리

품질관리는 달성하기가 어려울 뿐만 아니라 정의하는 데 있어 문제가 있다. 한때에 이것은 고도로 숙련된 직원만이 일괄적으로 더 우수한 상품을 생산하기 위하여 고급의 재료들을 이용하는 것을 나타내는 것으로 생각되었다.

현재에는 재료가 고급일 필요는 없다고 생각되고 있으나, 바라는 품질에 대한 최적의 것이어야 한다고 생각하고 있다. 숙련된 직원들을 항상 쉽게 이용할 수 있는 것은 아니어서 기술과 예술의 결핍을 대체할 수 있는 또 다른 방법들을 강구해야 한다. 또한 일관성이 중요하게 되었다.

따라서 현재 품질관리는 모든 상품을 사전 결정된 표준에 가까운 적합한 가격에 판매하는 것을 의미한다. 오늘날 품질관리는 구메이 레스토랑에서와 마찬가지로 핫도그 스탠드에서도 중요하다.

예전의 산업은 결함을 발견하기 위하여 정기적인 검사와 결산진단을 행했었다. 오늘날 품질관리는 시설과 생산과정의 적당한 계획과 이들 과정을 수행할 직원들에게 신중한 지시로 이룰 수 있다고 생각한다.

품질관리는 적당한 장비와 그것의 올바른 이용을 필요로 한다. 음식 서비스에서 품질관리의 도구는 측정척도, 명세서, 표준레시피, 정확한 온도계, 그리고 조명, 색깔과 여러 작업조건을 포함한다.

물리적 장비의 계획과 제공 이외에 직원들이 상품표준을 지각할 수 있도록 동기를 부여하는 것이 관리자의 직무이다. 그러므로 품질을 위한 관심과 품질에 대한 강한 집념이 필수적이다. 다른 산업에 있어서도 좋은 직업이 많은 것과 음식서비스업에 대한 낮은 관심도로 직원들에게 자부심을 갖도록 하는 것이 어려울 수도 있기 때문에 직원들에게 다른 업체를 설명하여 줌으로써 동기를 부여할 필요도 있다.

조리사들에게 가족과 함께 아이디어를 짜내고 경쟁업체의 품질을 평가할 수 있도록 다른 레스토랑을 회사부담으로 이용할 수 있도록 하는 방법을 생각할 필요가 있다. 호스티스와 다른 중요 직원들에게 경쟁업체를 견학할 수 있는 기회를 제공하는 것도 필요하다.

품질관리는 기계화와 편의식품 이용의 증가로 향후에 다소 더 쉬워질 수 있다. 장비가 자동화됨에 따라 품질을 유지하기가 더 쉬워지고 대향으로 생산되는 편의식품으로 높은 수준의 품질관리와 상품표준화를 달성할 수 있다.

(5) 표준양목표

한때는 표준양목표가 주방장과 훌륭한 조리사들에게 금물이었다. 그들의 명성은 오직 그들 자신의 능력과 경험에 의존하여 여러 음식상품을 조리할 수 있는 그들의 능력에 의해 결정된다는 것이 그 이유였다.

그들은 스스로의 반복조리를 자랑으로 생각하였기 때문에 그들 앞에 표준양목표를 제시하는 것은 모욕이었다. 이전에 조리사는 식재료 품질에서 변화를 고려할 수 있어야 했고, 이 고려는 표준양목표화 될 수 없었다. 그러나 오늘의 가공처리된 식재료들의 품질은 아주 일관적이고 표준양목표에 있어서 문제들은 거의 없다. 자신의 지식으로 일을 할 수 있는 마스터조리사들은 사라지고 있으며, 현재 있는 곳에서 그들은 표준양목표로 더 나은 음식을 만들 수 있다는 것을 인정하고 있기도 하다.

대부분의 업체들은 비치용으로 감독자의 책상 위에 표준양목표를 두고 있을 수도 있다. 표준양목표를 가진다는 것은 중요하나 이의 적용이 무엇보다 더 중요하다. 직원들에게 달걀요리, 햄버거요리, 그리고 프렌치프라이와 같은 일상적인 음식과는 달리, 음식을 조리할 때마다 표준양목표를 이용하도록 요구하는 것이 좋다. 여기에는 관리자에 의해 결정된 절차와 양이 포함되어 있어야 한다.

양목표는 조리된 이후에는 버려질 수 있기 때문에 플라스틱으로 봉하여 파일에 넣어둘 수 있도록 하여야 한다. 작업지역과 장비는 조리과정 중에 쉽게 볼 수 있도록 표준양목표를 부착하기 위하여 랙, 클립, 또는 다른 수단으로 제공되어야 한다. 영구카드가 이용된다면 적절한 조리단위, 사무실의 마스터파일, 그리고 식재료원가관리부에 비치되어야 한다. 여러 업체에서 표준양목표는 음식이 제공될 때 어떻게 되어야 하는지를 나타내는 음식사진이 포함되어 있다.

표준양목표에는 여러 형태가 있으며, 개개의 양목표는 시험절차를 거치고 특정 영업에 적용할 수 있는 것이어야 한다. 시험과정에 있어서는 업체의 고객들에 따라 상품의 품질을 결정하는 것이 필요하다. 즉, 고객에게 더 호소할 수 있고 바라는 산출량을 생산하는데 이용될 재료의 양을 바꾸고(변화과정에서는 또한 재료배합에 변화를 가져올 수 있다), 레시피의 원가를 계산하고, 당해 업체에 적합하면서 필요한 판매가격을 결정할 수 있는 맛을 결정할 필요가 있다.

앞에서도 표준양목표의 예를 들었지만 표 7-4는 다른 형태의 표준양목표를 보여주고 있다. 표 7-5는 전산식 재료관리시스템으로부터 얻은 것이다. 재료의 양은 기록되고, 여러 칼럼들이 온스나 다른 측정단위로 되어 있다. 조리절차는 적합한 온도와 시간에 따라 명시되었다. 무게나 분량에 총산출량, 팬당 산출량, 팬의 유형, 그리고 분량의 크기는 포함되어 있어야 한다.

표 7-4 스위스 스테이크의 표준양목표

<table>
<tr><td colspan="4">Recipe for:
Swiss Steak</td><td>Number:A 106</td></tr>
<tr><td colspan="2">Total Weight
Yield</td><td colspan="2">Number of Portions
100-4-oz. servings</td><td>Size of Portion
1 Steak Each</td></tr>
<tr><td rowspan="2">Ingredients</td><td colspan="2">Weight</td><td rowspan="2">Voume
or
Measure</td><td rowspan="2">Procedure</td></tr>
<tr><td>LBS.</td><td>OZ.</td></tr>
<tr><td>Beef, cut in 4-oz servings
Four, hard
Salt
Pepper
Fat</td><td>25
2
-
-
2</td><td>-
-
-
-
-</td><td>
$\frac{3}{4}$ cup
$1\frac{3}{4}$ tsp.</td><td>1. Season flour with salt and pepper. Dredge steaks in seasoned flour. Cook steaks in fat until browned on both sides.</td></tr>
<tr><td>Bay leaves
Cloves, whole
Garlic, crushed
Beef stock</td><td>-
-
-
-</td><td>-
-
-
-</td><td>2 each
$\frac{1}{2}$ tsp.
3cloves
$2\frac{1}{2}$gal.</td><td>2. Boil together bay leaves, cloves and garlic in 2qts. stock for about 20min. Strain.</td></tr>
<tr><td>Tomato puree
Soy sauce
Flour, soft</td><td>-
-
-</td><td>-
-
-</td><td>$2\frac{1}{4}$cups
$1\frac{1}{2}$cups
5cups</td><td>3. Mix together beef stock, tomato puree, soy sauce ad flour. Stock should not be too hot or the flour will not blend. Simmer about 10min., stirring constantly.</td></tr>
<tr><td>Onions, Chopped
Celery salt
Salt
Thyme, ground
Savory, ground</td><td>2
-
-
-
-</td><td>-
-
3
-
-</td><td>
1tsp.

1tsp.
$\frac{1}{2}$tsp.</td><td>4. Add onions and simmer 10 more minutes. To the stock in which the spices were boiled blend celery, salt, thyme and savory; and to sauce and mix well. Pour sauce over steaks to cover.</td></tr>
<tr><td>Recepe for:
Swiss Steak</td><td colspan="2">Preparation Time
1hr. 30min.</td><td>Temperature
350°F</td><td>Cooking Time
2hours</td></tr>
</table>

표 7-5 전산화 표준양목표

Recipe Number:299		BEEF STEW		BEEF STEW
Plan Group	: 01 ENTREES BEEF VEAL & LAMB	Adv Days	:	
Recp Yield	: 6.000GALS	Prep Area	: 01 HOT FOOD	
	----------1------------2----------	Plate Area	:	
Ptn Desc	: 1CUP 1$\frac{1}{4}$CUP	Prep Sched	: DDDDDDD	
#of Ptns	: 100.000 83.333	Prod Unit	:	
Ptn Size	10.00 OZ 12.00 0Z	Prep Time	: 1HR	
Sell price	: 1.25 1.55	Serve Uten	: 10 8 OZ LADLE	
Targ FC %	: ______ ______	Serve Pan	: 02 FULL STEAM PAN 4″	
Cost/Ptn	: 0.673 0.808	Yield/Pan	: 3	
Calc Price	: ______ ______	Cook time	: 09	
Trans Prc	: 0.67 0.81	Cook Equip	: 2.5 HR	
Prc Chg	: 05/04/98 05/04/9	Cook time	: 180'	
Total Cost	: 67.319	Cook Temp	:	
Course	: 04 ENTREES	FID Nmbr	:	
Metric	:	Evap Loss	:	
Initials	: NSS	Round Ind	:	
Status	: U	User Nmbr	: L-22	
Recp Type	: B	Cal/Ptn	:	
Mn:Mx Btch	:	Pop Idx	:	
	:			
CalcptnWgt	: 11.814	Last Update	: 05/04/88	
Division	:	Menu Item	: HEARTY BEEF STEW	

FIDF Numbr	Ingredient Name (Instruction →)	Quantity	Wgt in Lbs	Adv Prp	Ext Flg		IC	Cost Yld	Nutr Yld	Nutr ID	Item Cost
432	STEWING BEEF	32.000LBS	32.000	—	—	—	1	1.000	0.750	72260	51.200
673	FLOUR	12.000OZ.	0.750	—	—	—	1	1.000	0.900★	94390	0.109
715	SALT	2.000TBSP	0.053	—	—	—	1	1.000	0.900★	89630	0.006
710	BLACK PEPPER	2.000TBSP	0.038	—	—	—	1	1.000	0.900★	2030	0.496
1 1 1	1. DREDGE BEEF IN MIXTURE OF FLOUR, SALT AND PEPPER. EXCESS.										
187	SHORTENING	1.500LBS	1.500					1.000	0.800★	4554	0.540
1 1	2. BROWN BEEF IN TILTING SKILLET FOR 1/2 HOUR.										
103	ONIONS 1/4″ DICED ★	4.000LLBS	4.000	1	−10	—	—	0.900	0.850	84121	0.800
387	CELERY 1/4° DICED ★	2.000LBS	2.000	1	−10	—	—	0.730	0.910	76370	0.932
1 1	3. ADD TO MEAT AND BRAISE 30 MINUTES.										
665	CRUSHED TOMATOES	1.000#10CAN	6.150	—		—	—	1.000	0.900	92843	2.125
715	SALT	4.0000Z	0.250	—		—	1	1.000	1.000	89630	0.030
258	ALLSPICE	4.000TSP	0.017	—		—	Y	1.000	1.000	2001	0.064
413	GARLIC	8.000CLOVES	0.014	—		—	1	1.000	0.870	80290	0.070
260	ROSEMARY	2.000TSP	0.003	—		—	1	1.000	1.000	2036	0.021
36	BAY LEAVES	2.000LEAVES	0.001	—		3	1	1.000	1.000	2004	0.003
11	BEEF STOCK	2.000GALS	14.841	—		3	—	1.000	1.000	−1001	5.171
1 1	4. ADD TO MEAT. SIMMER WITH LID ON AT 180'FOR 2$\frac{1}{2}$ HOURS.										
425	POTATOES 1/2″ DICED ★	14.000LBS	14.000	1	−11	—	—	1.000	1.000	87881	3.500
1727	SLICED CARROTS	8.000LBS	8.000					1.000	1.000	76201	2.252
1	5. ADD VEGETABLES DURING THE LAST HOUR.										
SUBTOTAL NUMBER OF RECORDS PRINTED 26											
ES:1./★/ INDICATES OVERRIDDEN VALUE RCE:The CBORD Group, Inc.											

조리온도와 시간은 한정되어야 하고, 필요할 수 있는 특정유형의 오븐과 같은 특정장비가 한정되어야 한다. 조리시간은 작업량을 계획하는데 있어 도움이 된다. 참고하기 쉽도록 양목표에 번호를 정하는 것이 바람직할 수 있다. 많은 표준양목표는 가격결정과 원가관리를 용이하게 하기 위하여 재료와 분량원가를 포함한다.

끝으로 최근의 시험으로 날짜가 수정이 되었다면 기록하는 것이 중요하다.

표준레시피들은 컴퓨터의 메모리에 저장시켜 둘 수 있으며, 또한 서로 다른 생산을 위한 양을 조정할 수 있다. 출력이 가능하다면 음식생산업무를 맡은 작업자나 스테이션에 제공될 개개의 음식에 대한 양목표를 카피하기가 쉬워진다.

(6) 육류조리

가장 값비싼 재료는 육류로서 육류조리에 있어 육류원가는 고려되어야 하는데, 다음과 같은 측면을 고려해야 한다.

1) 온도

육류의 특성에 따라 다소 다르지만 한 연구에 의하면 육류는 325°F에서 15.8%, 500°F에서 30.4%가 수축된다. 낮은 온도를 이용하면 파운드 당 2.4온스, 즉 대략 육류원가의 15%가 예방된다. 약 300°F의 온도는 로스팅을 위한 권장온도이고, 보다 더 낮은 온도로는 육침출액이 많이 유출되며 심지어는 더 갈색으로 구워지게 된다. 조리기간의 길이는 수축량에 영향을 미치는데 특히 레어고기(rare meat)는 미디움(medium)이나 웰던(well-done) 고기보다 덜 수축되고 로스팅 스키워(skewer)가 플레인 메틀(plain metal)보다 더 효과적이다.

2) 육류 온도계

육류온도계는 육류를 서빙하여도 되는지를 결정하는데 가장 과학적인 방법이다. 쇠고기에 있어 140°F는 레어(rare)상태를 나타내고, 160°F는 미디움(medium)상태를 나타내며, 170°F는 웰던(well-done)상태를 나타낸다.

3) 육류의 등급

육류의 등급에 따라 산출량도 달라진다. 일반적으로 낮은 등급은 고기의 거친 조직과 지방의 결핍으로 덜 수축된다.

4) 대류오븐

대류오븐은 조리시간과 수축을 줄여준다.

(7) 채소조리

채소의 조리를 순수예술(fine art)로 여기는 유럽이나 아시아의 국가들도 있지만 채소조리는 그렇게 많은 관심을 가지지 않았던 부분이다. 채소들은 너무 자주 많은 양을 한꺼번에 조리하여 너무 많이 익히게 된다. 오늘날 가장 좋은 방법은 소량을 조리하는 것이 관례가 되고 있다. 다른 여러 조리기구들이 있지만 카운터탑 스티머(countertop steamer)가 흔히 이용된다.

고객 모두에게 동시에 서비하지 않아도 된다면 소량의 조리는 맛있고 윤기있고 영양이 보존되도록 채소를 조리하여 공급할 수 있다. 사전처리된 냉동채소들이 많이 이용되고 있는데, 오히려 품질이 더 나을 수도 있으며 신선한 채소조리 때보다 인력이 덜 필요한 이점이 있고 영양이 보존되도록 애채를 조리하여 공급할 수 있다.

(8) 분량관리방법

분량관리는 음식 서비스시설의 영업에 있어 중요하다. 이것은 2단계를 필요로 하게 되는데 제공될 크기를 분명하게 결정하는 것과 이 분량이 항상 제공되도록 하는 것이다.

한 시설이 영업의 모든 측면을 훌륭하게 관리하고 있어도 계획한 4온스 대신에 5온스 분량의 앙뜨레를 제공한다면 수익은 그만큼 감소하게 된다. 카페테리아에서도 서빙직원들은 다른 고객들이 인식할 수 있을 정도로 자신이 좋아하는 고객들에게 편파적일 수 있다. 분량크기는 서빙이나 조리직원들의 자유재량에 맡겨서는 안 된다.

1) 적당한 분량크기 결정

적당한 분량은 영업형태, 고객만족, 식료 서비스의 원가, 그리고 머천다이징(merchandising, 상품화계획) 문제를 고려하여 결정되어야 한다. 이미 사용되고 있는 표준분량표가 지침으로 이용될 수 있으나 개별업체에 적용가능한 특정한 표준분량표들을 개발하여야 한다.

원가접근방법에 의하면 고객이 한 음식에 지불하고자 하는 어떠한 것을 결정하는 것과 그 가격에 대하여 어느 정도의 음식을 제공할 수 있는지를 결정할 수 있다. 로스트 비프가 알라카트로 12,000원에 판매되고 목표로 하는 식재료원가가 40%라면 로스트비프의 분량은 원가 약 4,800원에 해당하는 양이어야 한다.

정량적 방법으로 접근할 경우에는 평균고객이 소비하려고 하는 식재료량의 결정을 필요로 한다.

고객들은 어떠한 것에 대해서는 훨씬 많이 소비하나, 다른 것에 대해서는 그러하지 않을 수도 있다. 원가, 양, 품질, 그리고 판매가격들 모두가 분량크기 결정에 영향을 미치기 때문이다. 예를 들면, 9인치 높이의 케이크와 같은 큰 분량들은 상품화 목적 및 주의를 끌기 위한 목적으로 제공될 수 있다.

어떤 업체들은 더 많은 판매를 위하여 큰 분량을 제공한다. 반면에 어떤 업체들은 원가의 상승으로 고객의 불만이 나오지 않을 정도까지 분량을 줄인다. 그러나 이것은 불만을 갖거나 고객을 잃게 되는 것이 예고되는 것이 아니기 때문에 위험한 것이다.

분량을 정하는 가장 효과적인 방법들 중의 하나는 경쟁업체의 분량과 비교하는 것이다. 어떤 경우에 있어서도 분량크기는 고객을 만족시켜야 한다. 매출량에 의하면 고객만족 정도는 파악할 수 있으므로 매출과 베스트셀러의 원가를 분석하는 것이 중요하다. 수익적이고 잘 팔린다면 분량크기는 적당한 것이다. 또한, 식기세척자에게 되돌아온 음식을 관찰하는 것도 좋다. 그러한 비공식적인 관찰이 때로는 음식의 품질과 분량크기를 파악할 수 있는 배경이 된다.

2) 적당한 분량크기의 제공

적당한 분량크기가 결정된 이후에는 이것이 제공될 수 있도록 해야 한다. 직원은 이러한 적당한 크기에 주의해야 하고 그 정보를 포함하고 있는 지시서를 음식을 만드는 모든 직원들이 쉽게 이용할 수 있도록 해야 한다. 하나의 메뉴를 제공하는 대규모 기관업체들은 서빙하기 이전에 적당한 분량을 제시하고 서빙직원의 편리를 위하여 샘플 플레이터를 만들도록 감독자에게 요구할 수 있다.

분량통제계기의 이용이 적합할 수 있는데 이들은 자르거나 형태를 잡을 때와 요리되기 이전에 스테이크와 찹, 패티와 같은 육류음식들의 분량을 측정하기 위하여 사용될 수 있다.

조리사들은 저울의 도움 없이 크기와 무게를 판단할 수 있다고 생각하나, 심지어 가장 경험이 풍부한 조리사라도 무게를 단다면 보다 더 정확성을 기할 수 있다. 모든 스테이크나 패티의 무게를 달 필요는 없지만 세 번째나 네 번째에 가서 무게를 다는 것이 좋다. 저울은 또한 준비된 앙뜨레의 무게를 달기 위하여 이용될 수 있다. 따라서 분량의 무게를 눈금판 위에서 직접적으로 확인할 수 있다.

접시나 글래스 크기도 분량을 조절하는 데에 이용할 수 있다. 4온스 글래스는 온스의 크기를 정해주고 채소접시는 제공될 채소의 양을 결정할 수 있다. 디저트는 그들의 컨테이너의 크기에 따라 조절될 수 있다. 서빙 플레이트도 좋은 크기조절장치가 된다. 보다 작은 서빙 플레이트는 큰 플레이트에 어울리지 않는 소량의 음식을 위해 이용되어야 한다.

페이퍼서비스가 분량관리를 위해서는 더 인기가 있다. 종이 슈플레컵들이 애플소스와 민트젤리와 같은 가니쉬를 위해서 아주 편리하다. 페이퍼의 크리머와 콘디멘트와 젤리 컨테이너들이 또한 분량을 조절하고 원가를 계산하고 노동력을 줄이는데 있어 유용하다. 이들은 분량크기를 결정하는데 도움이 될 뿐만 아니라 또한 가니쉬가 다른 음식들과 혼합되는 실수를 방지하여 준다.

특히 크기가 정해진 래들, 스쿠프, 그리고 서빙 스푼은 분량을 표준화 할 수 있다. 따라서 스쿠프도 1/2컵이나 4온스의 용량장치로 이용할 수 있다. 스쿠프 크기는 보통 쿼트당 스쿠프의 수로 결정된다.

조리기구들도 분량관리에 이용될 수 있다. 하나의 8인치 파이틴(pie tin)은 6조각으로 나누어 줄 수 있고 일관된 크기들을 위하여 마커(marker)를 이용하거나 파이틴을 이용할 수 있다. 표준레시피의 하드푸딩(hard puddings), 젤라틴(gelatin), 또는 시트케이크(sheet cake)의 표준량과 크기를 위하여 마크드팬(marked pan)을 이용할 수 있다. 분량크기들은 팬의 양쪽 크기의 선을 그어서 결정한다. 캐서롤디쉬(casserole dish)는 자동적으로 분량크기를 조절하여 준다.

분량관리는 구매명세서와 밀접한 관련이 있다. 36파운드의 무게가 나가는 자몽의 반상자는 크기에 따라 18~48개의 자몽이 들어갈 수 있다. 따라서 자몽의 바람직한 크기를 정하고 올바른 크기를 구매할 수 있게 한다.

48개가 들어가는 자몽은 18개가 들어가는 자몽보다 훨씬 더 작아서 아마도 더 낮은 메뉴가격으로 팔 수도 있다.

프랑크푸르트 소시지와 베이컨 조각은 여러 크기가 있어 파운드당 수를 한정시켜야 한다. 베이크드 포테이토와 여러 다른 채소들은 분량관리를 위해 정확한 명세서에 따라야 한다.

효과적인 분량관리는 다음과 같은 5단계를 필요로 한다.

① 분량별로 원하는 크기를 결정한다.

② 이들 분량크기를 알리고 모든 직원들이 이용할 수 있도록 한다.

③ 적당한 크기의 음식을 위해서 모든 구매에 명세서 이용을 요구한다.

④ 분량의 측정수단을 제공한다.

⑤ 직원들이 한정된 분량을 제공하고 있는지 계속적인 검토를 한다.

PART Ⅱ

호텔 및 외식산업 식음료원가관리

Chapter 8 원가계산
9 식음료원가관리시스템

Chapter 8 원가계산

Section 1 원가계산의 개념

1. 원가계산의 의의

원가계산이란 원가를 계산하는 절차를 말하며, 제품 단위마다 계산하는 것을 의미한다. 즉, 일정기간 동안에 소비된 모든 원가를 집계하여 그 기간 동안의 생산량으로 나누어 원가를 산출하는 것이다.

음식 서비스업의 영업활동은 원활하고 경제적인 식자재 구입을 위한 구매활동, 메뉴를 생산하는 조리활동, 그리고 고객이나 소비자에게 소비하게 하는 판매활동의 3가지 기능에 의해 형성되고 있지만, 이 중에서 조리활동은 기업의 이익을 창출하는 원천이 되는 원가계산의 핵심이라고 볼 수 있다.

예컨대, 납품처로부터 천만 원에 재료를 구입하여, 조리사 10명이 시설장비를 이용해 음식을 만들고, 이것을 2천만 원에 판매했다면, 이익은 얼마가 되겠는가? 매출액이 2천만 원이라는 것은 바로 알 수 있지만, 매출에 대응하는 원가가 얼마인지는 알 수 없다.

전술한 기업의 경우에는 외부에서 구입한 재료대금 천만 원이 매출원가가 되지만, 음식 서비스업은 이와는 다르다. 즉, 음식 서비스업에 있어서 매출원가란 판매된 제품에 대응하는 원가를 말하는 것이기 때문에 제품을 생산하기 위해 투입된 재료비와 임금, 수도광열비를 포함한 유틸리티(utility)비, 그리고 시설장비의 감가상각비를 가산해야 하는 것이다. 음식을 생산하기 위해 필요한 비용을 가산하는 것을 원가계산이라고 한다.

이와 같은 식음료 원가계산은 비교적 최근에 나온 이론이다. 금주령 이전에 대부분의 음식 서비스업체는 음료업체의 한 형태들이었다.

음식은 실제로 무료중식바(free-lunch bars)에서 나왔다. 음식은 낮은 가격의 음식으로 고객을 유도하기 위한 매력물이었고, 오락은 오늘날 사람들을 카지노와 같은 활동으로 유도하기 위하여 사용되었다. 음료가 법률의 보호대상에서 제외되자, 업체들은 음식사업에 의존해야 했고, 생존을 위한 대안을 필요로 했다. 식음료 원가계산이 바로 그러한 대안들 중 하나가 되었고, 그것의 중요성은 해가 거듭될수록 더 증가했다.

오늘날 원가계산은 1개월을 원칙으로 한다. 그러나 분기별(3개월), 반기별(6개월), 1년 단위로 행하여지고 있다. 호텔이나 외식기업에 있어서는 1일, 1개월, 또는 1년을 원가계산의 기간으로 한다. 이러한 원가계산은 표 8-1과 같은 것을 원칙으로 하면서 업체별 특성에 맞게 적용하고 있다.

표 8-1 원가계산의 원칙

① 진실성의 원칙	음식생산에 소요된 원가를 정확하게 계산하여 진실하게 표현하는 것을 원칙으로 하는 것을 말한다.
② 발생기준의 원칙	현금의 수지에 관계없이 원가발생의 사실이 있는 발생시점을 기준으로 하여야 한다는 것을 원칙으로 하는 것을 말한다.
③ 계산경제성의 원칙	중요성의 원칙이라 하여, 경제성을 고려한다는 것을 원칙으로 하는 것을 말한다. 즉, 금액과 소비량이 적은 직접비는 간접비로 계산하는 경우를 말한다.
④ 확실성의 원칙	여러 방법 중에서 가장 확실성이 높은 방법을 선택하는 원칙을 말한다.
⑤ 정상성의 원칙	정상적으로 발생한 원가만을 계산하는 원칙이다.
⑥ 비교성의 원칙	다른 일정기간이나, 다른 업체와 비교할 수 있어야 한다는 것으로, 유효한 경영관리의 수단이 된다.
⑦ 상호관리의 원칙	원가계산, 일반회계간, 요소별계산, 부문별계산, 그리고 제품별계산 상호간에 서로 밀접한 하나의 유기적 관계를 구성함으로써 상호관리가 가능하도록 되어야 한다는 원칙이다.

이러한 원가계산의 원칙을 진실성의 원칙, 객관성의 원칙, 일관성의 원칙, 직접부과의 원칙, 관련성의 원칙, 중요성의 원칙, 예외관리의 원칙, 원가보고의 원칙, 원가수익 대응의 원칙, 그리고 간접비 부여의 원칙 등 선택에 관한 원칙으로 구분하기도 한다.

2. 원가계산의 목적

원가를 계산하는 목적은 경제실제를 계수적으로 파악하여(경영방침 또는 이익계획에 따라 손익의 산정과 재정상태를 파악하고) 판매가격의 결정 및 경영능력을 증진하는 데 있다. 즉, 원가계산의 목적은 제품단위당의 원가를 계수적으로 구하는 것 외에도 다음과 같은 목적이 있다.

표 8-2 원가계산의 목적

원가 계산의 목적	기업 외부의 이해관계자	결산서를 작성하고 보고하기 위해
	기업 내부의 각 계층 관리자	① 가격결정을 위해 ② 원가관리를 위해 ③ 예산편성을 위해 ④ 재무제표 작성을 위해

① **가격결정의 목적** : 판매가격은 원가가 책정된 후에 결정하게 되는데 제품의 판매가격을 결정할 목적으로 원가자료가 필요하다.

② **원가관리의 목적** : 원가관리의 기초자료를 제공하여 원가를 절감하도록 능률관리를 함으로써 원가표준을 설정한 후 표준원가와 비교하여 원가관리 목적에 기여하도록 한다.

③ **이익 및 예산편성의 목적** : 이익계획의 설정과 예산의 편성을 위한 원가정보제공 측면에서 계수적인 계획의 근간이 되며 경영관리를 통한 예산통제로 활용된다.

④ **재무제표 작성의 목적** : 회사(기업)에 있어서 일정기간 내의 손익이나 재무상태를 나타내는 표를 의미하며, 주로 손익계산서와 대차대조표를 활용한다. 재무제표를 작성하기 위해서는 원가계산이 필수적이다. 따라서 경영활동 결과를 재무제표에 집계하여 보고하게 되는데 이때에 기초자료로 제공된다.

⑤ **경영비교 기초자료 제공의 목적** : 타업체나 동업체 부문 사이의 경영관리효율성을 상대적으로 비교한다.

3. 원가계산의 범위

(1) 원가계산의 체계

원가에는 여러 종류가 있기 때문에 원가계산도 여러 가지 관점에서 분류 될 수 있다. 원가계산의 체계에 의하면, 제도로서의 원가계산이라고 하는 것은 원가계산 제도란 말로 회계장부를 통해서 정상적으로 행하는 것이다. 이것에 대해서 제도 외의 원가계산은 특수원가조사라고도 말한다. 이것은 임시적인 것으로 회계장부를 통하지 않는다.

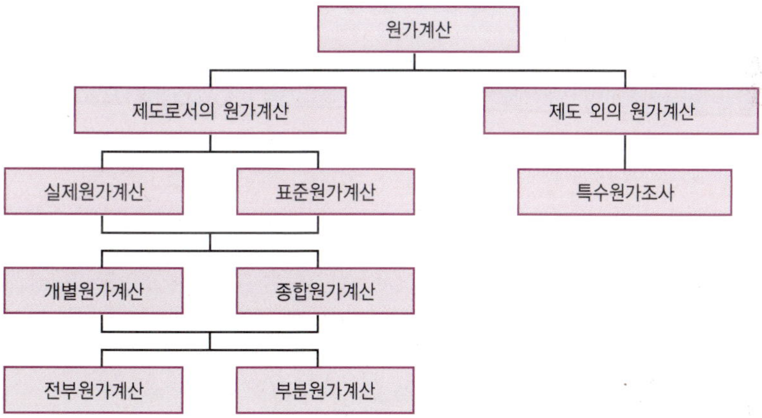

그림 8-1 원가계산의 체계

이와 같이 원가계산은 관점에 따라 여러 가지로 분류할 수 있는데, 대표적인 원가계산 방법을 원가집계방법, 제품 원가계산방법, 그리고 원가측정방법으로 분류하기도 한다.

표 8-3 원가계산의 방법

원가집계 방법	제품 원가계산방법	원가측정방법
개별원가계산 종합원가계산	전부원가계산 직접원가계산	실제원가계산 예정원가계산 표준원가계산

원가측정방법은 원가계산의 시점에 따른 분류이다. 예정원가계산은 사전원가계산이라고도 하는데, 제품을 제조하기 전에 미리 그 원가를 예정하여 계산하는 방법이다. 여기에는 추정원가계산과 표준원가계산이 있는데, 추정원가계산은 과거의 실제원가를 기초로 하여 장래에 예산되는 원가를 설정하는 방법이고, 표준원가계산은 과학적 분석을 통하여 미리 표준이 되는 원가를 정하고 이것과 실제원가를 비교하여 그 차이를 분석하는 방법이다. 반면에, 실제원가계산은 사후원가계산이라고도 하는데, 제품을 생산한 후에 실제로 발생한 실적자료에 의해 원가를 산출한다.

표 8-4 원가측정방법

실제원가	확정원가 또는 보통원가로 그 제품의 제조를 위하여 실제로 소비된 경제가치를 의미한다.
예정원가	예상원가, 견적원가, 기대원가 또는 추정원가로 제품의 제조 이전에 예상되는 원가를 의미한다. 원가관리에 도움을 주는 자료가 된다.
표준원가	업체가 정상적으로 운영될 경우에 예상되는 원가로 영업활동이 최고수준에 이르렀을 때, 최소원가의 역할을 하여 실제원가를 통제하게 된다.

원가집계방법은 생산형태에 따라 분류하게 되는데, 종류나 규격이 다른 여러 가지 제품을 생산하거나 특별주문에 따라 생산하기도 하며 개별생산의 형태에는 개별원가계산방식이 적용된다. 한편, 일정기간의 시장 수요를 예측하고, 그에 따라 동종제품을 계속적으로 생산하는 대량생산의 형태에서는 종합원가계산방식을 활용하게 된다. 종합원가계산에서는 일정기간 단위로 발생한 원가를 모두 집계하고 이를 기말에 완성품과 제공품에 배분하며, 완성품 제조원가를 완성품 수량으로 나누어 평균적인 단위원가를 계산한다.

원가측정방법은 제품원가에 고정비를 포함시키는가에 따라 구분한다.

특히 전부원가계산에서는 제품을 제조하는데 소요된 모든 원가(직접비와 간접비를 포함한 재료비, 인건비, 경비의 모든 원가)를 제품원가로서 집계한다. 일반적으로 원가계산이라고 하면 전부원가계산을 뜻한다.

여기서 직접원가계산이란 제조원가를 변동비와 고정비로 구분하여 변동비만으로 제품원가를 계산하는 것을 말한다. 이 방법에 의하면 전부원가계산과는 달리 제조원가에 포함되어 있는 고정 제조간접비(고정비)는 제품원가에서 제외되어 기간원가로 취급한다.

(2) 원가계산의 단계

원가계산은 생산활동에 있어서 소비된 재화, 용역을 제품단위로 집계하여 결산하는 절차이다.

실제 기업활동에서는 여러 종류의 제품을 생산하는 경우가 많고, 또한 동일한 제품이라도 크기나 형태가 서로 다른 제품을 생산하기 때문에 모든 원가요소를 직접비로 집계할 수 있을 만큼 단순한 경우는 거의 없다. 즉, 기계설비에서의 감가상각비와 관리직 사원의 급여, 소모품비 등의 간접비는 제품에 직접 배분할 수가 없는 것이다. 그러므로 이러한 간접비는 어떠한 방법으로든 제품에 정확히 배분해야 되기 때문에 그림 8-2와 같이 할 것이다. 이에 따라 전표나 장부상의 원가계산에서는 3가지 단계로 원가를 집계하고 있다.

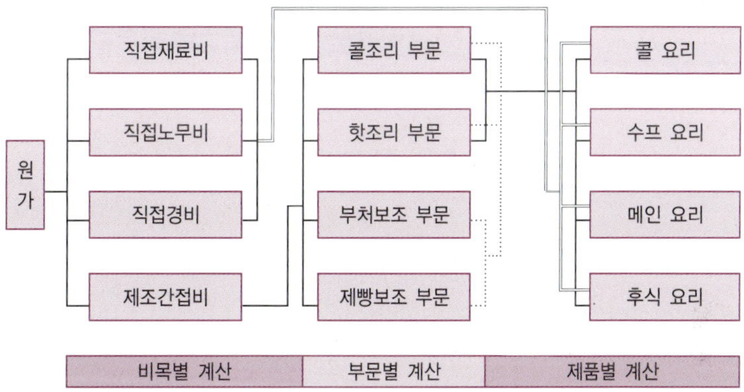

그림 8-2 원가계산의 단계

1) 비목별 원가계산

직접비, 간접비와 같이 원가를 비목별(요소별 또는 항목별)로 계산하는 것이다.

2) 부문별 원가계산

전 단계에서 파악된 원가요소를 원가 부문별(발생하는 장소, 발생한 직능단계)로 분류, 집계하는 계산절차를 가리킨다.

3) 제품별 원가계산

요소별 원가계산의 직접비를 제품별로 배분하고 부문별 원가계산의 부문비를 제품별로 배분하여 최종적으로 각 제품의 제조원가를 계산하는 절차이다.

Section 2 비목별 원가계산

1. 재료비의 계산

(1) 재료비 구성

제품을 제조할 목적으로 외부로부터 매입한 물품을 재료라 하고, 이 중에서 제조활동에 투입된 부분의 소비가치를 재료비라 한다. 즉, 재료는 자산이고 재료비는 원가요소이다.

재료비 중에서 특정 제품에 얼마만큼 투입되었는가를 알 수 있으면 직접재료비가 되고, 정확히 알 수 없으면 간접재료비가 된다. 따라서 직접재료비는 제품에 직접 배부할 수 있지만, 간접재료비는 제조간접비로서 일정한 배부기준에 따라 배부해야 한다. 일반적으로 직접재료비와 간접재료비는 표 8-5와 같이 분류한다.

표 8-5 재료비의 분류

재 료		재 료 비	분 류
주요재료	소 비	주요재료비	직접재료비
구입부품		구입부품비	직접재료비 또는 간접재료비
보조재료		보조재료비	간접재료비
소모공구, 기구, 비품		소모공구, 기구, 비품	간접재료비

식음료재료비는 업체의 크기와 운영형태 및 성격에 따라 다양하다. 또한 어떠한 메뉴를 판매하느냐에 따라서도 재료비의 구성항목은 달라지게 된다. 한 호텔에서 사용되고 있는 재료원가명세서는 표 8-6과 같다.

(2) 재료 소비량의 계산

재료비는 다음과 같이 계산하기 때문에 재료비를 구하려면 소비량과 소비각격, 즉 단가를 사용하지 않으면 안 된다. 재료 소비량은 다음 방법에 의해 구한다.

Check point

(재료 소비량) × (소비가격) = 재료비

표 8-6 재료원가명세서

(단위 : 원)

구 분	DESCRIPTIONS	F&B TOTAL	FOOD	BEVERAGE
매 출 액	**SALES**			
총식음료 매출액	TOTAL F & B SALES	1,912,416,770	1,426,083,775	486,332,995
매 출 공 제	LESS ; ALLOWANCE	964,090	866,428	97,662
순식음료 매출액	NET F & B SALES	1,911,452,680	1,425,217,347	486,235,333
원 가(식음료재료비)	**COSTS**			
기 초 재 고	OPENING INVENTORY:			
창 고 저 장	STORE ROOM	127,876,184	104,632,920	23,243,264
주방이나 주장	KITCHEN OR BAR	21,656,758	9,671,950	11,984,808
계	TOTAL OPENING INVENTORY	149,532,942	114,304,870	35,228,072
당 기 매 입	**PURCHASE** :			
창 고 저 장	STORE ROOM	434,587,881	306,367,635	128,220,246
현 장 직 도	DIRECT	290,712,838	290,712,838	
계	TOTAL PURCHASES	725,300,719	597,080,473	128,220,246
대 체	**ADD** : CHARGES & (CREDIT)			
식료 재료	FOOD TO BEVERAGES		(16,553,180)	16,553,180
음료 재료	BEVERAGE TO FOODS		4,071,394	(4,071,394)
	TOTAL AVAILABLES			175,930,104
총 가 용 원 가	TOTAL AVAILABLES	874,833,661	698,903,557	175,930,104
	LESS :			
기 말 재 고	CLOSING INVENTORY :			
창 고 저 장	STORE ROOM	150,278,410	103,103,758	47,174,652
주방이나 주장	KITCHEN OR BAR	19,095,412	6,632,740	12,462,672
계	TOTAL CLOSING INVENTORY	169,373,822	109,736,498	59,637,324
총 소 비 원 가	GROSS COST OF CONSUMED	705,459,839	589,167,059	116,292,780
대 기 : 재료비	**LESS** : CREDIT			
종업원 식사용 재료비	COST OF EMPLOYEES MEALS	52,297,012	52,259,426	37,586
종업원 생일선물케이크재료비	EMPLOYEE CAKES COST	363,176	363,176	
외국인 조리사식사용재료비	EXPATRIATES COOKS MEAL COST	3,861,134	3,704,934	156,200
간부 당 · 숙직용 재료비	OFFICERS DUTY MEAL COST	857,960	857,960	
신메뉴개발 및 시식재료비	NEW MENU DEVELOPING&TASTING	162,936	111,250	51,686
판촉용 접대재료비	E.N.T. FOR SALES PROMOTION	9,978,116	8,595,765	1,382,351
사은용 과물재료비	COMPLIMENTARY FRUITS BASKET	1,357,311	1,357,311	
우지 및 식재부산물매각대	GREASE & FOOD SCRAP SALES	506,127	506,127	
공병 및 용기 매각대	EMPTY BOTTLE & CONTAINER SALES	532,118		532,118
창고 내의 파손	STORE ROOM BREAKAGE LOSS	100,621	100,621	
대 채 (대기) 총 계	**TOTAL CREDIT**	70,016,511	67,856,570	2,159,941
순 수 판 매 재 료 비	**NET COST OF SOLD**	635,443,328	521,310,489	114,132,839
식 음 료 재 료 비 율	**COST PERCENTAGES OF F & B SOLD**	33.24%	36.57%	23.47%

1) 계속기록법(perpetual inventory method)

이 방법은 재료를 동일한 종류별로 분류하고 들어오고 나갈 때마다 수입, 불출, 그리고 재고량을 계속 기록 및 계산함으로써 일정 시점의 현재보유량이나 재료소비량을 파악하는 방법이다. 계속기록법은 발주에 대한 의사결정이 신속하고 재고관리에 대한 통제가 용이하지만, 시간과 비용이 많이 소요되는 단점이 있다.

표 8-7 계속기록법

월일	적 요	입 고			출 고			재 고		
		수량	단가	금액	수량	단가	금액	수량	단가	금액
					××× (재료출고표)					

2) 재고조사법(physical inventory method)

이 방법은 원가계산 기말이나 일정시기에 재료의 실제재고량을 조사하여 기말재고량을 파악하는 것이다. 즉, 기말재고량을 직접 현품으로 확인하는 방법으로, 재고실사법이라고도 한다. 당기소비량 중에서 도난, 증발, 파손 등의 감소량이 발생될 수 있어 재고통제가 어렵다.

Check point

(전기이월량 + 당기구입량) − 기말재고량 = 당기소비량

3) 역계산법(retrograde method)

이 방법은 표준소비량(일정단위를 생산하는데 소요되는 재료)을 정하고 제품의 수량을 곱하여 전체 재료소비량을 산출하는 방법이다.

Check point

(제품단위당 표준 소비량) × (생산량) = 재료소비량

2. 재료비 소비가격의 계산

재료의 소비가격은 그 재료의 실제 구입원가에 의해 결정하는 것이 원칙이지만, 필요에 따라서는 예정가격에 의해 결정할 수도 있다. 이 경우 구입원가가 항상

일정하다면 문제가 없겠지만, 실제로는 구입시기나 매입처에 따라 가격이 다를 수도 있기 때문에, 재료의 소비가격 계산에는 여러 가지 방법이 생긴다. 또한 구매에서의 재고라 함은 현재의 자산으로 평가되며, 품목별 구매시점과 구입가격이 다르기 때문에, 각각의 품목에 단위당 화폐가치를 부여하여 자산을 평가하기도 한다.

(1) 취득원가법

1) 개별법(specific indentification method)

개별법이란 동일한 재료라 하더라도 구입품별로 가격표를 붙여 두었다가, 출고할 때에 가격표에 표시된 실제 구입단가를 재료의 출고단가로 하는 것이다.

표 8-8 개별법

(단위 : EA, 원)

월일	적 요	입 고			출 고			재 고		
		수량	단가	금 액	수량	단가	금액	수량	단가	금 액
1/1	입고	300	1,000	300,000	200	1,000	200,000	100	1,000	100,000
7	입고	200	1,100	220,000	200	1,100	220,000			
21	입고	500	1,200	600,000	300	1,200	360,000	200	1,200	240,000
합 계							780,000			340,000

2) 선입선출법(first in– first out method)

선입선출법이란 먼저 구입한 것이 먼저 사용된다는 것을 전제로 소비가격을 결정하는 방법으로 기말재고액의 경우 최근의 구입단가를 반영한다.

표 8-9 선입선출법

(단위 : EA, 원)

월일	적 요	입 고			출 고			재 고		
		수량	단가	금 액	수량	단가	금액	수량	단가	금 액
1/1	입고	300	1,000	300,000						
7	입고	200	1,100	220,000						
14	출고				300	1,000	300,000	200	1,100	220,000
21	입고	500	1,200	600,000						
28	출고				200 200	1,100 1,200	220,000 240,000	300	1,200	360,000
합 계				1,120,000			760,000			360,000

3) 후입선출법(last-in first-out method)

후입선출법이란 선입선출법과는 반대로 나중에 구입한 것부터 먼저 사용한다는 전제하에 계산하는 방법이다. 가장 오래된 품목이 재고로 남고, 재무제표상의 이익을 최소화시켜 소득세를 줄이기 위한 방편으로 이용되기도 하며, 인플레이션이나 물가상승이 될 때에 활용한다.

표 8-10 후입선출법

(단위 : EA, 원)

월일	적요	입 고			출 고			재 고		
		수량	단가	금 액	수량	단가	금액	수량	단가	금 액
1/1	입고	300	1,000	300,000						
7	입고	200	1,100	220,000						
14	출고				200 100	1,100 1,000	220,000 100,000	200	1,000	200,000
21	입고	500	1,200	600,000						
28	출고				400	1,200	480,000	100	1,200	120,000
합 계				1,120,000			800,000			320,000

4) 최종매입원가법(last purchase cost method)

최종매입원가법이란 재고금액을 기말에 가장 가까운 구입단가로 평가하여 재료의 소비액을 계산하는 방법이다.

표 8-11 최종매입원가법

(단위 : EA, 원)

월일	적요	입 고			출 고			재 고		
		수량	단가	금 액	수량	단가	금액	수량	단가	금 액
1/1	입고	300	1,000	300,000						
7	입고	200	1,100	220,000						
14	출고				300					
21	입고	500	1,200	600,000						
28	출고				400			300	1,200	360,000
합 계				1,120,000			760,000			

(2) 평균원가법

1) 총평균법(total average cost method)

일정기간 동안의 총구입액을 전체 구입수량으로 나누어 평균단가를 계산한 후, 이 단가로 잔존하는 재고량의 가치를 구하는 방법으로 물품을 대량구매하거나 출고할 때에 활용한다.

$$\frac{\text{총구입액}}{\text{총구입량}} = \text{재료소비가격}$$

$$\frac{1{,}120{,}000\text{원}}{1{,}000\text{EA}} = 1{,}120\text{원}$$

2) 단순평균법(simple average cost method)

단순평균법이란 단순히 단가의 평균가격만을 가지고 산출하는 방법이다.

$$\frac{1{,}000\text{원} + 1{,}100\text{원} + 1{,}200\text{원}}{3} = 1{,}100\text{원}$$

3) 이동평균법(moving weighted average cost method)

이동평균법이란 단가가 다른 재료를 구입한 직후에 재고로 남아있는 재료와 구입재료와의 가중 평균단가를 산출해서 소비가격을 결정하는 방법이다.

$$\frac{300{,}000\text{원} + 220{,}000\text{원}}{300\text{EA} + 200\text{EA}} = \frac{520{,}000\text{원}}{500\text{EA}} = 1{,}040\text{원}$$

표 8-12 이동평균법

(단위 : EA, 원)

월일	적요	입 고			출 고			재 고		
		수량	단가	금 액	수량	단가	금액	수량	단가	금 액
1/1	입고	300	1,000	300,000				300	1,000	300,000
7	입고	200	1,100	220,000				500	1,040	520,000
14	출고				300	1,040	312,000	200	1,040	208,000
21	입고	500	1,200	600,000				700	1,150	808,000
28	출고				400	1,150	460,000	300	1,150	345,000
합 계				1,120,000			772,000			2,181,000

(3) 예정가격법

예정가격법이란 재료 등에 있어서 사전에 설정한 소비가격을 적용하는 방법이다. 가격은 항상 일정하지만 실제로는 재료비와의 가격차이, 즉 재료비차이가 발생한다. 이 방법은 원가관리에 유익하다. 추정가격법, 표준원가법, 사전원가법 등이 이 범주에 속한다.

(4) 시가법

시가법이란 재료의 취득원가와는 관계없이 재료비 원가를 산정할 때의 재료시가로서 재료비를 계산하는 방법이다. 재료 소비원가를 계산하면 앞의 예정가격법의 경우와 같이 재료의 취득원가와 시가평가액 사이에 차이가 발생하는데 이를 재료비차이라고 한다.

Section 3 인건비

인건비란 제품생산을 위하여 소비되는 노동력의 가치를 화폐액으로 측정하여 계산한 것이다.

1. 인건비 구성

(1) 지급형태에 따른 분류

① **임금** : 생산현장에서 작업하는 종사원에 대해서 지급하는 것으로, 기본급과 제수당으로 되어 있다. 제수당은 초과 근로수당, 위험 작업수당 등의 작업에 관계가 있는 수당이다.

② **급료** : 사무직 직원에게 지급되는 노동력의 대가를 말한다.

③ **잡급** : 임시 고용직 종사원과 잡역인부에 대해 지급하는 급여이다.

④ **종업원 상여수당** : 계절별 또는 주요 명절별 상여와 같이 종사원의 작업과는 직접적인 관련이 없이 경상적으로 지급되는 정기상여금, 가족수당, 주택수당, 통근수당 등을 말한다.

⑤ **퇴직급여 충당금 전입액** : 퇴직급여 규정 등에 따라 종사원 퇴직에 대비한 퇴직급여 충당금을 설정하여 비용으로 계산한다.

⑥ **법정복리비** : 의료보험, 국민연금 등으로 사회보험료 성격의 회사부담액이다.

⑦ **기타** : 복리후생비(건강보험료, 실업보험료 등으로 회사부담분의 법정복리비와 그 밖의 복리비), 교육비를 의미한다.

(2) 인건비의 성격에 따른 분류

① **인건주비** : 제품생산을 위하여 간접적으로 소비되는 노동력의 대가로서 임금, 급료, 잡급, 종업원 상여수당 등이 포함된다.

② **인건부비** : 종사원의 고용, 관리 및 유지하는 데에 소요되는 비용 중에서 노무주비 이외의 비용으로 복리후생비, 교육훈련비, 학자금 보조비 등이 포함된다.

(3) 제품과의 관련성에 따른 분류

① **직접인건비** : 제조활동에 직접 투입된 직접공 등의 임금이다.

② **간접인건비** : 간접공, 감독자 등의 임금이다.

2. 인건비의 계산

(1) 지급임금의 계산

지급임금이란 기업이 노동력이라는 원가요소를 구입한 대가로 그 제공자에게 지급하는 금액을 말한다. 기간원가로서 손익계산서상에 판매비와 일반관리비 항목으로 기재되며, 노동시간에 지급임률을 곱하여 산출한다.

Check point

지급임금액 = 노동시간수 × 지급임률

① 일 급 : 작업일수 × 지급임률

② 시간급 : 작업시간수 × 지급임률

③ 성과급 : 생산량 × 지급임률

(2) 소비임금의 계산

소비임금이란 기업이 구입한 노동력 중에서 제품의 제조활동에 소비되는 가치를 말하는 것으로 제품원가에 포함된다.

Check point

소비임금 = (특정 제품제조를 위한 실제 작업시간수) × 소비임률

$$\text{실제 소비임률(평균임률)} = \frac{\text{원가계산 기간의 각 부문 직접공 임금총액}}{\text{원가계산 기간의 각 부문 직접공 총작업시간수}}$$

표 8-13 임률구분

구 분	실 제	예 상
개 인 임 률 평 균 임 률	실제 개인임률 실제 평균임률	예정 개인임률 예정 평균임률

- 예정임률 = 예정임금총액/예정 총작업시간수
- 직접인건비 = 직접 작업시간 × 임률
- 간접인건비 = 소비인건비 − 직접인건비
- 임금총액 : 1,000,000원
- 총 작업시간 : 1,000시간
- 직접 작업시간 : 800시간
- 직접공의 간접 작업시간 : 200시간
- 직접인건비 = 800시간 × 1,000원 = 800,000원
- 직접공의 간접인건비 = 200시간 × 1,000원 = 200,000원(1,000,000 − 800,000)

3. 경비의 계산

(1) 경비구성

경비란 제품의 제조를 위해 소비되는 원가 중에서 재료비와 인건비를 제외한 모든 원가요소를 말한다. 업체에서 발생하는 비용은 제조경비로서 제품원가에 포함되지만, 업체 이외의 부문에서 발생하는 비용은 판매비와 일반관리비가 된다.

경비는 특정제품에 얼마만큼이 투입되었는지를 직접적으로 추적할 수 있으면 직접경기가 되고, 직접적으로 추적할 수 없으면 간접경비가 된다. 직접경비로는 외주가공비와 특허권사용료를 들 수 있다. 그런데 외주가공비는 외부에서 구입한 재료원가로 볼 수 있고, 특허권사용료는 생산제품 단위당 일정액으로 지급한다면 직접원가가 된다.

생산량과 관계없이 일정액으로 고정되어 있으면 개별제품별로 추적이 불가능하므로 직접원가가 아니다. 따라서 직접경비는 거의 존재하지 않으며, 소액으로서 중요성을 갖지 않는다. 간접경비는 경비의 대부분을 차지하는 것으로 제조간접비로서 제품에 직접 부과할 수 없고, 일정한 배부기준에 따라 배부해야 한다.

일반적으로 경비가 발생하는 유형을 보면 다음과 같다.

① **서비스 소비** : 전력비, 수도광열비, 보험료, 수선비, 운임, 통신비, 여비 교통비, 보관료, 임차료, 감가상각비

② **물품의 소비** : 사무용 소모품비, 도서비

③ **사회적인 비용** : 법정복리비, 복리후생비, 조세공과(업체에 관련된 고정 자산세, 자동차세, 인지세, 주민세 등으로 공공단체에 지급하는 비용)

④ **경제가치의 손실** : 재고감손비, 공손비

표 8-14 경비의 분류

<table>
<tr><td rowspan="4">전력비
가스료
수도료
접대비
여비교통비
조세공과
보관료
복리후생비
지급임차료
통신비
보험료
수선비
감가상각비
소모품비
실사감모비</td><td rowspan="4">발생액의
파악방법에
따른
소비액 계산</td><td>지급경비</td><td>지급전표에
의하여 구함</td></tr>
<tr><td>월할경비</td><td>경비 월할표에
의하여 구함</td></tr>
<tr><td>측정경비</td><td>경비 측정표에
의하여 구함</td></tr>
<tr><td>발생경비</td><td>경비 발생표와
대체 전표에
의하여 구함</td></tr>
</table>

(2) 경비의 계산

1) 지급경비

여비교통비, 보관료, 교제비(접대비), 운임비, 수선비, 그리고 통신비의 경비는 실제의 지급액 또는 지급청구액이 있을 때 원가가 되는 경비이다.

2) 월할경비

감가상각비, 지급임차료, 조세공과, 특허권사용료, 그리고 보험료가 실례로서, 원가계산 기간에 발생한 경비를 월별로 분활해서 계산하는 것을 말한다. 예컨대, 연간의 감각상각비를 계산하고, 이것을 12등분한 값을 그 달의 원가로 하고, 임차료와 보험료는 1년분 또는 2년분을 선급해서 지급하는 경우가 있다. 하지만 그 달의 원가로서의 계산은 월할로 계산한다. 그 밖에도 세금, 퇴직급여 충당금 전입액이 있다.

3) 측정경비

전력비, 가스료와 수도광열비와 같이 그 달의 소비액을 측정계기(계량기)에 의해 산정한 경비이다. 지급일이 원가계산일과 일치하는 경우에는 지급액을 그대로 제품원가에 포함시키지만, 일치하지 않은 경우에는 원가계산기간 동안에 발생한 경비만을 따로 계산하여 제품원가에 포함시켜야 한다. 매월 소비량이 안정적이고 변동이 적은 경우에는 지급량을 그때의 소비량으로 보는 경우도 있다.

4) 발생경비

재고감모손실과 공손비가 실제로 발생할 때에는 그 발생액을 원가로 하는데, 금액이 예외적으로 큰 경우에는 비원가 항목이므로 제품원가에 포함시키지 않는다.

Section 4 원가의 부문별 계산법

1. 원가부문

제조부문		직접 제조작업을 행하는 부분	가공, 생산 부문
보조부문	보조경영부문	제조부문에 서비스를 제공하는 부문	전력부, 수선부 부분
	관리부문	관리적 기능을 담당하는 부문	영업부, 설계부, 기획부, 시험연구부, 공장사무부(서무, 재산, 경리)

2. 보조 부문비의 배부기준

	적 요	생산부문		보조부문	
		콜주방	핫주방	부처	베이커리
부문개별비	직접재료비	460,000원	760,000원	120,000원	24,000원
	감가상각비	270,000원	180,000원	420,000원	380,000원
부문공통비	급 료				
	감가상각비				
배부기준	인 원	30명	10명	7명	3명
	점유면적	20평	10평	15평	5평

3. 부문비의 배부액

적 요	합 계	배부기준	생산부문		보조부문	
			콜주방	핫주방	부처	베이커리
부문개별비						
간접재료비	1,364,000원		460,000원	760,000원	120,000원	24,000원
간접노무비	1,250,000원		270,000원	180,000원	420,000원	380,000원
부문공통비						
급 료	320,000원	인원	1920,000원 (320,000×30/50)	64,000원	44,800원	19,200원
감가상각비	850,000원	면적	340,000원 (850,000×20/50)	170,000원	255,000원	85,000원
부문비	3,784,000원		1,262,000원	1,174,000원	839,800원	508,200원

Section 5 원가의 제품별 계산법

1. 생산형태

표 8-15 생산형태와 원가계산

생산형태		원가계산	
개별생산	조선업, 기계제조업, 건설업 등과 같이 주문에 따라 제품의 종류와 규격이 다른 개별적 생산업체에서 사용	개별원가계산	제조 지시서에 따라 원가를 계산한다. 원가는 직접비와 간접비로 집계하고, 간접비는 배부계산하며 생산완료되면 제품원가가 된다.
연속생산	제지업, 화학공업, 식품제조업 등과 같이 주로 동종제품을 시장수요에 따라 계속 대량생산하는 생산공장에서 사용	종합원가계산	원가계산기간에 발생하는 모든 원가를 집계하고, 생산량으로 나누어 제품원가를 구한다. • 단순 종합원가계산 • 등급별 종합원가계산 • 조별 종합원가계산 • 공정별 종합원가계산 • 연산품 원가계산

2. 개별원가계산

(1) 직접재료비

1) 재료 구입

재료	×××	외상매입금 (또는 현금)	×××

2) 재료 소비

재공품 제조간접비	××× ×××	재료	×××

3) 재료청구

표 8-16 재료청구서

번 호 ________

재료청구서(Interkitchen)

생산지령서 번호 ________　　　　일 자 ________
인 도 부 문 ________　　　　발생자 ________
차 변 계 정 ________

재료품목	청구수량	재료코드번호	적요	출고수량	단가	금액

출고량 기입자 : 　단가 기입자 : 　재료 수령자 : 　수령 월일 :

(2) 직접인건비

재공품	×××	미지급	임금재료	×××
제조간접비				

표 8-17 작업시간 보고서

번 호 ________

작업시간 보고서(Work Schedule)

작 업 자 명 ________　　　　제조지령서 번호 ________
작업자 번호 ________　　　　작 업 부 문 ________
작 업 ________

작업종료시간		임 률	금 액
작업개시시간			
작 업 시 간			

(3) 제조간접비

제조간접비 발생시

제조간접비	×××	감가상각충당금	×××
		미지급보험료	×××

제조간접비 배부시

재공품	×××	제조간접비	×××

1) 제조간접비 실제배부율

Check point

$$\frac{\text{제조간접비 실제발생총액}}{\text{실제조업도}}$$

2) 제조간접비 실제배부액

(제조간접비 실제배부율) × (특정제품 제조에 소요된 실제 직접작업시간 수)

3) 제조간접비

Check point

$$\frac{\text{연간 제조간접비 예산}}{\text{연간 예정조업도}}$$

4) 제조간접비 예정배부액

Check point

(제조간접비 예정배부율) × (제품의 제조에 소요된 실제 직접작업시간 수)

(4) 제 품

제품	×××	재공품	×××

(5) 매출원가

매출원가	×××	제품	×××

(6) 비제조원가

판매비와 일반관리비 ×××	현금(또는 미지급비용) ×××

(7) 공손품

1) 공손품의 보수가 3만 원으로 가능한 경우

Check point

$$\frac{100\text{만 원}+3\text{만 원}}{10\text{개}}=103{,}000\text{원}$$

2) 공손품의 보수가 불가능하여 대체품으로 조리할 경우

① 2개의 공손품이 이용가치가 없는 경우

Check point

$$\frac{100\text{만 원}}{(10-2)\text{개}}=125{,}000\text{원}$$

② 2개의 공손품을 6만 원의 다른 제품으로 조리할 경우

Check point

$$\frac{100\text{만 원}-6\text{만 원}}{(10-2)\text{개}}=117{,}500\text{원}$$

(8) 작업폐물의 회계처리

1) 작업폐물의 가액이 큰 경우

작업폐물이 외부에 매각된 평가액을 관계 작업원가표의 직접재료비 또는 제조원가에서 공제하거나 발생부문의 부문비에서 공제한다.

2) 작업폐물의 가액이 적은 경우

제조원가에서 공제하지 않고 매각할 때에 영업외 수익 등의 잡수익으로 처리한다.

Section 6 종합원가계산

1. 재공품 계정

(1) 개별원가계산의 경우

재공품-작업 1	
20000	20000

재공품-작업 2	
30000	30000

재공품-작업 3	
40000	40000

제품	
20000	
30000	
40000	
90000	

매출원가	
40000	

(2) 종합원가계산의 경우

재공품	
90000	90000

제 품	
90000	30000
60000	

매출원가	
30000	

$$\frac{90000 \times 1}{3} = 30{,}000원$$

1) 종합원가계산의 계산

재공품 계정

기초재공품원가	×××	완성품원가	×××
당기제조비용	×××	기말재공품원가	×××
합계	×××	합계	×××

2) 당기의 완성품 환산량

- 선입선출법 : 기초재공품 당기완성분 + 당기 착수당기 완성분 + 기말재공품 당기완성분
- 평균법 완성품량 + 기말재공품 당기완성분

3) 완성품 환산량 단위당 원가

- 당기총원가 / 완성품 환산량

[완성품의 총원가]

① 선입선출법 : 기초 재공품 원가 × 당기에 완성된 제품원가

② 당기에 완성된 제품 원가 = 완성품 환산량 단위원가 × (기초재공품 당기완성분 + 당기착수 당기완성분)

③ 평균법 : 완성품 환산량 단위원가 × 완성품량

4) 기말재공품의 원가

- 완성품 환산량 단위원가 × 기말재공품의 당기완성분

Section 7 표준원가계산

표준원가는 원가통제를 통하여 원가를 합리적으로 절감하려는 경영기법으로, 표준원가계산방법이 원가관리에 공헌할 수 있는 원가계산방법이다. 사전에 설정된 표준이 되는 원가를 과학적·통계적 방법으로 정하여 놓고 실제원가와 비교, 분석하여 차이를 분석함으로써 보다 효과적인 정보 및 자료에 의한 단위당의 원가를 관리하는 데에 그 목적을 두고 있다.

표준은 표준분량, 표준양목표, 구매명세서, 표준산출률에 의해서 설정되며, 표준원가에 의한 원가관리의 필요성과 효과는 일반적으로 다음과 같다.

① 원가절감

② 표준원가의 공정한 계산

③ 메뉴 및 표준원가 카드 작성

④ 판매 분석이 용이

⑤ 변동원가 계산이 용이

⑥ 합리적인 인건비의 계산

⑦ 원가보고서 작성 및 예산 평가

⑧ 경영성과 분석 및 측정에 의한 적정한 이익관리

⑨ 장부기장시 비용의 절감

Section 8 표준분량(standard portion)

1. 의 미

표준분량이란 고시된 가격으로 고객에게 판매되는 모든 요리에 대한 중량, 분량, 크기, 모양, 품질, 그리고 수량의 일치를 나타낸 것으로 표 8-18과 같다.

표 8-18 표준분량

THE EXAMPLE RESTAURANT STANDARD PORTION SIZES				
Items Items	Standard Portion Size Data			Work-Station Portioning
	Portion Size	State of Preparation*	Other Date*	
APPETIZERS				
Shrimp Cocktail	5 ea.	R.T.E.	21-25 Count	Pantry
Fruit Cup	5 oz.	R.T.E.	See Recipe No. P-12	Pantry
Marinated Herring	2½ oz.	R.T.E.		Pantry
Half Grapefruit	½ ea.	R.T.E.	27's	Pantry
Soup Cup	6 oz.	R.T.E.	7 3/4 oz. cup	Range
ENTREES				
Sirloin Steak	14 oz.	R.T.C.	A.P. -Bone-in	Range
Prime Ribs of Beef	9 oz.	R.T.E.		Range
Lobster	1½ lb.	R.T.C.		Range
Ragout of Lamb	4 oz.	R.T.E.		Range
Chicken	1 ea.	R.T.E.	2 lb. Average	Range
VEGETABLES & SALADS				
Whipped Potatoes	3 oz.	R.T.E.		Range
Baked Potatoes	1 oz.	R.T.E.	90 ㅍs	Range
Asparagus Spears	3 ea.	R.T.E.	Jumbo Spears	Range
Half Tomato	½ ea.	R.T.E.	4×5's	Range
Garden Salad	2½ oz.	R.T.E.		Pantry
Hearts of Lettuce	¼ head	R.T.E.	5's	Pantry
*R.T.C.-Ready to Cook;R.T.E.-Ready to Eat; A.P.-As Purchased				

2. 목 적

① 고객에게 제공되는 음식의 표준을 유지하여 고객이 지불한 요금에 합당한 가치의 품질을 제공함으로써 고객의 욕구를 충족시키는 데에 목적이 있다.

② 과도한 분량의 생산 및 판매로 인한 손실을 방지하여 적정의 원가율을 유지함으로써 목표이익 실현에 기여한다. 표준분량의 설정과 지속적인 실행은, 경영진의 책임에 의해서 과다한 분량으로 소비를 촉진하거나, 분량미달로 고객을 잃지 않도록 하는 데 목작이 있다.

3. 결정방법

고객이 지불하는 요금을 기준으로 얼마만큼의 원가에 해당되는 분량의 음식을 생산할 것인가를 설정하는 원가 접근방법과, 대다수의 고객이 원하는 분량을 중심으로 한 양적 접근방법이 있다. 효율적인 분량관리를 위하여서는 표준을 설정하여 직원에 대한 교육과 작업과정의 감독을 통한 실행여부를 확인할 수 있어야 한다.

4. 표준양목표

(1) 의 미

표준양목표는 경영목적에 적합한 사내 표준으로서, 품질과 분량에 맞는 음식을 생산하기 위하여 설정된 음식의 표준에 관한 총체적인 기술서이다. 즉, 1개 품목 혹은 1인분을 만드는 데에 필요한 식재료명, 양, 원가, 총원가, 판매가를 일목요연하게 기록한 양식이라고 할 수 있다. 또한 표준양목표는 합리적인 음식생산의 처방서라 할 수 있을 뿐만아니라, 상품 가격을 결정하는 근거가 되고, 공정과정에 재료의 낭비가 없도록 설정한 지시서라고 할 수 있다. 그 내용은 표 8-19와 같다.

(2) 목 적

① 특정음식의 식재료원가를 산정하는 기준이 되며, 원가에 의한 판매가격결정에 도움을 준다.
② 표준 식재료원가를 산정하는데 도움을 준다.
③ 품질적 음식 조리에 일관성을 유지, 관리한다.
④ 음식의 표준화와 식재료의 공급관리에 도움을 준다.
⑤ 조리사의 업무숙련에 도움을 준다.

(3) 양목표의 표준화 원칙

품질, 양, 절차, 시간, 온도, 장비, 그리고 산출량이 시험된 양목표를 표준양목표라 할 수 있다. 그 때문에, 양목표 활용에 의하여 항상 모든 측면에서 같은 상품을 생산하고 품질을 통제 관리할 수 있으므로 효과적인관리 도구가 될 수 있다.

표 8-19 표준양목표

THE EXAMPLE RESTAURANT
Standard Recipe

ITEM:RAGOUT OF LAMB
Standard Portion Size:4oz. Meat:9oz. Total
Cost Per Portion:301

Standard Recipe No. E.402
PRODUCTION

	Lbs.	%	Equiv. Oz.
Gross Weight	11.00	100.0	176
Loss in Cooking	3.75	34.1	60
Net Yield	7.25	65.9	116
No. of Portions	13		

Ingredients Ingredients	Quantity		Market Price		Extended Cost
	Amount	Unit	Unit	Price 6/1/6	6/1/6
Lamb(3/4″ pieces)	6	lbs.	R.T.C.	.56	3.36
Roux(8oz. butter, 8oz. flour)	16	oz.	lb.	.64 .07	.32 .04
Lamb Stock(lamb bones)	28	oz.	–	–	–
Carrots(1/2″ slices)	12	oz.	lb.	.08	.06
Celery(1/2″ slices)	12	oz.	lb.	.08	.06
Onions(1/2″ slices)	12	oz.	lb.	.05	.04
TOTAL					3.91

Preparation & Service:Cut bones from lamb fore, Prepare stock from lamb bones.
Prepare roux then add lamb stock to roux. Brown off lamb in oven and add to sauce.
Simmer carrots, celery and onions in lamb stock, then add to sauce. Serve in oval casserole.
APPROVED BY:Chef Doe

표준화는 신중한 평가, 시험, 그리고 최종선택 이전에 양목표를 평가해야 한다. 그러나 표준양목표는 약간의 장비와 온도의 차이에 따라 상당한 차이가 발생할 수도 있기 때문에, 한 업체의 표준양목표를 다른 업테에 적용할 수는 없다.

그러므로 실제의 음식생산을 위해 이용될 장비와 절차를 이용하는 곳에서 시험을 해 보아야 하며, 다음과 같은 원칙에 의해서 만들어져야 한다.

① 간단하고 이해하기 쉬운 언어
② 읽기가 쉬운 형태
③ 표준단위를 이용

(4) 양목표의 표준화 장점

① 이용될 재료, 절차, 그리고 장비를 명확하게 해주기 때문에 직원이 다르다고 해서 음식의 품질이나 양이 달라지지 않는다.
② 양목표의 원가를 쉽게 분석할 수 있게 한다.
③ 음식의 품질을 예측할 수 있고, 향후 개선방향을 파악할 수 있다.
④ 이용될 양과 재료를 정확히 알 수 있기 때문에 구매가 용이 하다.
⑤ 분량과 장비가 정해져 있기 때문에 분량을 통제 할 수 있다.
⑥ 메뉴음식의 판매가격을 결정하는 데에 도움이 되고, 재료원가의 변화가 있을 때 가격의 변화를 용이하게 한다.
⑦ 이용시간과 절차가 표준화 되어 있기 때문에 근무조를 편성하는 데에 도움이 된다. 효과적인 근무편성은 합리적인 근무배분과 직무만족의 결과를 가져올 수 있다.
⑧ 음시의 품질과 크기가 일관되기 때문에 고객만족을 충족시켜주게 된다.
⑨ 빈약한 관리와 잘못된 음식조리를 줄여 줄 수 있고, 혼돈을 피할 수 있다.

(5) 표준화 절차

1) 1단계 : 준비단계(정보자료의 입수와 영업적합성의 평가)

보편적으로 소량의 최초 양목표는 조리책, 잡지, 식료회사, 가족양목표, 다른음식 서비스업체, 그리고 자문단체와 같은 곳에서 정보 및 자료입수가 가능하다. 첫번째 단계는 의도한 최소량의 양목표를 준비하는 것이다.

완성된 상품은 그 다음에 평가되어야 한다. 보다 더 작은 형태의 양목표는 조리방법, 재료비율, 투입요소 이용가능성(원가, 산출량, 장비, 기술, 그리고 작업원의 유무) 및 전체의 영업적합성에 따라서 먼저 평가되어야 한다.

2) 2단계 : 양목표 확대단계(양목표의 시험과 적정비율의 평가)

다음 단계에서는 최초의 양목표를 확대하여 시험되어야 한다. 양목표를 확대하는데 있어, 여러 제비율은 중요한 역할을 한다. 예컨대, 설탕과 밀가루나 밀가루와 쇼트닝의 비율은 아주 중요하며, 재료의 물리적 형태는 신중히 평가되어야 한다. 다진 양파는 소량의 양목표에서 맛을 내기 위하여 필요할 수 있으나 대량의 양목표에서는 반드시 다진 양파를 필요로 하지 않는다. 소금과 조미료는 단순히 양을 많이 사용한다고 좋은 것이 아니기 때문에 신중한 평가를 필요로 한다.

일반적으로 양목표를 확대하기 위한 방법으로는 2가지가 있다. 하나는 시행착오법이고, 또 하나는 요인방법이다.

① 시험법

이것은 재료들의 수가 제한되어 있는, 비교적 단순한 양목표에 적용될 수 있다. 보편적으로 양목표는 최초 양목표의 2배가 된다. 또한 산출량과 다른 특징들도 평가하여 품질과 양이 적합하다면 양목표는 확대되어야 하지만, 반대의 경우에는 조정하여 양목표를 다시 시험한다. 이러한 과정은 기대하는 품질과 양이 달성될 때까지 계속된다. 조리온도별 익는 정도, 시간, 그리고 믹서의 속도에 있어 조정은 주의를 기울여야 한다. 기대하는 산출량과 다를 경우에도 다시 조정, 평가되어야 한다. 이러한 방법은 여러 변수들로부터 영향을 받기 때문에 조정하는 데에 많은 시간이 소요되며, 상당히 어려운 방법이다.

② 요인방법

이 방법에 있어, 요인은 확대된 재료의 계산과 정확성을 위해 활용된다.
확대로 인하여 이용될 수 있는 조정 요인은 다음과 같다.

Check point

$$\text{조정요인} = \frac{\text{확대 양목표의 산출량}}{\text{최초 양목표의 산출량}}$$

예컨대, 기대하는 산출량이 60, 최초 양목표가 80이라면, 조정요인은 60/80=0.75이다. 이러한 요인은 표 8-20에서 보는 바와 같이 양목표 확대를 통해 조정하게 된다. 먼저 이용된 모든 재료들은 최초 양목표에서 주어진 양으로 계산되어야 하며, 계산을 용이하게 하기 위해서 모든 양은 같은 단위로 조정되어야 한다.

예컨대, 컵이나 티스푼의 온스량과 같은 것이 그것이다. 표 8-20에서 볼 수 있는 바와 같이 동등한 무게치에 곱해야 하며, 이 새로운 양목표의 시험을 위한 재료들의 온스량이 된다. 그 다음에 온스량은 편리한 무게와 치수로 바꿀 수 있게 되는데, 이러한 방식에 의하면 새로운 양목표에서 이용되는 재료의 양이 계산될 수 있다. 그러나 이것은 필요한 대략적인 동등무게나 치수들이기 때문에 시험하고 난 후에 조정하게 된다.

표 8-20 양목표 조정

재 료	최초 양목표	단계 2: 무게로 전환	단계 3: 요인을 곱함	단계 6과 7: 무게를 바꿈
밀가루(다목적용)	5파운드	5파운드	25파운드	25파운드
베이킹파우더	5온스	5온스	25온스	1파운드9온스
소금	2큰스푼	1⅓온스	6½온스	6½온스
쇼트닝(경화유)	1파운드4온스	1파운드4온스	6파운드4온스	6파운드4온스
우유	1¾쿼트	3파운드8온스	17파운드8온스	2갤론+¾쿼트
단계 4와 5: 전체무게		10파운드2온스	50파운드11온스	

이와 같은 방식은 시험절차를 용이하게 하지만, 시험절차를 거치지 않은 양목표를 이용하여 조리해서는 안 된다. 양목표의 산출을 감소시키거나 증가시키기 위해서 유사한 요인들이 이용되는데, 양목표가 확대될 때에 그 요인은 항상 1.0 이상이어야 하고, 양목표가 줄어들 때에는 요인이 항상 1.0 미만이어야 한다. 확대 양목표의 전체무게의 경우, 그 최초 양목표의 전체무게와 비교하여 체크할 수 있고, 요인을 곱한 최초 양목표의 전체무게를 계산하여 새로운 양목표의 전체무게를 도출할 수 있어야 한다.

3) 3단계 : 변수 검토단계(상품의 평가)

확대된 양목표를 준비하고, 절차, 시간, 온도 그리고 다른 변수들을 검토하는 단계이다. 조리된 이후에는 곧바로 내부의 전문 미각 측정자에 의해 상품이 관능학적으로 평가되어야 하며, 수집한 자료의 유형에 따라 그 결과들을 해석할 수 있어야 한다. 이것은 보다 나은 상품을 생산할 수 있도록 특별한 재료와 절차들을 변화시키고, 다른 양목표들과 비교·평가할 수 있다. 그리고 인기성, 구매력 및 시장성을 평가하기 위해 이용될 수 있다. 따라서 이러한 시험결과는 다양한 방법으로 이용될 수 있고, 수집된 자료는 귀중한 자료가 될 수 있다.

4) 4단계 : 비교, 평가단계(상품의 재연성 측정방법)

기대하는 재생산성과 재연성의 결과를 이끌어 내기 위해여, 최소한 3가지 방법을 활용하여 양목표를 준비하는 단계이다. 즉, 인기성 시험, 원가 측정 및 산출량 시험으로 나누어 분석 검토하는 것이 바람직하며, 이러한 점에서 고객의 미각을 대상으로 직접 시험하는 것이 좋다. 가능한 양목표를 준비하여 유사한 장비를 가지고 있는 프랜차이즈 업체들과 같은 유사한 업체와 비교·평가해서 비교우위를 확보해야 한다.

5) 5단계 : 표준화단계(양목표의 표준화)

앞의 시험과정에서 긍정적인 결과가 도출되고, 상품의 품질과 양이 적합하다면 양목표를 표준화시키고 이용하게 된다.

6) 6단계 : 표준양목표 카드기록단계(양목표 카드작성)

표 8-21 양목표 카드 표본

디저트 : 파이		딸기파이	분량 : 20cm/25cm 파이	
재 료	7파이	14파이	20파이	조 리 방 법
젤 라 틴 찬 물	2oz(½cc) ⅓	4oz(1cc) ⅔qt	6oz(1½cc) 1qt	젤라틴을 찬물로 부드럽게 한다.
냉동딸기 소 금 냉 동 오렌지주스	6lb 8oz ⅓tb 2oz	13lb ⅔tb 4oz	19lb 8oz 1tb 6oz	딸기의 물기를 빼고 주스의 반을 덥히고 뜨거운 주스로 젤라틴을 녹인다. 그리고 나머지 주스와 소금을 첨가하고 딸기를 넣은 다음에 부분적으로 얼 때까지 차갑게 한다.
달걀흰자 설 탕	½qt 11oz (1⅓cc)	1qt 1lb 6oz (2⅔cc)	1½qt 2lb (4cc)	걸쭉해질 때까지 치고 과일혼합물과 겹쳐 놓는다.
휘핑크림	⅔qt	1⅓qt	2qt	혼합물과 휘핑크림을 조금 겹쳐놓고 와이어휘프를 잡은 손으로 혼합물과 크림을 섞고 완성한다(파이외피를 골고루 묻히기 위하여 떨어뜨리기도 한다).
베이크드 파이외피 휘핑크림 설 탕 바 닐 라	 7 ⅔ 3tb 2tsp	 14 1½qt 6tb 1½tb	 20 2qt 9tb 2tb	각각의 파이가 1qt가 되는지 측정한다. 단 휘핑크림으로 가니쉬한다.

표준양목표는 앙뜨레, 채소, 수프, 그리고 디저트로 구분하여 유지·활용한다. 하지만 이러한 파일은 상황에 따라 자주 개선되어야 하고, 또한 개개의 양목표에 제공된 것의 수에 따라 원가를 더하는 것이 좋다.

5. 표준산출률(standard yield)

(1) 의 미

산출이라는 용어는 구매된 상태의 식재료로부터 재료의 손질작업 결과로 얻어진 순중량으로, 식재료가 가공되어 고객에게 판매될 수 있는 상태에서의 수 또는 중량을 의미한다.

식재료에 대한 구매된 당시의 중량(AP : as purchased)과 상품화된 상태의 중량(RE : ready to eat) 사이의 차이 발생을 작업상의 손실이라 한다. 이러한 요리작업의 단계는 기초손질의 작업과 조리작업의 간계로 구분되며, 앙뜨레의 경우에는 전술한 분량표준의 작업단계가 추가되기도 한다. 이러한 조리작업단계, 즉 원가의 흐름 과정상에서 발생되는 수량의 감량은 손실을 의미하기 때문에 그의 최소화를 위한 관리방안의 하나가 산출률을 표준화하는 것이다.

표준산출률이란 설정된 표준의 기초 조리작업과 조리작업 및 정육과 절육작업 결과로 얻어질 수 있는 표준수량의 비율이다. 측정은 표 8-22의 양식에 의하여 실시한다.

(2) 목 적

① 식재료원가산출에 사용되는 원가요인 설정과 1인분당 원가승수의 산정에 있다.

② 보다 높은 산출률 얻기 위한, 각종 조리작업 방법의 개선책 강구에 있다.

(3) 결정방법

1) 판매중량의 비율(Ratio of servable weight)

Check point

$$\frac{\text{판매중량(servable weight)}}{\text{최구매중량(purchased weight)}} \times 100$$

표 8-22 표준산출률

Butchering and Cooking Test Card **HOTEL**

ITEM CODE	DATE	PIECES	WEIGHT	AT	TOTAL	GRADE	DEALER

ITEM ITEM	WEIGHT (KG)	RATIO	COST		ITEM	WEIGHT (KG)	RATIO	COST	
			KG	TOTAL				KG	TOTAL
RAW YIELD					**COOKED YIELD**				
INITIAL RAW WEIGHT					SALEABLE RAW WEIGHT				
LESS BONES, FAT, TRIM					SHRINKAGE				
SALEABLE RAW WEIGHT					SALEABLE WEIGHT				
BREAK DOWN					BREAK DOWN				
TOTAL					TOTAL				

RAW OR COOKED PORTION COST AND COST FACTOR

NAME OF DISH	PORTION SIZE	NO OF PORTIONS	COST PER PORTION	TOTAL COST	COST FACTOR	COST MULTIPLIER

NO: ITEM: PLACE:

2) 판매중량당 원가(cost per servable weight)

Check point

$$\frac{\text{구매가격(AS purchased price)}}{\text{판매중량의 비율(Ratio of servable weight)}}$$

3) 원가 지수(cost Factor)

Check point

$$\frac{\text{판매중량당 원가}}{\text{구매가격}}$$

4) 분량 판매원가(portion servable cost)

Check point

$$\frac{\text{kg당 판매원가(Servable Cost Per kg)}}{\text{kg당 분량의 수(No. of Portions Per kg)}}$$

5) 분량 원가승수(portion cost multiplier)

Check point

$$\frac{\text{원가지수}}{\text{kg당 분량의 수}}$$

구매된 재료의 순중량 가치를 환산하기 위해 항목별 부처 시험요인을 산출하게 된다. 그런데 부처 시험요인의 대상은 주로 육류, 생선, 채소 그리고 과일에 적용한다. 예를 들어, 텐더로인 비프 1kg에서 가식부 800g의 필렛이 얻어지면, 1,000g ÷ 800g = 1.25가 된다. 이때 중량차이 200g은 부산물 혹은 불가식부로 가치가 없는 것으로 간주하거나 부산물로써 재활용되기도 한다.

6. 표준원가의 차이

차이란 표준원가와 실제원가와의 차액을 말한다.

표준원가의 차이분석은 직접재료비, 직접인건비, 제조간접비의 차이로 구분하여 실시한다.

표 8-23 표준원가 차이

표 준 원 가	제 품 원 가	원 가 차 이
(1) 표준직접재료비(표준소비량×표준가격)	실제재료비	직접재료비 차이
(2) 표준직접노무비(표준작업시간×표준임률)	실제노무비	직접노무비 차이
(3) 표준제조간접비		
고정예산(고정예산액)	실제발생액	제조간접비 차이
변동예산(허용예산액)	실제발생액	
(4) 표준제품비 원가[(1)+(2)+(3)]		

표 8-24 표준원가계산

	수 량	가 격	합 계
직접재료비	5kg	10,000원	50,000원
직접노무비	2hr	20,000원	40,000원
변동제조간접비	2hr	20,000원	60,000원
고정제조간접비	2hr	5,000원	20,000원
표준원가			170,000원

실제원가와 표준원가의 비교는 제조할 때 표준양목표에서 지시된 양과 방법을 정상적으로 수행했는지를 비교하는 척도가 되며, 실제원가는 다음과 같은 원칙에 의하여 산출된다.

① 운영의 책임소재를 밝힐 수 있도록 직제를 확립함과 동시에, 이에 해당하는 원가부문을 주방단위로 설정한다.
② 실제원가의 능률을 판단하는 기준으로 원가표준을 설정한다.
③ 운영에 따른 활동결과로 발생한 실제원가를 파악하여 원가표준과 비교한다.
④ 표준과 실적과 비교결과인 차이분석을 통해, 표준원가와 실제원가의 차이를 분석한다.
⑤ 원가차이의 원인을 분석한 결과에 따라 개선의 조치를 취한다.

실제원가가 표준원가를 초과하게 되는 원인은 다음과 같다.

① 과도한 조리의 단위당 분량가격
② 과잉생산
③ 비능률적인 구매와 출고관리
④ 부적합한 조리절차 및 방법

⑤ 과도한 변질과 부패의 발생
⑥ 잔여분의 식료활용 미숙
⑦ 도난, 절도행위의 발생

한편, 원가차이의 발생원인에는 다음과 같은 요인이 작용하기도 한다.

① 목표 매출액과 실제매출액과의 많은 차이가 발생했을 때
② 설비기자재의 불완전 가동
③ 품질상의 변화
④ 재료 취급시 부주의, 파손, 폐기 및 분실
⑤ 매입가격의 변동이 심할 때
⑥ 종사원의 태만 및 노동이 비능률적일 때
⑦ 관리감독이 불충분할 때
⑧ 자산이나 자본 구성상의 변화로 고정비의 변동이 발생할 때

Section 9 정육원가계산

1. 목 적

그동안 정부는 소매가격을 행정지시가격, 행정지도가격, 신고가격, 또는 연동제 및 가격제 등의 다양한 방법으로 통제하여 왔다. 그러나 육류 유통구조상 지육의 등급제와 부위별 차등가격제를 확대 실시할 경우에는 지금과 같이 소매 정육가격을 정부에서 규제하기는 극히 어렵게 될 것이다.

한우, 유우수소, 비육우 등으로 품종이 상이하며, 또한 성별에 따라 차이가 발생하고, 동일 품종일지라도 개체에 따라 육질과 맛, 그리고 연도가 달라 구입가격의 차이가 있을 수 있으며, 동일한 지육 중에서도 부위(안심, 등심, 또는 채끝)에 따라 차등으로 가격을 적용, 소매하기 때문에 원가계산의 필요성이 요구된다.

2. 방 법

(1) 부위별 정육 원가계산

1) 부위별 수율에 의한 방법

표 8-25 부위별 수율

부위별	안 심	등 심	어깨등심	채 끝	갈비심	목 심	우 둔
수율(%)	1.95	2.35	3.36	2.47	3.20	5.97	6.87
부위별	양 지	사 태	갈 비	앞다리	설 도	소 계	
수율(%)	8.57	5.48	12.41	7.83	11.57	72.03	
부위별	뼈	지 방	잡 육	소 계	감 량	총 계	
수율(%)	13.49	12.99	0.44	26.92	1	100	

① **부분육을 생산한 후에 부위별 수율(중량)을 확인한다** : 한우, 육우, 유우수소와 교잡종의 품종별, 성별 그리고 연령별로 부위별 생산비율을 만든다.

② **각 부위별 등극계수를 설정한다** : 계수는 부위구간의 가치를 수치로 나타내며, 일반적으로 시중 거래가격(원/kg)을 기준으로 설정한다.

③ **적수를 산출한다** : 산출방법은 부위별 중량에 등급계수를 곱하고(중량 × 등급계수), 적수의 합계를 계산한다.

④ **적수비 산출방법** : 각 부위의 적수를 적수합계로 나누어 적수비를 산출한다. 적수의 합은 1이 되며, 소수점 이하 7단위에서 사사오입한다.

⑤ **적수 원가산출** : 각 부위별 적수비 × (지육 구입가격 – 발골 정형시 생기는 부산물 금액)의 공식에 의해 적수 원가를 산출한다. 지육구입 금액에서 부산물 금액을 뺀 금액이 곧 부분육 금액이 되기 때문에 (적수비) × (부분육금액)의 공식이 성립된다고 볼수 인다.

⑥ **단위원가(원/kg) 선출** : 적수 원가를 각 부위별 중량으로 나누면 각 부위별 단위원가가 산출된다.

⑦ **단위원가에 경비와 이윤을 가산하여 판매단가를 결정한다** : 판매가격 결정은 이상과 같은 방법으로 계산된 부위별 원가에 인건비, 포장비, 수송비, 냉동보관비와 감량 등의 제경비와 매출이익을 합산하여 결정한다.

Check point

예 구입한 지육의 중량이 250kg이고, 구입가격이 200만 원(한우 평균일 경우)이었을 때, 발골 후에 정육의 총 무게는 전체무게의 72%인 180kg 1차 부산물 가격이 20만 원이며, 순수한 정육 구입가격은 180만 원이다.

① 안심의 경우에 수율은 1.95%의 4.9kg이다.

② 안심의 등급계수는 시중 거래가격(원/kg)을 기준으로 설정하므로 한우 평균 안심가격인 23,500원/kg일 때에 실제 23,500원이 된다.

③ 적수를 구하기 위해 안심의 중량과 등급계수를 곱하면 다음과 같다.

$$4.5 \times 23{,}500\text{원} = 115{,}150\text{원}$$

④ 위와 같은 방법으로 안심 이외의 다른 부위도 적수를 계산한다. 적수의 합으로부터 안심부위의 적수비를 산출한다.

⑤ 안심의 적수원가를 구하기 위해 적수비와 순수 정육 구입가격을 곱하여 계산하면 다음이 된다.

$$0.03 \times 1{,}800{,}000\text{원} = 54{,}000\text{원}$$

⑥ 안심의 단위원가는 적수원가를 부위별 중량으로 나누어 계산하면 다음과 같다.

$$54{,}000\text{원}/4.9 = 11{,}020$$

⑦ 판매원가는 단위원가에 경비(10%)를 더하여 계산하면 다음이 된다.

$$11{,}020 + 1{,}102\text{원} = 12{,}122(\text{원/kg})$$

즉, 안심 1kg의 판매원가는 12,122원/kg 이므로 23,500원/kg에 판매할 경우의 판매이익을 계산할 수 있다. 이와 같은 방법으로 계산된 각부위별 판매원가 내역을 표로 나타내면 표 8-26과 같다.

2) 부위별 등가계수에 의한 방법

이 방법은 부위별 차등가격을 처음 실시하는 경우에 활용할 수 있는 방법이다. 중등육으로 불고기, 장조림용인 설도, 우둔, 목심, 또는 앞다리를 등가계수 1로 놓고, 각 부위에 따른 등가계수를 산정하여 가격을 결정하는 방법이다. 각 부위의 등가계수는 표 8-27과 같으며, 설도가격이 20,000원/kg이라면 안심가격은 20,000원 × 1.2 = 24,000원/kg이 될 것이다.

표 8-26 각 부위별 정육원가 계산방법의 예

(단위 : 원)

부위별	중 량 (%/kg)	등급 계수	적 수	적수 비	적 수 원 가	단위 원가	경비 (10%)	판 매 원 가 (원/kg)	판 매 이 익 (원/kg)
안 심	1.95/4.9	23,500	115,150	0.03	54,000	11,020	1,102	12,122	11,378
등 심	2.35/22.2	23,500	521,700	0.14	252,000	11,351	1,135	12,486	11,014
채 끝	2.47/6.2	23,500	145,700	0.04	72,000	11,613	1,161	12,774	10,726
목 심	5.97(14.9)	20,000	298,000	0.08	144,000	9,664	966	10,630	9,370
우 둔	6.87(17.2)	18,800	323,360	0.09	162,000	9,419	942	10,361	8,439
양 지	8.57(21.4)	18,800	402,320	0.11	198,000	9,252	925	10,177	8,623
사 태	5.48(13.7)	18,800	257,560	0.07	126,000	9,197	920	10,117	8,683
(찜)갈비	12.41(31.0)	20,400	632,400	0.17	306,000	9,871	987	10,858	9,542
앞다리	7.83(19.6)	20,470	401,210	0.11	198,000	10,102	1,010	11,112	9,358
설 도	11.57(28.9)	20,470	591,580	0.16	288,000	9,965	997	10,962	9,508
계	72.03(180)	-	3,688,980	-	1,800,000	-	-	-	-

표 8-27 등가계수를 이용한 부위별 분류

등급별	부 위	용 도	등가계수
특등육	안 심	스테이크, 로스구이	1.20
상등육	등심, 채끝	스테이크, 로스구이	1.09
중등육	설도, 우둔, 목심, 앞다리	불고기, 장조림	1.00
보통육	양지, 사태	국거리, 장조림, 탕류	0.97
기 타	갈 비	갈비구이, 탕, 찜	0.85

(2) 고급 음식점(전문음식점)의 정육 원가계산

메뉴에 있는 음식의 가격(portion cost)을 결정하기 위해서는 각각 사용되는 재료의 가격을 먼저 결정해야 하는데, 식품 공급업자가 주로 가격표나 영수증(invoice)을 보면 쉽게 알 수 있다. 그러나 대다수의 레시피에는 실제 거래되고 있는 양으로 표시된 것이 아니고, 어느 정도 정선된 양(Trimmed Weight)으로 표시된다.

예컨대, 스튜(stew)에 얇게 썬 양파 2kg이 필요할 때, 실제 살 때는 1kg에 2,400원을 지불했다면, (2,400원/kg) × 2kg = 4,800원이 된다.

그러나 얇게 썬 양파 2kg을 얻기 위해서는 양파를 사기 위해 실제 지급된 가격을 산정해야 한다. (2,400원/kg) × 2.25kg = 5,400원이다.

육류나 생선과 같은 재료의 경우에 있어서 가격을 산정하는 것은 이보다 더 복잡하게 된다. 가령, 가공된 상태(precut), 즉 분량관리(portion control)가 된 생선포를 스테이크용으로 구매하여 그대로 사용한다면, AP(as purchased) 와 EP(Edible Portion)의 가격은 같다. 그러나 구매하고 난 이후에 잘라서 사용하여야 할 경우에는 필요한 원가분석을 하게 되는데, 이것을 산출량 원가분석(yield cost analysis)이라고 한다.

1) 조리 전의 산출량 검사(raw yield test)

보통 송아지의 통다리 2개의 무게는 13.5kg 정도이다. 그런데 이들 500g당 5,000원으로 가정하면, 전체적인 가격은 135,000원 정도가 된다. 그러나 고기를 손질하고 나면, 실제 송아지 스칼로피네(scallopine)는 9kg 정도밖에 안 된다.

불가식부인 뼈나 남은 것들을 버린다면, 9kg의 고기값이 135,000원이 되고, 이 고기는 500g당 7,500원 정도가 된다.

발라낸 것들 중에서 뼈는 스톡을 만드는 데에 이용하고, 남은 고기들은 갈아서 그라운드비프로 만들고, 보다 큰 덩어리는 스튜를 만드는 데에 이용하며, 지방 덩어리는 1주일에 한번씩 식당을 들러서 음식물 찌꺼기를 회수하는 사람에게 판다.

2) 조리 후의 산출량 검사(cooked yield test)

조리되어 제공될 양과 크기로 정량관리를 할 때, 필요로 하는 원료육의 양과 가격을 이용하여 음식가격을 산정한다. 그때 음식가격을 산정하기 위해서 실시하는 산출량 검사방법에는 2가지가 있다. 우선 분량 원가분석(portion cost analysis)을 한다. 이것은 분량원가(1인분 가격) 또는 조리 전의 재료와 레시피에 있는 모든 재료들의 총비용을, 제공되어지는 재료의 양으로 나눈 값이다.

Check point

$$1인분의\ 가격 = \frac{재료의\ 가격}{1인분의\ 양}$$

분량원가(1인분의 가격)를 계산하는 과정은 다음과 같다.

① 레시피에 있는 모든 재료의 품목과 양을 나열한다. 이때 보이지 않는 재료의 가격까지도 합산해야 한다. 즉, 후추, 튀김기름, 또는 설탕 등을 합산해야 한다. 이는 보통 8~12% 정도 가산한다.
② 레시피에 있는 양을 AP(As Purchased)/지불가격으로 전환한다.
③ 각 재료들의 가격을 결정한다. 영수증이나 가격표 등을 참조한다. 이 과정과 2단계의 모든 단위가 일치해야 하는데, 이는 계산을 쉽게 하기 위함이다.
④ 각각 재료들의 총가를 단위당 가격(단가)에 필요한 수량으로 곱하여 계산한다.
⑤ 전체적인 레시피 가격을 얻기 위해서 각 재료들의 가격을 더한다.
⑥ 1인분 가격을 얻기 위해 제공된 모든 1인분의 수를 총가로 나눈다.

3. 가격결정

(1) 수입육의 가격 결정

1) 수급조절용 수입육

수급조절용 수입육의 유통과정은 LPMO(축산물 유통사업단)에서 필요한 수입량을 공고하면, 외국 육류업자의 국내 대리점들이 견적을 LPMO에 제출하여 LPMO로부터 업체가 결정되고, 수권을 받은 업체가 수입육을 LPMO에 공급하게 된다.

LPMO에 공급된 수입육 중에서, 고급정육과 고급지육은 9개 도매시장에 상장되어 수입육 허가 판매점으로 공급되어 소비자에 유통되며, 일반지육은 축협이나 한냉을 통해 포장육으로 대리점에 고급되어 소비자에 유통하게 된다.

① 고급정육, 고급지육의 가격결정

도매시장 경매에 의한 경락가격은 가격산출의 기준이 되며, 경락가와 수입기초가격과의 차이금액은 축산진흥기금으로 정부에서 환수한다.

Check point

수입기초가격=CIF가+[관세(CIF×20%)+수입부대비용+LPMO 운영비]

CIF가는 보험료를 포함한 수입가격이다.

② 일반지육의 가격결정

Check point

고시가 = [수입 기초가격 + 임가공비 수수료(3%) + 대리점 마진(5%)]

2) 관공호텔용 수입육

① 상등육의 가격결정

Check point

상등육의 가격 = CIF가 + 관세(CIF가 × 20%) + 축산진흥금(CIF가 × 2%)

+ 수입부대비용(CIF가 × 5%) + LPMO 운영비(CIF가 × 2%)

+ 호텔용품센터 마진

상등육의 가격 = (CIF가 + 관세 + 축산진흥기금 + LPMO 운영비) × 3%

② 중등육의 가격결정

수급조절용 수입육과 같은 가격이다.

③ 소비자 가격

Check point

호텔 구매원가 + 사전 조리 손실비 + 부재료비 + 인건비 + 관리비(마진)

4. 부위별 원가계산

(1) 갈비(short rib)

1) 호텔 & 레스토랑

320g의 갈비구이를 만들고자 한다면 갈비재료비당 3,250원이고(8kg 갈비 중에서 순수필렛은 82,600원이 실제가격이므로 kg당 10,325원 즉, 320g이면 3,250원이다), 여기에 부재료비가 1,680원이 소비되어 갈비구이의 총재료비는 4,930원이 된다.

표 8-28 갈비의 원가계산

최초량 8kg(단위원가 11,800원, 총원가 94,400원)				
필 렛	3.4kg	42%	단위원가 24,290원	총원가 82,600원
스 지	2kg	25%	단위원가 2,500원	총원가 5,000원
우잡뼈	2kg	25%	단위원가 3,400원	총원가 6,800원
폐기물	640g	8%		

갈비구이 1인분 판매가가 15,000원이면, 재료비율은 32.9%(순수 갈비 재료비율 21.7%)가 된다.

총가격 = 갈비구이 가격 15,000원 × 부가세10% × 서비스료 10% = 18,150원

2) 가 정

320g의 갈비구이 재료비는 3,776원(11,800원/kg)이고, 부재료비는 1,730원이 들어서 총재료비는 5,506원이 된다.

(2) 안 심

안심 5kg의 구입가격이 75,000원이지만, 실제 필렛부위는 60,070원이므로, kg당 실제가격은 12,014원이 된다.

표 8-29 안심의 원가계산

최초량 5kg(단위원가 15,000원, 총원가 75,000원)				
필 렛	1.75kg	35%	단위원가 34,320원	총원가 60,070원
기타육	1.85kg	37%	단위원가 6,990원	총원가 12,930원
스 지	0.8kg	16%	단위원가 2,500원	총원가 2,000원
지 방	0.1kg	2%		
폐기물	640g	10%		

1) 호텔 & 레스토랑

370g의 안심스테이크를 만들고자 한다면, 안심재료비는 4,460원(12,014원/kg, 370g이면 4,460원)이고, 여기에 부재료비가 2,100원이 들어서 안심스테이크용 총

재료비는 6,560원이 된다. 안심스테이크 1인분 판매가 16,320원이면, 재료비율은 40%(순수안심재료비율 27%)가 된다.

총가격 = 안심스테이크 가격(16,320원) × 부가세(10%) × 서비스료(10%) = 19,750원

2) 가 정

370g의 안심스테이크 재료비는 5,500원(15,000원/kg)이고, 부재료비는 2,100원이 소비되어, 총재료비는 7,650원이 된다.

(3) 방심 (top round) I

표 8-30 방심의 원가계산 I

최초량 11kg(단위원가 6,500원, 총원가 71,500원)				
필 렛	6.8kg	62%	단위원가 9,740원	총원가 66,250원
스 지	2.1kg	19%	단위원가 2,500원	총원가 5,250원
폐기물	2.1kg	19%		

(4) 방심 (round shank) II

표 8-31 방심의 원가계산 II

최초량 29.6kg(단위원가 5,182원, 총원가 153,387원)				
필 렛	6.8kg	62%	단위원가 9,740원	총원가 66,250원
사 골	3.3kg	11%	단위원가 4,700원	총원가 15,510원
스 지	0.6kg	2%	단위원가 2,500원	총원가 1,500원
폐기물	2.1kg	19%		

(5) 가슴살 (brisket)

표 8-32 가슴살의 원가계산

최초량 4.5kg(단위원가 6,460원, 총원가 29,070원)				
필 렛	2.8kg	62%	단위원가 10,025원	총원가 28,070원
스 지	0.4kg	9%	단위원가 2,500원	총원가 1,000원
폐기물	1.3kg	29%		

(6) 간 고기(ground beef)

간 고기는 살코기와 지방을 섞어서 갈아 만든 것이다. 미국은 일반적으로 간 고기를 73%, 75%, 81%, 86%, 또는 91% 비율로 만든다. 예를 들면, 살코기가 50%, 기름이 50%인 비율의 A와 살코기가 85%, 기름이 15%인 비율의 B로 81% 비율의 간 고기를 만들고자 한다면, 기름이 많은 고기 A(기름 50%, 살코기 50%)는 4kg(85~81)이 되고, 기름이 적은 고기 B(기름 15%, 살코기 85%)는 31kg(81~50)이 되어, 간 고기는 모두 35kg으로 된다.

따라서 A의 원가가 kg당 5,000원일 때, 총원가는 20,000원(5,000×4)이 된다. B의 원가가 kg당 10,000원일 때 총원가는 310,000원(10,000×31)이 되고 35kg의 총원가는 330,000원(kg 당 9,421원)이 된다. 가는 비용을 kg당 200원이라고 할 때 kg당 총원가는 9,621원이 된다.

5. 활동기준 원가계산(ABC : Activity Based Costing)

외식산업의 발달에 의해 자동화 및 다품종 소량생산으로 인해 간접비의 비율이 높아져 간접비를 경영자원의 소비액으로 간주하여 소비하는 업무단위(Activity)를 집계하고 제품마다 활동소유비(cost driver)를 사용해 배부하는 합리적인 계산방법이다.

(1) ABC 의 목적

작업별 원가를 파악한다.	작업별로 원가절감목표를 세운다.
	손익을 악화시키는 작업을 피한다.
	작업의 개선점을 파악한다.
	아웃소싱을 해야 하는 작업을 파악한다.
	작업 조건에 따라 판매 가격을 변경할 수 있다.

(2) 활동기준 원가계산방법

세로(조직단위)에서 가로(활동단위)로

전통적인 원가 계산 과정	ABC시스템
· (1)원가 요소별 계산	· (1)경영 자원별 계산
· (2)간접비 집계 (발생부분) 공장 조직 부문 단위	· (2)간접비 집계 (소비활동) Activity 단위
· (3)제품으로 배부 노동/기계운전시간/ 생산량	· (3)제품에 대한 배부 (활동유인)
· 제품A, 제품B, 제품C	· 제품A, 제품B, 제품C

Chapter 9

식음료원가관리시스템

Section 1 식료원가관리시스템의 개념

1. 식료원가계산의 목적

식료원가계산의 목적은 다음과 같다.

① 식료원가가 목표와 관련이 있는지를 결정(목표와의 관련성)
② 식료원가가 너무 높은지를 결정(과도한 원가)
③ 서로 다른 식료그룹들의 원가가 적절한지를 결정(적절성)
④ 메뉴 원가결정과 가격결정에 도움
⑤ 메뉴음식의 개별비용을 제공
⑥ 예측에 도움이 되는 정보제공

예전 회계기법들은 분석에 있어서 과거자료를 다루었지만 요즘의 시스템들은 판매를 예측하고, 이들 판매의 원가들을 계산하는 등 전산화가 식료원가회계에 새로운 차원을 제공하고 있다.

식료원가계산은 현재 판매와 원가 모두를 고려한 잠재수익에 초점을 두고 있다. 식료원가계산은 가장 큰 판매와 수익을 위한 메뉴가격 결정을 위하여 경영자에게 자료를 제공하여 줄 수 있기 때문에, 보다 낮은 식료원가항목을 판매하는 것이 더 나은지, 높은 원가항목을 판매하는 것이 나은지 파악할 수 있고, 상대적인 메뉴 항목의 인기도를 알 수 있다. 또한, 차이핑디쉬 서비스(chafing dish service), 이질적인 식료, 특별서비스와 같은 스페셜 터치(special touch)와 특별한 항목(specialty item)을 위해서 어느 정도의 원가가 필요한지를 결정할 수 있다. 판매분석에 있어서도 매출량, 수요, 그리고 메뉴선정을 예측할 수 있어야 한다.

주방은 제조업의 한 유형이다. 하지만 식료원가계산과 제조업원가계산 사이에는 뚜렷한 차이가 존재하고 있다. 제조업 원가계산에 있어서 완제품은 여러 원가요소들로 나누어질 수 있고, 서로 다른 재료, 노동, 그리고 경상비에 적절히 할당된다.

제조업 생산은 보통 몇몇 항목들의 생산이 길고, 즉시 판매하기 위한 것이 아니라, 재고를 위해 생산한다고 볼 수도 있다. 그러나 주방은 주문한 여러 항목들을 조리하거나 짧은 시간 안에 생산하여야 한다. 식료는 부패하기 쉬워서 빨리 처리되어야 한다. 문제는 초과생산이나 재고는 판매로 인하여 빨리 처리될 수 없으며, 가격도 쉽게 절감하여 판매할 수 없다. 어떤 식료들은 구매되어 조리되면, 짧은 시간 안에 소비되어야 한다.

메뉴음식들의 가격결정은 보통 대부분의 다른 상품들과 비교하면 더 어렵다. 원가가 1,000원인 디저트는 9,000원에 판매될 수 있으며, 1,500원의 우유가 2,500원에 판매될 수도 있다. 업체들은 완제품에 원가분석을 적용하는 것이 불가능하다는 것을 알고 있다. 오히려 식재료의 총원가에 바탕을 둔 원가계산방법이 더 적합할 수 있다.

보통 음식 서비스업체는 특정일에 배달된 식료 모두를 이용하지 않는다. 또한 특정일에 배달된 식료만을 이용하지는 않는다. 어떤 식재료는 그날에 이용될 수 있고, 어떤 것들은 향후에 이용하기 위하여 저장해 두어야 하며, 이용될 식료들을 창고로부터 출고하여야 한다. 특정한 일에 정확히 식재료원가를 결정하기 위하여, 그날에 배달되고 소비된 식재료의 가치와 저장고로부터 출고된 식재료의 가치를 분리하여 따져보아야 한다.

배달되고 그 배달된 일에 이용하기 위하여 곧바로 주방에 보내진 식료들은 직도구매품이라고 하는데, 이들 식료의 가치는 보통 수령서로부터 얻어진다. 저장된 식료의 가치는 보통 원가청구서에 의해 계산된다. 일일(또는 또 다른 기간)을 기준으로 한 전체 식재료원가는 직도구매품과 출고품의 합계이다.

Check point

직도구매
\+ 저장고 청구서
= 식재료원가
± 조정
= 순 식재료원가

여기서 조정은 식재료원가에 영향을 미치는 것들일 수 있다. 어떤 업체에서는 이것에 종사원에 의해 소비된 식료비용을 포함하기도 한다. 또 다른 조정으로는 업체의 바에 보내진 식재료 항목, 바에서 주방으로 보내진 음료, 또는 식재료가 주방을 통해 식사고객이 아닌 다른 사람(nondiners)에게 판매되는 스튜어드의 판매가 있다.

레스토랑 고객들로부터 나온 수익은 고객에 의해 소비된 식재료의 원가와 비교해야만 한다. 즉, 사과는 사과와 비교해야 한다는 것이다. 종사원에 의해 소비된 식재료의 원가는, 직원 편익비용이기 때문에 그와 같이 계산되어야 한다. 식재료원가에 이것을 포함시키는 것은 식재료원가를 왜곡시킬 수 있다. 이러한 것들은 종사원에 의해 소비된 식재료의 가치가 정확히 결정될 수 있을 때에만 타당하다.

대부분의 업체들은 소비된 전체 식재료원가로부터 종사원들의 식대비를 빼고, 식재료원가 퍼센트를 위해 고객에게 판매된 식재료의 가치만을 이용한다.

종사원에 의해 소비된 식재료의 가치는 몇 가지 방법으로 정할 수 있다. 평균 종사원 식사당 소비된 식재료의 가치를 계산하고, 이 수치에 종사원 식사의 수를 곱하면, 적어도 종사원에 의해 소비된 식사의 가치가 대략적으로 산출된다. 서로 다른 평균가치가 조식, 중식 및 석식을 위해 이용될 수 있다. 대규모 업체들은 원가를 훨씬 더 쉽게 결정하고자 종사원을 위한 독립된 주방과 시설을 갖기도 하지만 이들 업체들은 예외적이다.

종사원들을 위해 고객 지불가격이 이용된다면, 몇몇 다른 방법들이 이용될 수도 있다. 하나는 종사원들에 의해 소비된 식재료의 판매가치를 결정하는 것이다. 이들 판매가치에 보통의 식료원가 백분율을 곱하면, 종사원들의 식재료 소비를 위한 가치가 산출된다. 그러나 종사원들이 더 값비싼 항목들을 소비하지 못한다면, 고객들의 식사와는 다른 원가백분율을 종사원들의 식사에 적용시켜야 한다.

아주 정확한 방법이라고 할 수 있는 것은 종사원들에게 제공된 개개 항목 수의 합계를 산출하는 것이다. 종사원들에게 제공된 개개 항목의 수에 항목의 식재료원가를 곱하고, 모든 항목들의 합계를 더하면 정확한 종사원들의 식재료원가가 될 수 있다.

대부분의 식재료원가 회계시스템의 아주 중요한 한 부분은 식재료원가 백분율을 결정하는 것이다. 식재료원가를 판매로 나누면 식재료원가비율이 되고, 이것은 백분율로서 표현된다.

만약 식재료원가가 100,000원이고, 판매가 300,000원이라면, 백분율은 100,000원/300,000원(33.3%)이 된다.

또한 식료원가를 판매로 나누면, 이윤(mark-up)도 계산할 수 있다. 대부분의 업자들은 식료의 원가에 어떤 항목의 판매가격을 결정하는데 있어, 한 기준으로서 1.5배나 3배를 곱하는 마크업 방법을 이용한다. 이러한 기법은 자동적으로 항목에 대해 40%나 33.3%의 식료원가를 산출한다. 소매산업에 있어 이 방법은 흔히 판매된 상품의 원가관리를 위해 이용된다.

정확한 식료원가를 위하여 식료재고의 변동을 고려할 필요가 있는데, 더 많은 식료를 재고에서 이용하여 의해 식료원가백분율을 더 낮추는 것이 가능하다. 반대로 식료 재고가치가 증가한다면 식료원가백분율은 재고증가가 고려되지 않는 한 증가하게 된다. 식료원가를 계산하고, 식료원가에 제고액을 통합시키기 위한 공식은 다음과 같다.

Check point

기초재고
+ 식료구매
= 이용가능액
− 기말재고
= 특정기간 동안에 소비된 식재료의 가치
− 종사원의 식사비
= 특정기간 동안에 판매된 식재료의 원가

청구서시스템을 이용한다면, 저장고로부터 출고된 식료의 가치가 청구서로부터 결정될 수 있기 때문에 기초재고나 기말재고를 알 필요는 없다. 그러나 정기적으로 식료원가는 청구서 오차를 조정하고 재고손실액을 파악하기 위하여 재고가치를 결정해야 한다.

2. 식료원가계산의 유형

식료원가회계시스템의 목적은 사용된 식료의 원가가 사전에 결정된 한계 안에 있는지를 알기 위함이다. 어떠한 보편적인 시스템은 없지만, 일반적인 시스템들이 있다.

개개의 시스템은 특징들을 가지고 있는데, 소규모 업체와 같은 경우는 식료원가가 판매량을 고려할 때 적합한 것인지를 파악하고자 한다. 그러나 대규모 업체는 식료원가가 초과적인 특정항목을 파악하거나, 생산이나 예측을 위하여 시스템을 필요로 한다. 식료원가회계시스템은 식료원가가 초과적인지를 나타낼 수는 있지만, 일반적으로 왜 초과적인지를 나타내 주지는 못한다. 그 결과가 구매, 수령, 가격결정, 과다한 포션 크기, 조리에 있어서 낭비, 분실, 예측 및 식재료 영업의 또 다른 측면에서 발달된 것인지를 파악하는 것은 관리자에게 달려 있다.

백분율시스템은 식료가 식료판매의 명확한 백분율 범위 내에 있어야 한다는 전제에 바탕을 둔다. 식료원가가 바람직한 백분율 한계에서 벗어난다면 수정작업이 취해져야 한다. 흔히 누적된 식료원가백분율이나 현재까지의 식료원가백분율이 계산된다. 이것은 현재 수치액보다 더 일반적인 경향을 제공하게 되는데, 수치비교를 위해 이용될 수 있는 이전 식료원가백분율은 전달이나 전해와 비교할 수 있다. 실제량보다 백분율이 비교되기 때문에, 이전 백분율은 가격과 원가에 있어서 변화에도 불구하고 타당하게 된다.

표준원가시스템이나 사전원가시스템은 사전에 재료의 원가가 어느 정도 되어야 하는지를 결정하고, 사전 계산된 원가와 실제원가를 비교하는 산업기법(industrial technique)을 바탕으로 한다. 실제원가가 사전 결정된 원가보다 더 높다면, 그 차이는 잠재 절감액이 된다. 음식 서비스업에 있어서 그 시스템은 사전에 항목의 원가를 결정하고, 계산된 표준원가에 항목의 판매수를 곱하고, 서로 다른 모든 항목들에 대해 합계를 낸다. 사전원가계산, 즉 표준원가에 바탕을 둔 총액은 이용된 식재료의 실제원가와 비교되며, 업체들은 단위 노동원가를 고려한다.

판매분석은 식료원가를 포함하는 데 있어서 중요한 요인이다. 이것은 표준원가와 원가분석시스템에 있어서도 이용될 수 있다. 특정항목에 대한 과거 판매기록을 유지하여, 향후 판매와 생산을 더 정확히 예측하는데 이용할 수 있다. 이 때, 특정항목의 판매수는 정확성을 측정하고 향후 예측에 기초를 제공하기 위하여 실제 판매수와 비교된다.

원가분석시스템과 판매분석시스템은 판매된 여러 식료항목의 판매와 원가를 비교하는데, 이들 시스템들은 매우 효과적이기 때문에 이러한 시스템들은 전산화로 더 정확하게 되었다.

3. 퍼센티지관리시스템

(1) 단순 퍼센티지관리시스템

대부분의 식료원가계산시스템은 식료원가 퍼센티지(판매로 나누어진 판매된 식재료의 원가)의 계산이다. 식료원가 퍼센티지는 높은 식료원가를 나타내주는 데 도움이 된다. 그러나 여타 시스템들과는 달리 식료원가가 초과적인 곳을 나타내주거나, 식료원가가 메뉴상의 특정항목에 대해서 어떠해야 하는지를 나타내지는 않는다.

표 9-1은 단순 퍼센티지 관리시스템의 한 포맷이다. 과거나 현재를 기준으로 한 식료판매와 식료원가를 기록하는 칼럼이 있다. 이러한 특별한 예는 특정일에 배달된 식료의 원가를 이용한다. 어떤 식료들은 저장고로부터 출고될 수 있다는 사실과 특정일에 배달된 식료가 그날에 이용되지 않는다는 사실을 고려하지 않고 있다.

한 업체가 특정일에 식료를 수령한다면, 식료원가는 특정일에는 과장될 수 있을 것이다. 그리고 이전에 배달된 식료는 이용되고 배달이 거의 없을 때에는 식료원가가 낮게 될 수 있다. 월이나 특정기간의 정확한 식료원가는 재고를 파악할 때 확인된다. 재고로부터 더 많은 식료가 출고되고 있는지는 기초재고액과 기말재고액을 비교하면 결정될 수 있다. 일일 재고변동은 고려하고 있지 않기 때문에 현재원가 퍼센티지가 유일한 기준이 된다.

표 9-1의 시스템은 장기간의 영업을 위해 많은 양을 구매하지 않는 경영자에 의해 치밀하게 감독되는 소규모 업체에 적합할 수 있다. 전체적으로 적합하지 않을지라도 식료원가 퍼센티지의 대략적인 계산에는 도움이 된다. 시스템은 오직 일일배달의 가치, 일일판매, 현재까지의 합계, 그리고 2개의 간단한 비율계산만을 요구하기 때문에 간단하다.

표 9-1에서 일일 식료원가는 첫 6일 동안에 21.5~53.4%로 다양하다. 그 이유는 식료가 배달된 날에 원가로 계산되기 때문이다. 배달된 모든 식재료가 그 날에 이용되지 않는다면 식재료원가가 높게 되며, 이용된 식재료가 이전에 배달된 것이라면 식재료원가는 낮게 된다. '현재까지' 칼럼은 상당히 더 정확하다. 그리고 35.0%의 지난달 현재까지 수치는 그 달의 실제 식료원가 비율인 34.2%에 아주 가깝다. 이러한 예에서 재고의 가치 증가는 2,563,000원~2,752,000원까지 된다.

병원과 같은 급식시설은 퍼센티지를 계산할 수 없다. 식료원가가 이들 영업에 있어 초과적인지를 알기 위해서는 관리자가 적당한 식료원가가 어느 정도인지를 알아야 하기 때문이다. 다른 업체에 있어 이것은 판매대비 식료원가의 비율이나 식료원가 퍼센티지가 될 수 있다.

단체급식 시설영업에 있어 적당한 식료원가는 관리자가 규정식 영업에 대해 예산하는 양일 수 있다. 그 예산결정은 가령, 특정기간을 위하여 또는 환자식을 위하여 200,000,000원의 식료와 같은 양으로 행해질 수 있는데, 후자의 방법이 더 실질적이다. 일일의 약수가 4,000원이고, 평균 인원수가 200명이며, 업체는 30일 동안 24,000,000원의 식료예산을 결정할 수 있다. 일단 식료예산이 세워지면 관리자는 예산 이내에서 행해질 수 있도록 해야 한다.

표 9-1 단순 식료 원가관리시스템 I

시 스 템

월 ________

날짜	매 출(천 원)		식재료 구매(천 원)		식재료원가비율(천 원)	
	기존	현재까지	기존	현재까지	기존	현재까지
1	683	–	365	–	53.4	–
2	969	1,652	275	640	28.4	38.7
3	1,112	2,764	446	1,086	40.1	39.3
4	480	3,244	165	1,251	34.4	38.6
5	557	3,801	120	1,371	21.5	36.1
6	633	4,434	164	1,535	25.9	34.6
29	702	19,413	–	5,833	51.6	35.2
30	954	20,367	255	7,088	26.7	34.8
31	1,318	21,685	507	7,595	38.5	35.0

총구매	7,595
+기초재고	2,563
합 계	10,158
–기말재고	2,752
월 식재료원가	7,406
월 식재료원가 비율	34.2

표 9–1을 수정한 형태의 표 9–2는 월을 기준으로 하여, 이것을 설명하고 있다. 칼럼 1은 일자이고, 칼럼 2는 일일의 식료 예산이다. 이것은 개개의 환자(또는 고객)에 대한 수치나 양이 될 수 있다.

칼럼 3은 누적된 식료예산이고, 칼럼 4는 그날의 식료구매이다. 이들은 일일배달에 의해서 결정되나, 그날의 식재료원가에 직접적으로 관련되지 않을 수도 있다. 예컨대, 일요일과 같은 날에는 식료배달이 없을 수 있다. 그러나 음식은 이전 배달된 식료로 제공될 수 있다. 칼럼 5는 축적된 식료구매이다. 칼럼 6은 일일을 기준으로 한 차이를 나타내고 있고, 칼럼 7은 축적된 것을 기준으로 한 차액을 나타낸다. 칼럼 7은 기간이 길어질 수록 더 정확하다.

이러한 유형의 형식은 급식시설 경영자에게 예산된 식료수익과 실제 식료구매를 비교할 수 있는 바탕을 제공할 수 있다. 그러나 식료가 구매된 날에 이용된다는 가정과 이미 구매된 식료를 저장고로부터 출고하는 것을 고려하지 않고 있기 때문에 방법의 개념상 오류가 발생할 수 있다.

표 9-2 단순 식료 원가관리시스템 Ⅱ

	계획한 식재료원가(천 원)		식재료 구매(천 원)		차 이(천 원)	
날짜	기존	현재까지	기존	현재까지	기존	현재까지
1	800	–	850	–	(50)	–
2	760	1,560	700	1,550	60	10
3	812	2,372	830	2,380	18	(8)
30	804	24,000	820	23,600	(16)	400

표 9-3은 일일을 기준으로 한 정확한 식료원가 퍼센티지이다. 이것은 일일을 기준으로 한 재고변동을 고려한 것이다. 표 9-3의 형식을 이용하기 위해서는 보통 특정일에 수령되고, 직접 주방에 보내지고, 그날의 식료원가에 포함되어야 하는 식료들을 보여주는 수령원의 일일 리포트와 같은 기록을 가지고 있어야 한다. 또한 일일가치가 결정될 수 있도록 하기 위하여 저장고로부터 보내진 식료에 대한 원가계산 청구시스템을 가지고 있어야 한다. 일일을 기준으로 한 식료원가는 그날에 이용하기 위하여 수령부서에서 직접 주방으로 보내진 식료의 가치와 저장고로부터 이용된 식료의 가치이다.

칼럼 1은 그날의 시초에 저장고에 있는 상품의 가치를 보여준다. **칼럼 2**는 구매를 나타낸 것으로, 이것은 주방에서 즉시 이용되는 것보다 오히려 저장고에 두는 것이다. 이러한 합계는 일일 수령리포트의 '저장' 칼럼으로부터 얻어낼 수 있다.

표 9-3 식재료원가와 매출의 요약표

월 ___ 20 ___

	(1)	(2)	(3)	(4)	(5)	(6)	(7)	(8)	(9)	(10)	(11)	(12)	(13)
날짜	기초재고	구매	합계	출고	직접 구매	총원가	이전	순 식재료원가		판 매		판매대비원가율	
								기존	현재까지	기존	현재까지	기존	현재까지
1	3469 81	460 23	3920 04	487 68	286 19	773 87	4 57	769 30		2284 46		33 68	
2													
3													
4													
5													
6													
7													
8													
≀													
25													
26													
27													
28													
29													
30													
31													

칼럼 3은 구매를 더한 기초재고액의 합계이다.

칼럼 4는 저장고에서 출고된 가치이다. 이 가치는 저장고의 청구서 가격을 결정하고, 총계를 계산함으로써 얻을 수 있다. 구매를 기초재고에 더하고, 청구서를 빼면, 다음 날이나 그 이후의 날에 기초 저장고 수치로서 칼럼 1과 수직적으로 리스트되어야 하는 새로운 저장고 재고가치가 나온다.

칼럼 5는 구매되고, 직접 주방에 보내지는 식료의 가치를 보여준다. 그 양은 수령리포트의 '직접' 칼럼으로부터 얻어낼 수 있다.

칼럼 6은 소비된 식료의 가치, 즉 저장고로부터의 식료와 주방에 직접 보내진 식료 모두의 가치이다. 그러한 항목은 식료원가에 포함돼야 한다.

칼럼 8은 이전(transfer)을 고려한 이후, 그날 그날의 순 식료원가이다.

칼럼 9는 특정일의 총 식료원가이다.

칼럼 10의 수치는 그날의 식료판매로 판매기록, 현금등록기 판독, 또는 고객지불액의 합계와 같은 자료로부터 얻어낼 수 있다.

칼럼 11은 일정한 기간 동안에 축적된 식재료 판매이다.

칼럼 12는 그날의 판매 대비 그날의 식료원가 비율이다.

칼럼 13은 축적된 식료판매 대비 축적된 식료원가의 비율이다.

표 9-2는 표 9-1에 비해 뚜렷한 이점을 가지고 있다. 이것은 일일을 기준으로 한, 더욱 정확한 식료원가와 재고관리에 도움이 되는 재고차이를 나타내 준다. 재고가 바라는 재고보다 높은지 낮은지를 판단하기가 가능하고, 이러한 정보가 구매량에 영향을 미칠 수 있다. 또한 이것은 일일을 기준으로 하여 초과재고에 대해 관리자가 주의할 수 있게 한다.

(2) 판매믹스

식료원가회계와 분석에 있어 판매믹스를 고려하는 것은 중요하다. 판매믹스는 분석될 특정한 시기 동안에 판매된 여러 메뉴음식들의 수나 양이다. 이들 음식의 양이 변한다면, 식료 매출액과 식료원가 퍼센티지에 변화가 있을 수 있다.

예컨대, 메뉴에 2개의 음식만을 가지고 있다고 가정하고, 스테이크 40개와 생선 60개가 판매되었다고 가정하면 표 9-4와 같다.

표 9-4 판매믹스 I

	판매가격	음식원가	매출량	총매출액	총비용	총수익	식재료 원가비율
스테이크	12,000원	6,000원	40개	480,000원	240,000원	240,000원	50.0%
생 선	8,000원	3,000원	60개	480,000원	180,000원	300,000원	37.5%
합 계				960,000원	420,000원	540,000원	43.8%

그러나 개개 항목의 판매량이 반대로 스테이크는 60개, 생선은 40개가 판매되었다면 표 9-5와 같다.

표 9-5 판매믹스 II

	판매가격	음식원가	매출량	총매출액	총비용	총수익	식재료 원가비율
스테이크	12,000원	6,000원	60개	720,000원	360,000원	360,000원	50.0%
생 선	8,000원	3,000원	40개	320,000원	120,000원	200,000원	37.5%
합 계				1,040,000원	480,000원	560,000원	46.2%

이것은 80,000원 정도의 판매를 증가시키고, 식료원가는 아주 낮은 퍼센티지가 된다. 총수익은 20,000원이나 증가한다. 후자의 것은 퍼센티지로 계산해서는 안 되고, 액수로 계산해야 된다는 원리를 설명하는 데에 도움이 된다.

(3) 판매분석

식료원가계산의 기능은 여러 메뉴나 식사, 메뉴코스, 그리고 개별 메뉴음식의 판매를 분석하는 것일 수 있다. 보통 그 분석은 인기성이나 수익성의 측면이다. 표 9-6은 메뉴음식의 인기성을 분석하는 한 형식이다. 정보는 코스를 제공하는 인원수, 매출액, 그리고 코스에 의해 발생한 매출액의 퍼센티지와 같은 각 코스를 위한 내용이 필요하다.

개개의 코스에서 제공된 개별음식들은 그 다음에 매출량, 판매가격, 총판매, 개개의 코스 수익과 비교되는 수익의 퍼센티지, 그리고 코스의 음식을 먹는 사람의 퍼센티지로 분석된다. 후자의 2개 항목들은 인기도 지수로 분류될 수 있다.

표 9-6 판매분석 Ⅲ

단위	날짜	시기	총매출액	총고객수
8	11/18	석식	3,600,00원	400명
Appetizers				
매출량	총매출액	총매출액의 퍼센티지	총고객의 퍼센티지	평균가격
200개	300,000원	8.3%(300/3600)	50%(200/400)	15,000원(300/200)
음식 매출량	매출가격	매출액	에피타이저 매출액의 퍼센티지	총에피타이저매출량의 퍼센티지
과일컵 50개	2,000원	100,000원	33.3%(100/300)	25.0%(50/200)
Entrees				
매출량	총매출액	총매출액의 퍼센티지	총고객의 퍼센티지	평균가격
380개	2,660,000원	73.9%(2660/3600)	95.0%(380/400)	15,000원(300/200)
음식 매출량	매출가격	매출액	총매출액의 앙뜨레 매출액비율	총앙뜨레매출량의 퍼센티지
프라이드치킨 120개	4,500원	540,000원	20.3%(540/2660)	31.6%(120/380)
Desserts				
매출량	총매출액	총매출의 퍼센티지	고객의 퍼센티지	평균가격
180개	270,000원	7.5%(270/3600)	45%(180/400)	15,000원(270/180)
음식 매출량	매출가격	매출액	총매출에 대한 디저트 매출액비율	총매출량에 대한 디저트 매출량비율
애플파이 30개	1,500원	45,000원	16.7%(45/270)	16.7%(30/180)

이 분석은 한 식사나 서로 합해진 여러 식사를 위해 행해질 수 있다. 이것은 개별음식의 인기도를 나타내 주고, 그들이 발생시키는 상대적인 소득액을 나타내 준다. 낮은 수익의 음식들이나, 인기가 없는 음식들은 쉽게 식별되고, 가격변화를 없앨 수 있다.

(4) 식재료 구매분석

어떤 업체들은 세부적인 분석을 위하여 식료구매를 여러 분류로 나누는 것이 도움이 된다고 믿는다. 모든 식료비율이 너무 광범위하여 분류·분석이 있을 수 있는 문제들을 보여줄 수 있다고 믿는 것이다. 많은 분류방법이 있지만 보통 표 9-7과 같이 분류한다.

표 9-7 식료구매 분류

5가지 분류	1. meats, poultry, fish 4. dairy products	2. produce 5. baked goods	3. staples and groceries
10가지 분류	1. meats 4. vegetables 7. butter 10. ice cream	2. poultry 5. fruits 8. milk & cream	3. fish 6. groceries 9. bakery
21가지 분류	1. beef 4. pork 7. vegetables 10. eggs 13. dining room groceries 16. coffee, tea, cocoa 19. bake shop	2. veal 5. poultry 8. salads & relishes 11. cheese 14. dining room butter 17. staples 20. pastry shop	3. lamb(mutton) 6. seafood 9. fruits 12. butter 15. shortening 18. milk and cream 21. ice cream

일단 이와 같이 분류되면 그 분류들은 퍼센티지나 비율로 바뀌게 된다. 보통 2가지 유형의 비율이 이용된다.

① 식료분류의 원가/식료 판매
② 식료분류의 원가/식료의 총원가

이러한 시스템을 이용하는 업자들은 특정 범주들(특히 육류)이 판매나 총식재료원가의 특정 퍼센티지 이상이어서는 안 된다고 믿고 있다. 이 비율은 이전 비율이나 적당한 비율, 또는 산업평균 비율들과 비교될 수 있다.

비율은 다른 범주들에 비해서 한 범주가 떨어질 경우 더 높여야 하기 때문에 문제가 있다. 예컨대, 사순절 동안에 생선은 오를 수 있으나 육류는 50% 이상이어서는 안 되는 것으로 믿는다. 다음은 분류분석의 한 예이다.

월 매출	10,000,000원
현재까지 판매	48,000,000원
월 식재료원가	3,600,000원
현재까지 식재료원가	17,000,000원

표 9-8 구매분석

(단위 : 원, %)

구 분	월	현재까지	월별 식료 원가율	연별 식료 원가율	월별 매출율	연별 매출율
육류, 가금류, 생선류	1800	8000	50.0	47.0	18.0	16.0
농 산 물	360	2000	10.0	11.7	3.6	4.0
잡화식료	540	2800	15.0	16.5	5.4	5.8
낙 농 품	450	2100	12.5	12.4	4.5	4.4
베이크드 상품	450	2200	12.5	12.9	4.5	4.6

전달이나 전해의 특정기간과 같이 전년도에서 지금까지 이외에 다른 수치가 이용될 수 있다. 비율이 이용되기 때문에 수치는 식료판매가 상당히 다양하더라도 타당하게 된다.

분류원가들을 직접적으로 분류의 판매와 비교하려고 하는 식재료원가계산시스템도 있다. 이것은 대부분의 항목들이 한 분류 이상에 걸쳐 있을 수 있기 때문에 많은 작업과 판매의 할당을 필요로 할 수 있다. 표 9-9는 식료구매분석을 위한 또 다른 형식이다.

(5) 재고차이 계산

재고관리의 한 형태는 스테이크나 랍스타와 같이 분리하여 확인될 수 있는 항목들을 위하여 사용될 수 있다. 그들은 보통 특별관리가 바람직한 경우에 항목들의 가격이 더 높게 책정된다. 대부분의 판매기점등록기는 이러한 유형의 재고관리를 다룰 수 있다.

표 9-9 식료수령과 분배기록표

Food Receiving and Distribution Record

Day ______________ Sales Today ________________

Date ______________ Sales to Date ________________

	(1)	(2)	(3)	(4)	(5)	(6)	(7)	(8)	(9)
	Invoice#	Total Invoice	Beef	Other Meats Poultry	Seafood	Produce	Staples	Dairy	Bread Rolls
Total Purchases Today Less:Transfers to Bar									
Total Cost Today									
Total Cost to Date									
Cost Percentage to Date									

Explanation of columns:
Column 2=Column 3 to 9

표 9-10 재고 원가관리

음식	기초 재고	수령	총이용 가능액	기말 재고	총이용 가능액	총판매	차이	단위 원가	총액	비고
12-oz.	15	20	35	12	23	22	(1)	$5.00	$5.00	Steak
8-oz.	12	40	32	8	44	42	(2)	$3.00	$6.00	두 개가 반환
Pork chop										

재고관리의 한 이론은, 개별항목의 이용을 이들 개별항목의 단위판매의 수(매출액이 아닌)와 비교하는 것이다. 불일치가 발생한다면 업체는 식료들이 제공된다 하여도 그들에 대해 어떠한 소득도 기대할 수 없다는 것을 안다. 재고관리절차는 보통 출고되거나 제너럴 스토리지(general storage)에 양보다는 오히려 주방이나 생산하는 지역에 보내진 식료만을 고려한다.

이것은 보다 적은 양을 다루기 때문에 보다 쉽게 판매를 비교할 수 있고, 항목들을 더 잘 파악할 수 있다. 재고 원가 관리회계를 위한 일반적인 형식은 표 9-10에서 보여주고 있다.

단위원가와 총가치를 이용하는 것은 이용자에게 달려있지만, 이들은 손실의 액수를 제공하기도 한다. 차이가 발생하면 가령 분실, 생산과정에 있어서 손실, 빈약한 포션관리, 기록되지 않은 판매, 또는 고객이 원하지 않는 것의 이유를 결정하는 것은 관리자에게 달려 있다.

재고차이 계산시스템은 하나의 로스트비프와 같이 따로 구매되지 않는 항목들을 위해 사용될 수 있다. 그 이론은 ① 주방이나 준비부서에 어느 정도 보내어졌는지를 결정하는 것과, ② 필요하다면 어느 정도의 포션이 판매되었는지를 결정하고, 생산단계에서의 불일치를 결정하기 위하여 산출 전환요인(yield conversion factor)을 이용하는 것이다. 따라서 온스로 바꾸는 것이 더 쉬울 수 있다. 즉, 100파운드의 로스트비프는 1,600온스가 되거나, 12개의 1파운드 치킨이 320온스가 된다.

표 9-11 재고차이 리포트 Ⅰ

1 음식	2 출고단위	3 기초재고	4 수령	5 총이용 가능액	6 전환요인	7 순이용 가능액	8 기말재고	9 총이용 가능액
소갈비	온스	480온스	864온스	1,344온스	0.80	1,075온스	120온스	955온스
10 매출량	**11 포션크기 (온스)**	**12 판매된 단위 (온스)**	**13 총 단위 차 이 (온스)**	**14 단위원가**	**15 총차이액**	**16 단위당 매출액**	**17 총표준 매출액**	**18 비 고**
118	8	944	11	1,200원	13,200원	2,500원	27,500원	내일 뜨거운 로스트 비프샌드위치로 이용될 것이다.

표 9-11에서 칼럼 1은 항목, 2는 출고의 단위나 온스, 3은 기초재고량(온스), 그리고 4는 주방에 수령되거나 출고된 것, 5는 생산 이전에 이용할 수 있는 양, 6은 산출량 전환요인이나 생산단계에서 손실[another way to express it is changing AP(구매량:as purchased) amounts into EP(음식으로 전환되어 먹을 수 있는 양:edible portions)]이 있다.

7은 전환 이후에 이용할 수 있는 양을 나타내며 8은 서빙 이후나 기말재고 이후에 남은 양을 나타낸다. 그리고 칼럼 9는 이용된 양을 나타내고 10은 판매기록이나 판매기점등록기로부터 제공된 분량의 수를 나타낸다.

표 9-12 재고차이 리포트 Ⅱ

재고차이 리포트				
			07/20/88	Date
			1@	Range report for single inventory item
RPT 11	INVVA		0001X	Report number, report name, Z report counter, mode
1	1202		STR STK	Inventory number, inventory item
CYC 2	84.00/CASE		A	Cycle number, cost per case, yield calculation flag
24/CASE			16/POUND	Packages(pounds)/case, units(ounces)/package(pounds)
REORDER			880OZ	Reorder Level in units
START INV			612	Starting inventory
SALES USE			180	Sales use
RECEIPTS			1536	Receipts
TRANOUT			384-	Transfers
RAWWASTE			0-	Raw waste
FIN WASTE			12-	Finished waste
AVAILABLE			1572	Ending invenory; reorder flag
FDCST	39.38			Sales cost
RWCST	.00		0%	Raw waste cost;% to total usage
FWCST	2.63		6.3%	Finished waste cost;% to total usage
	ACTUAL	COMPUTED		Inventory variance:actual Vs. computed
CASE	4	4		Quantity of cases
POUND	1	2		Quantity of packages
OUNCE	8	4		Quantity of units
TOTAL	1560	1572		Total in units
V12	.8%	2.63		Variance; quantity,%,total 1
Yield A	360/CASE		93.8%	Yield code, units/case, %2 for all report items
FDCST	39.38			Sales cost
RWCST	.00		.0%	Raw waste cost;% to total usage
FWCS	2.63		6.3%	
#00390	COO2	RO5	T11:20	Transaction number, manager number, register number, time

1 차이 = 전산처리합계 − 실재합계

2 산출량 $A = \dfrac{\text{판매}}{\text{기초재고} + \text{수령} - \text{출고} - \text{이용가능한 재고}}$

이것을 분량크기(11)에 의해 곱하면, 차이의 총액수(15)가 나온다. 16과 17은 일종의 옵션칼럼이다. 16은 단위당 판매가치이다. 그것은 또한 디너의 다른 메이크업 원가를 포함할 수 있다. 16을 12로 곱함으로써 항목에 대한 표준판매가 결정될 수 있다. 현금수령을 항목당 판매로 구분한다면, 항목당 실체판매와 발생되어야 하는 표준판매와의 비교가 가능해진다.

표 9-12는 12온스의 스트립 스테이크를 위하여 판매기점등록기로부터 이용할 수 있는 재고차이 리포트를 보여주고 있다. 비록 스테이크가 파운드로 구매되더라도, 재고차이관리 때문에 그것은 온스로 바뀐다. 기초재고가 612온스, 또는 51개의 스테이크이다. 그때 15개(180온스)가 판매되고, 128개(1,536온스)는 수령된다. 생산과정에서 어떠한 낭비도 없었으나, 스테이크가 반입되는 것과 같은 결과적인 낭비는 1이다. 그러므로 131개의 스테이크(1,572온스)는 이용할 수 있어야 한다. 이것은 39.38의 식료원가 퍼센티지를 제공한다. 반입된 스테이크 원가 2,630원은 판매의 6.3%이었다.

물리적 재고는 130개의 스테이크(1,560온스)이다. 전산처리된 재고는 131개의 스테이크(1,572온스)로 1개의 스테이크 차이가 발생한다. 관리자는 차이를 인식하고 미래에 재발생을 예방하기 위한 적절한 조치를 취해야 한다.

4. 표준원가시스템

표준원가는 양목표의 양과 재료의 현재 구매가격을 이용하여 결정된 항목의 원가이다. 이것은 낭비, 폐기, 그리고 기타 손실을 고려하지 않고 있으므로 실제원가는 보통 표준원가보다 더 높다.

다음과 같은 원가의 연회가 100명에게 제공된다고 가정하자.

에피타이즈	2,500원
샐러드	2,200원
앙뜨레	15,000원
채소	1,500원
감자	2,000원
롤 & 버터	500원
디저트	3,500원
합계	27,200원

총원가는 개인당 27,200원이 된다. 100명에게 제공된다면 총식료원가는 2,720,000원이 되어야 한다.

방켓(banquet)판매 이후에 실제비용은 다음과 같다.

직접구매	21,000원
재고이용	+ 8,500원
총 실제 식재료원가	= 29,500원
표준원가	27,200원
차액 또는 잠재 절감액	2,300원

이것은 실제원가가 표준원가나 사전원가에 대하여 2,300원이었음을 의미한다. 이것은 차액 또는 잠재절감액이라 한다.

표 9-13 표준원가계산

재 료	양	구 매 원 가
달 걀	$1\frac{1}{2}$더즌	1파운드의 500원
쇼 트 닝	$1\frac{1}{2}$파운드	1파운드의 300원
바 닐 라	$\frac{1}{4}$컵	1갤론의 2,800원
소 금	$1\frac{1}{2}$티스푼	1파운드의 400원
설 탕	4파운드	1파운드의 14,000원
밀 가 루	4파운드	1파운드의 800원
베이킹파우더	$3\frac{1}{2}$온스	1파운드의 33,000원
드라이 밀크	6온스	1파운드의 52,000원

제공된 것에 대한 표준원가를 위한 양목표의 원가계산은 다음과 같다.

• 달걀 :12개의 50,000원, 또는 한 개에 4,170원, 18×4,170원	75,000원
• 쇼트닝 :1.5lbs. ×3,000원	45,000원
• 바닐라 : $\frac{\text{2,800원(갤론당원가)}}{\text{16(1갤론 들이 컵)}}$ = 컵당 17,500원, 17,500원/4=1/4당 4,400원	4,400원
• 소금 : 주방항목	–
• 설탕 : 4파운드×파운드당 14,000원	56,000원
• 밀가루 : 4파운드×파운드당 800원	32,000원
• 베이킹파우더 : $\frac{\text{33,000원(lb.당 원가)}}{\text{16(lb. 온스)}}$ = 온스당 2.06, 3.5온스×2.06	7.21℃
• 드라이밀크 : $\frac{\text{52,000원(lb.당 원가)}}{\text{16(lb. 온스)}}$ = 온스당 3,250원, 6온스×3,250원	19,500원
• 합 계	239,110원

표준원가시스템은 소비된 모든 식료의 실제원가와 표준원가에 의해 곱해진 서브된 음식의 총수와 비교한다. 실제의 액수가 표준원가에 근접할수록 식료 원가관리의 효율성이 더 높아진다. 표준원가시스템은 식사를 제공할 때에 하루, 한 주, 한달, 또는 어떤 특정한 기간 동안 이용할 수 있다. 또한 이것은 관리자가 다른 관리에 의해 나온 불일치를 파악하고자 할 때 이용될 수 있다.

일반적으로 표준원가시스템의 본래 목적은 일일을 기준으로 하여 원가차이를 결정하는 것이고, 관리자가 즉시 조정할 수 있도록 하기 위함이다. 시스템이 원할히 운영되기 위해서 표준원가는 가능한 한 정확히 계산되어야 한다. 이것은 표준분량크기, 표준 구매명세서, 표준양목표와 관련되어야 한다. 또한 이것은 시장가격 조정이 빠르게 이루어져야 함을 요구한다. 시스템은 적용된 표준원가의 정확성만큼 정확하게 된다.

표 9-14 표준원가 리포트

표준원가 리포트 날짜 ________				
	매출량	원 가 (천 원)	매출원가 (백원)	총매출대비 매출율(%)
조 식				
컴비네이션	60	25	417	12
알라카트	30	10	333	6
합계	90	35	389	18
중 식				
컴플리트	75	25	333	15
알라카트	35	10	286	7
합계	110	35	318	22
석 식				
컴플리트	80	25	315	16
알라카트	20	6	300	4
합계	100	31	310	20
방 켓	200	80	400	40
총판매	500			
표준원가		181	362	100
실제원가		210	42%	
조정		18	3.6%	
조정된실제원가		192	38.4%	
181천 원과의 차이		11		
차이비율			2.2%	

또한 가격을 반영하기 위한 양목표 원가의 수정은 필요성이 달라지고, 표준원가를 결정하는데 있어서 다른 무제들은 종사원들에 의해 소비된 식료를 믿을 수 있느냐 하는 것과 콘디멘크와 조리용 기름과 같은 비생산 항목들의 원가이다. 다른 식료원가를 위한 퍼센티지 수치는 종종 이들 간접적으로 투입되는 항목들을 포함시키기 위하여 이용된다.

표준원가를 계산하는 한 예는 옐로우케이크를 제공하기 위한 표준원가에서 찾을 수 있다. 100명분의 재료, 양 및 재료원가는 표 9-13에서 리스트되었다. 표 9-14는 표준원가를 이용하는 또 다른 형식이다. 이들 양목표, 양, 원가를 이용하여 옐로우케이크 제공을 위한 표준원가는 2,390원이 될 것이다.

표준원가시스템은 흔히 두 가지의 일반적인 유형이 있다. 한 시스템은 선정된 식료그룹이나 항목을 바탕으로 한 잠재원가와 실제원가를 비교하는 것이다. 또 다른 시스템은 식료를 식료범주로 나누는 것이 아니라, 표준원가를 바탕으로 하여 제공된 모든 식재료의 잠재원가 총액을 계산하는 것이다. 이것은 그 다음에 실제원가와 비교된다.

(1) 총 실제원가와 총 예측원가 비교

이러한 시스템으로 경영자는 개개 항목의 여러 분량들이 어떻게 제공되는지를 알 필요가 있다. 개개의 항목이 사전에 원가가 결정되기 때문에 계산된(표준) 원가에 의해 제공된 분량의 수를 곱하면, 메뉴상에 리스트된 개개의 항목에 대한 예측 식료원가가 결정된다. 그리고 특정기간 항목들의 합계는 총 표준원가가 된다.

예컨대, 석식에 애피타이저, 채소류, 샐러드, 디저트, 그리고 음료가 포함된다면 앙뜨레만 계산되어야 한다. 표준원가표는 원가절차의 부분으로서 부수음식의 가격이 결정될 수 있거나, 같은 액수는 이들 이윤항목에 더해질 수 있다.

개개의 장치는 보통 부수음식의 원가를 계산하는 방법을 가지고 있다. 예컨대, 커피가 레스토랑에서 따로 계산된다면, 개개 커피의 판매를 계산할 필요가 없다. 대신에 특정기간에 음료주문의 신뢰할 수 있는 평균치를 결정하기 위하여 표를 작성할 수 있다. 고객들의 85%가 커피를 주문하고, 10%는 우유를 주문하고, 5%는 차를 주문하므로, 커피 수와 그것의 결과적인 원가는 고객의 수만에 의해서 대략적으로 계산될 수 있다.

제공된 모든 항목들에 대한 표준원가를 더함으로써 경영자는 식사를 제공할 때나 식사시기에 총표준원가를 결정할 수 있다. 이러한 수치를 실제로 이용된 식료의 원가와 비교하면 표준원가와 실제원가 간의 차이를 알 수 있다. 보통 이러한 비교는 일일을 기준으로 이루어진다.

표 9-14에서 보면, 직접구매와 청구서를 통하여 그날 동안의 주방에서 실제로 사용한 식료의 원가는 210,000원이다. 이 액수 중 18,000원은 종사원 식대로 할당되어, 실제의 식료원가는 192,000원이 된다. 표준원가는 181,000원이었다. 이러한 수치는 개별항목의 계산된 원가를 제공된 수로 곱하고, 모든 항목의 확대된 원가를 더하면 결정된다. 차이는 500,000원의 매출액 중 2.2%에 해당되는 11,000원이었다. 표 9-15는 대학기숙사의 표준원가의 경우이다.

표 9-15 기관업체에 대한 표준식료원가리포트

기관업체에 대한 표준식료원가리포트

날짜 ____________ 요일

	제공된 수	계산된 원가(원)	총원가(원)
조식			
음식 1	100	1,350	135,000
2	150	1,500	225,000
3	100	900	90,000
4	110	1,200	132,000
합계	460		582,000
중식			
음식 1	170	2,700	459,000
2	140	2,400	336,000
3	200	2,850	570,000
합계	510		1,365,000
석식			
음식 1	220	3,600	792,000
2	110	3,300	363,000
3	140	3,450	483,000
합계	470		1,438,000
총합계	1,440		3,585,000

	기 존	현재까지
실제식료원가	3,768,000	22,845,000
	3,585,000	22,335,000
표준원가 차이	183,000	510,000
예산원가 허용치 (520×7,500원)	3,900,000	23,400,000
예산-실제-원가 차이	132,000	555,000

제공된 식료의 예산은 학생당 하루에 7,500원이고, 하루에 520명의 학생들에게 제공된다. 하루동안의 식료의 실제원가는 3,768,000원이었다. 사전 계산된 표준원가는 3,505,000원으로 183,000원의 마이너스 효과가 발생하였으나, 식료에 대한 예산수치는 그날에 3,900,000원이었다. 결과적으로는 132,000원으로 실제 식료원가에 대한 좋은 예산차이이다.

표 9-15에서의 실제원가는 약 4.3% 정도 표준원가를 초과하였다. 이것은 주방운영이 비록 실제원가가 예산한 액수보다 적지만 향상될 수 있음을 의미한다.

(2) 사전원가 및 사전관리 계산시스템의 단계

첫 번째 사전원가-사전관리 계산시스템은 본래 Pannell Kerr Foster의 'The Present Accounting Firm' 의 회원들에 의해 개발된 매뉴얼시스템이었다. 그것은 그 당시에 매우 정교한 표준원가시스템이었고, 다음과 같은 특징을 제공하였다.

① 미래의 판매를 결정하고 구매를 조정하기 위하여 상품화 단계에서 이용될 수 있는 판매자료의 기록과 과잉생산과 낭비를 없애기 위해 계획한 판매대로 생산

② 사전에 표준식료원가 퍼센티지의 기대치를 제공 : 퍼센티지를 받아들일 수 없다면 변화는 식사를 제공하기 이전에 변화를 줄 수 있다.

③ 소비된 식료에 대한 표준원가 총계 제공 : 이것은 실제원가와 결정된 차이나 잠재절감액과 비교될 수 있다.

표 9-16 사전메뉴 원가와 공제

예 측(원)								실 제(원)				
메뉴 음식	판매 가격	음식 원가	매출 수	매출액	원가	원가(%)	총비율	매출량	매출액	원가	원가 (%)	총비율
스테이크	12,000	6,000	40	480,000	240,000	50 (240/480)	40	60	720,000	360,000	50	60
생선	8,000	3,000	60	480,000	180,000	37.5	60	40	320,000	120,000	37.5	40
합계				960,000		43.7			1,040,000		46.2	

시스템에 있어서 단계는 다음과 같다.

① 모든 메뉴항목의 판매 수를 기록한다.
② 판매분석장부에 수치를 기입한다.
③ 메뉴 사전원가와 초록을 준비한다.
④ 식재료원가와 잠재절감액의 요약을 준비한다.
⑤ 시스템은 또한 모든 메뉴항목의 비용이 사전에 결정되는 것을 원칙으로 한다.

(3) 전산시스템의 단계

전산화된 식료원가계산시스템은 여러가지가 있다. 일반적으로 다음과 같은 단계를 거친다.

① 모든 메뉴항목의 원가계산
② 판매예측
③ 사전메뉴원가의 차이를 계산하고 식사를 제공하기 이전의 판매와 원가를 예측하기 위하여 차감한다.
④ 제공된 모든 항목의 수 유지
⑤ 제공된 모든 항목에 대한 표준원가의 결정
⑥ 표준원가와 실제원가의 비교

이러한 보고서를 위한 형식은 다음과 같다.

표 9-17 식재료원가와 잠재 절감액의 요약

(단위:천 원)

일자	실제원가		표준원가		실제매출		실제원가율		표준원가율		차 이 (잠재절감액)			
											액 수		비 율	
	기존	현재	기존	현재	기존	현재	기존	현재	기존	현재	기존	현재	기존	현재
1	500	500	480	480	1500	1500	33.3%	33.3%	32%	32%	20	20	1.3%	1.3%
2	550	1050	540	1020	1600	3100	34.3%	33.9%	33.8%	32.9%	10	30	0.5%	1.0%

(4) 표준식재료원가계산의 응용

대규모 음식 서비스업체의 조직은 표준식료원가와 표준판매컨셉을 이용한다. 메뉴상의 개개 항목은 표 9-18과 같은 식료원가카드에 원가를 적는다.

한 메뉴항목이 플레이터상에 있어서와 같이 물건번호가 정해진 항목이 하나보다 더 많은 것으로 이루어진다면, 물건번호와 대체항목의 원가는 메인식료원가카드상에 이용된다.

표 9-18 식료원가계산 카드

식료원가계산 카드				
항 목 ________		양목표번호 ________		
산출량 ________		산출원가 ________	포션크기 ________	
메뉴가격 ________		분량원가 ________	식재료원가% ________	
원가의 날짜 ________			원가계산자 ________	
저장 번호	재료	양	원가	비고
총원가 ________				

표 9-19 잠재식료원가와 매출보고서

잠재 식료원가와 매출보고서						
지 역 ________		시 간 ________		날 짜 ________		
메뉴음식	플레이트 원가	메뉴 가격	매출량	총원가	총매출	원가(%)
총 잠재원가와 매출 ________						

다음 단계는 잠재식료원가와 판매보고서(표 9-19)이다. 독립적으로 가격이 결정된 모든 메뉴음식은 표에 리스트된다.

모든 음식의 합계를 냄으로써 표준원가와 총 표준매출액이 나온다. 한 시기에 총 표준원가는 실제원가(직접구매와 재고)와 비교된다. 차이와 잠재절감액은 그 다음에 결정될 수 있다. 총매출액은 현금등록기의 실제양목표와 비교하기 위하여 이용될 수 있다. 총 표준매출에 의해 나누어진 총 표준원가는 표준식료원가 퍼센티지를 제공하여 준다. 만약 계산된 수치가 받아들여질 수 없다면 관리자는 메뉴나 가격결정을 조정하여야 한다.

(5) 시장가격지수 이용

표준식료원가 퍼센티지 수치를 이용하는 데 있어서의 문제는 메뉴음식의 원가가 변한다면, 표준식료원가 퍼센티지 또한 변한다는 것이다. 이들은 개별적으로 변화 될 수 있으나, 어떤 업체들은 시장가격이나 시장원가지수(market cost index)를 이용하는 것을 더 선호한다. 이것은 사용된 항목의 대표적인 리스트를 이용한다.

항목원가에 있어서 변화는 변화율을 제공하기 위하여, 이전의 베이스와 비교되는 새로운 표준원가 베이스를 제공하기 위하여 용법에 의해 곱해진다. 새로운 식료의 원가는 새로운 표준원가를 제공하기 위하여 시장가격에 의해 곱해질 수 있다. 매출량에 의해 나누어질 때 새로운 표준식료원가 퍼센티지를 제공하게 된다.

단순히 두 개의 항목들을 이용하여 원가에 변화를 결정하는 형식은 표 9-20과 같다.

표 9-20 시장가격지수

음 식	사용량	베이스원가 가 격	총베이스 원 가	새로운 시기 가 격	새로운 베이스 가 격
비프립	600lbs	2,000원	1,200,000원	2,250원	1,350,000원
커 피	10lbs	3,000원	300,000원	3,250원	325,000원
합 계			5,000,000원		6,000,000원

이전의 표준원가 퍼센티지가 30%라고 가정한다면, 새로운 표준원가비율은 다음과 같이 계산될 수 있다.

Check point

$$\text{새로운 표준원가비율} = \text{현재 표준원가비율} \times \frac{\text{새로운 시장가격 베이스}}{\text{이전의 사장가격 베이스}}$$

$$= 30.0 \times \frac{6,000,000}{5,000,000} = 36.0\%$$

대표적인 예만 사용한 것이어서 왜곡이 생길 수 있기 때문에 전체메뉴를 원가를 재조정할 필요가 있다. 표준식료원가 퍼센티지의 증가로 관리자는 낮은 퍼센티지를 위해 메뉴가격을 올릴 수도 있다.

Section 2 음료원가관리시스템

실제로 음료원가관리시스템으로는 여러 방법들이 존재하고 있지만 주요한 방법에는 다음과 같은 것들이 있다.

① 퍼센티지시스템
② 재고와 양 관리
③ 표준원가시스템
④ 판매와 가치시스템
⑤ 통합 음료관리시스템

1. 퍼센티지시스템

이러한 시스템은 식료원가 퍼센티지시스템과 유사한 것으로 음료원가가 특정 퍼센티지가 되어야 한다는 것이다.

Check point

$$\text{음료원가 퍼센티지} = \frac{\text{음료원가}}{\text{음료판매}}$$

음료원가 퍼센티지는 음료구매보다는 오히려 바청구서가 이용된다는 점에서 퍼센티지와는 다르다.

세부적인 특정원가 퍼센티지를 바라는 업체는 음료원가와 판매를 개개의 퍼센티지로 음료의 유형[Ancient Age, Banker's Club, Choice, Bellows, 그리고 J.W. Dant(Bourbons)]에 따라 구분하고, 개개의 브랜드에 대한 퍼센티지를 파악하게 된다.

식료원가 퍼센티지와 마찬가지로 퍼센티지는 관리도구보다는 가격결정도구로 이용될 수 있다. 퍼센티지에 영향을 미치는 요소로는 병판매(따로 관리될 수 있는 것), 가격촉진, 사업의 유형, 그리고 스트레이트 드링크나 하이볼 칵테일과 같은 혼합드링크의 비율이 있다.

표 9-21 음료원가

20××년 ×월							
		판 매		판 매		판 매	
날짜	요일	기존	현재까지	기존	현재까지	기존	현재까지
6/1	월	1000	250	250	25.0	25.0	25.0
6/2	화	1200	2200	330	580	27.5	26.4

2. 재고와 양 관리

이 접근방법은 바체크, 등록기, 또는 제공된 모든 서로 다른 음료를 카운트 할 수 있는 시스템에 달려 있다. 음료양목표에 베버리지의 양과 제공된 음료의 수를 알면, 소비되어야 하는 음료의 양을 쉽게 결정할 수 있다. 그 다음에 이러한 수치를 대체청구서의 양과 비교할 수 있고, 차이를 파악할 수 있다. 보통 흘리는 것, 반환음료, 또는 기타 이유로 인하여 청구서는 체크로 나타난 양 이상이다. 퍼센티지는 이들을 커버하기 위하여 포함될 수 있다.

이러한 컨셉은 원래 관련된 세부적인 것으로 인하여 특별관리로서만 이용되지만, 판매기점등록기와 다른 전산시스템은 많은 작업량을 줄여 주고 시스템의 효과성을 증진시켜 준다. 이 시스템은 제공되는 모든 음료, 자주 이용되는 음료, 또는 특정유형의 음료를 위해 이용될 수 있다. 표 9-22는 하우스 위스키를 위한 시스템의 이용을 설명하고 있다.

표 9-22 음료의 재고와 양 관리

드링크	양	판매수	총온스
Manhattan	2oz	80	160
Old Fashioned	2oz	40	80
Highball	1.5oz	60	90
총 량			618

기초재고	6.5
+ 청 구 서	24.0
= 합 계	30.5
− 기말재고	4.5
= 소 비	26.0
사용된 온스(26×25.4)	660.4
고객 1인당 사용된 온스	618.0
차 이	42.4

이러한 상황에서 이용된 618온스 중에서 42온스의 차이가 발생한다. 이것은 중요한 것이다. 그 다음에 이러한 문제를 관리자에게 경고하게 된다.

3. 표준원가시스템

이러한 방법은 특정기간 동안의 음료의 원가가 어느 정도 되어야 하는지, 즉 표준원가를 결정하고, 이것을 실제로 요청되거나 이용된 음료의 원가와 비교한다. 이들 양은 또한 실제원가와 표준원가 퍼센티지로 나타낼 수 있다. 표준원가 접근을 이용하기 위해서는 개개의 드링크에 대한 원가를 계산해야 한다.

표준원가시스템을 계산하기 위한 형식은 표 9-23과 같다. 표 9-23의 예는 모든 음료의 재료원가가 240,000원이어야 한다는 것을 보여주고 있다. 대체나 청구서가 250,000원이라면, 차이는 10,000원이다. 매출액이 1,000,000원이라면, 실제원가 퍼센티지는 25%이고, 표준원가 퍼센티지는 24%이다.

표 9-23 음료의 표준원가시스템

판매 $1000			6월 1일	
음 료	원가(원)	판매가격(원)	판매수	표준원가(원)
Manhattan	400	1,500	60	24,000
Old Fashioned	500	2,000	20	10,000
Martini	350	1,500	30	10,500
합 계				240,000

4. 판매와 가치시스템

이것은 이용될 음료의 잠재 판매가치를 계산하고, 이들 표준판매와 실제판매를 비교하는 방법이다. 이것은 개개의 병에 판매액을 부과하는 병으로부터 오직 1드링크만을 판매하는 업체들에 있어 편리한 방법이다. 예컨대, 1,000원(1온스)의 판매가격으로 1온스 샷(shot)이 1쿼트(32온스)들이 병으로부터 제공된다면, 그 병의 판매가치는 32,000원이 될 것이다. 그러나 문제는 병이 가령 하이볼이나 칵테일과 같은 음료의 단위당 서로 다른 판매가치를 가지는 서로 다른 드링크를 위해 이용될 때에 발생한다. 또한 완전한 한 병이 판매되거나 업체가 해피아워와 같은 특별 가격촉진을 제공할 때 판매가치에 차이가 발생한다.

이러한 문제를 조정할 수 있는 한 방법은 시험기간 동안 특정음료에 대한 판매수익과 드링크의 수를 결정하는 것이다. 여러 드링크에 이용된 음료의 양을 알면 이용된 음료의 양을 결정할 수 있다. 이러한 수치를 병의 사이즈(온스)에 의해 나누면 필요한 병의 수가 된다. 그 병으로부터의 수익을 병의 수로 나누면 병당 판매가치가 된다.

시험기간 동안 1,000온스의 하우스 위스키가 판매된다고 가정하자. 위스키는 750mL(25.4온스)들이 병으로 나온다. 1,000온스를 25.4온스로 나누면 39.4병이 이용된 것이다.

흘린 것이 한 병당 25온스라고 가정하자. 1,000온스에서 나누면 40병이 이용된 것이다. 하우스 위스키의 판매가 1,200,000원이라면, 병당 판매가치는 30,000원이 된다. 시험기간 동안에 이러한 수치가 계산된다면 판매믹스(판매된 음료의 상호관계)가 모든 다른 기간 동안 같은 양이 유지될 것이라고 가정할 수 있다.

이런 계산들은 많은 작업을 필요로 하나, 판매기점등록기와 통합 또는 전산시스템들은 대부분의 자료들을 쉽게 제공할 수 있다.

다양한 판매가치의 차이를 조정하는 또 다른 방법은 차이방법이다. 온스당 표준 판매가치는 1,000원으로 결정된다. 특정 드링크의 판매가치가 1,500원이라면 500원의 정의 차이가 된다. 드링크가 표준 판매가치 이하로 판매된다면 부의 차이가 된다. 차이를 가지고 있는 개개의 드링크 수를 차이로 곱하고, 이 수치를 순판매가치를 계산하기 위하여 표준 판매가치로부터 더하거나 공제한다.

표 9-24는 표준판매형식을 이용한 한 형식이다.

표 9-24 표준판매표

표준판매표							
병코드	항 목	병 크기	필요 한수	원가	단위가치 판 매	원가	총판매
4-023	Canadian Club	750	3	9,000원	36,000원	27,000원	108,000원
총원가와 판매가치						450,000원	1,800,000원
+ 기타 레큐지션						15,000원	75,000원
+ 병 판매						18,000원	68,000원
+ 총 판매						483,000원	1,943,000원

이러한 형식은 필요한 수와 총액이 기입되도록 흔히 이용되는 항목에 관한 사전 인쇄된 정보를 포함할 수 있는 것으로 표 9-25와 같다.

표 9-25 실제와 표준비교

실제와 표준비교							
		음료원가		표준판매		퍼센티지 원가	
날짜	요일	기존	현재까지	기존	현재까지	기존	현재까지
6/1	월	483	-	1943	-	24.8	-
6/2	화	500	943	2000	3943	25.0	23.9

5. 통합 음료관리시스템

통합 음료관리시스템은 자동 디스펜싱시스템을 컴퓨터나 판매기점등록기와 결합시킬 수 있다. 이 시스템들은 비교적 새로운 것들이지만, 이미 널리 사용되고 있다. 얼마 전에 업자들은 고객들이 과연 혼합하고 있는 것을 보지 못하거나, 바텐더의 쇼맨십을 보지 못하는 드링크 제공을 받아들인 것인지에 의문을 가졌었다. 바텐더들도 변화의 두려움, 행동을 더 많이 통제하게 될 것이라는 두려움 때문에 그 시스템을 반대했었다.

시스템의 제조업자들은 디스펜서가 ① 바텐더가 더 많은 드링크를 생산할 수 있어 노동원가를 낮추어 주고, ② 폐기, 낭비와 과잉생산을 줄여 주고, ③ 디스펜서가 대형의 병들을 이용하기 때문에 더 일괄된 품질의 드링크를 생산한다고 주장한다. 또한 시스템을 통하여 분출되는 모든 것이 기록되기 때문에 효율적으로 관리하게 된다.

가격결정의 실수는 시스템을 통하여 없어진다. 많은 것이 자동적으로 행해지기 때문에 바텐더는 숙련되고, 빠르게 일을 처리할 필요성이 없다. 사실상 시스템들은 일반적으로 약 24개월 동안을 재무적으로 보증한다. 여러 통합시스템들을 이용할 수 있으나, 대부분은 이하에서 논의할 보편적인 구성요소를 가지고 있다.

(1) 입력장치

입력장치는 드링크를 위한 주문이 전자현금등록기, 판매기점등록기, 키보드, 또는 어떤 다른 판매기점등록기 장치에 입력되는 곳이다. 입력장치는 또한 현금서랍, 작동키, 텐더키, 그리고 판매량 디스플레이와 같은 전통적 관리를 포함할 수 있다. 이 장치는 요금을 계산하고, 세금을 계하며, 팁이 있는 경우에 이를 더한다. 어떤 시스템들은 고객 지불액이 기록되지 않는다면 작동하지 않는다.

키보드의 키들은 버본 맨하탄과 같은 특정 드링크를 위한 자동 드링크키일 수 있다. 이 키를 누르면 다음의 과정들이 행해질 수 있다.

① 드링크와 수정가격이 기록된다.
② 저널 레코드(journal record : audit tape)는 감사목적을 위하여 인쇄된다.
③ 고객 지불요금은 출력될 수 있다.
④ 음료재고는 갱신된다.
⑤ 정확한 회계정보가 축적된다.

자동 드링크키가 없다면 핸드 포드 드링크(hand-poured drink)를 위한 사전 설정된 가격키가 있을 수 있다. 이들은 자동적으로 수정된 가격을 인쇄할 수 있고, 재고량을 줄일 수 있다. 어떤 보통의 사전 설정된 가격키들은 표준리큐, 프리미엄리큐, 특별리큐, 표준칵테일, 그리고 프리미엄칵테일을 지칭한다.

(2) 연산장치

이 장치는 시간을 조정하고 시스템을 관리하는 전자기능을 가지고 있다. 시스템으로부터 정보를 생산하기 위하여 자료저장을 유지하고 바라는 정보와 보고서를 만들어내기 위한 추적과 보고의 특징을 가지고 있다. 또한 추적이나 보고는 판매기점등록기를 통하여 행해질 수 있다.

(3) 저장과 배달장치

이 장치는 음료를 저장하고, 그들을 디스펜싱장치로 전달한다. 저장은 보통 디스펜싱장치로부터 상당히 멀리 떨어진 랙에 병을 보관하게 됨으로써 가능하다. 대형의 병들도 이용될 수 있다. 이것은 보다 더 값싸고 처리원가(handling cost)를 줄여줄 수 있다. 개개의 음료를 위해서는 디스펜싱 헤드(head)에 독립된 라인을 가지고 있어야 한다.

와인은 차가운 곳에 저장하여야 할 필요가 있다. 다양한 갤런의 컨테이너에 저장될 수 있다. 맥주는 어떤 특별한 문제들을 발생시키므로 독립된 디스펜싱시스템을 필요로 한다. 음료들은 압축공기, 질소, 일산화질소, 또는 이산화탄소에 의해 공급된 압력 아래서 시스템을 통하여 압력을 받게 된다.

(4) 디스펜싱장치

시스템의 또 다른 구성요소는 디스펜싱장치이다. 통합되고 자동화된 시스템을 위한 보통의 디스펜싱장치는 ① 100개의 라인도 가능하고 동시에 디스펜스할 수 있는 타우어장치(bundled tower unit), ② 음료와 믹스를 배달할 수 있는 호스와 건(gun)을 가지고 있다. 호스와 건 장치는 직원으로 하여금 혼합할 수 있도록 하기 위하여 따로 이용할 수 있다.

자동시스템은 노동력을 절약하고, 음료원가를 줄여주고, 서비스 속도를 빠르게 하고, 일관된 품질과 양의 음료를 제공하고, 덜 숙련된 직원도 사용할 수 있도록 되어 있다. 컴퓨터나 판매기점등록기는 또한 판매된 여러 드링크, 총판매, 특정기간의 판매, 생산성, 재주문의 필요, 그리고 재고에 관한 자료를 제공한다.

시스템마다 다르기는 하나 일반적으로 다음과 같은 것들이 포함된다.

① 72개 정도의 서로 다른 브랜드를 관리
② 1,200개의 서로 다른 드링크를 디스펜싱
③ 계획된 모든 칵테일을 포링
④ 3초 내에 드링크를 포링
⑤ 게스트와 저널 페이퍼 인쇄
⑥ 완전한 재고관리
⑦ 칵테일의 브랜드 대체 가능
⑧ 'Very Dry' Martini와 같은 드링크에 대한 수정버튼을 포함
⑨ 가격변화 가능
⑩ 중간과 최종 합계(X+Z리포트) 제공
⑪ 1드롭에서 64온스까지 양을 다양화

(5) 디스펜서의 유형

음료를 측정하는 가장 간단한 방법은 샷글래스로 측정하는 것이다. 그러나 많은 자동디스펜서는 전통적인 샷글래스보다 훨씬 더 나은 관리를 행할 수 있다. 한 유형의 디스펜서는 병의 상단에 맞고 병을 거꾸로 뒤집어야 하는 매뉴얼 지거(manual jigger)이다. 매뉴얼 포러(manual pourer)는 플라스틱 압박 포션, 흐름 제한기, 그리고 샷사이즈 레저보 캡(shotsize reservoir cap)성능을 가지고 있다.

더 나은 관리를 제공하는 것은 마그네틱 링(ring), 콘(cone), 그리고 음료를 카운트, 포션, 디스펜스할 수 있는 캡(cap)의 성능이다. 이들 디스펜서들은 바텐더가 그들을 제거할 수 없는 특별 부착장치이다. 매뉴얼 디스펜서는 다른 디스펜싱시스템과 함께 이용될 수 있거나 연회와 같은 특별기능을 위하여 이용될 수 있다.

또 다른 유형은 반자동디스펜서이다. 이들 디스펜서들은 포션을 카운트하고 유연한 호스(hose), 터치 포셋(touch faucet), 그리고 바에서 기계적으로 작동되는 레버(lever)를 이용하여 떨어진 곳에 드링크를 디스펜스한다. 다소 유연한 호스는 12개의 서로 다른 음료를 공급할 수 있다. 터치 포셋은 바 수준에 따라 설치될 수 있고, 서로 다른 포션사이즈를 측정할 수 있다.

(6) 메트릭 전환

미국에서는 메트릭시스템으로 전환되고 있다. 다른 국가에서도 이러한 방법을 따르고 있어 음료업자들은 현재 메트릭 양으로 자신의 상품들을 판매하고 있다. 표 9-26은 차트는 메트릭 크기와 가장 밀접한 온스의 동향을 보여주고 있다.

표 9-26 메트릭 전환

메트릭	온스	온스 근사치
1.75L	59.2	Half-gallon, or 64oz
1.00L	33.8	Quart, or 32oz
750mL	25.4	Fifth, or 25.6oz
500mL	16.9	Pint, or 16oz
200mL	6.8	

여기서, Fifth는 1/5갤론이다. 즉, 128온스를 5로 나눈 것이거나 750mL이다.

Section 3 원가관리자의 업무

1. 업무내용

① 식음료 매상액의 상세한 기록 및 비교·분석

② 식료의 입출고 통제관리

③ 식음료 추정 매출원가의 월간 산정 및 보고
④ 종업원 식사 및 기타 판매목적 이외로 소비된 식음료원가의 산정 및 보고
⑤ 식음료재료의 산출량 측정, 판매단위당의 분량규격, 조리양목표 및 판매절차에 관한분석과 표준화 작업
⑥ 식음료의 표준 매출원가 산출
⑦ 식음료재료의 추정원가와 실제원가 조정 및 월말 결산보고
⑧ 식음료재료의 납품서 심사와 대금지불 부서로 송부
⑨ 식음료재료의 저장고 재고조사
⑩ 월말 원가 보고서의 작성 및 배부

2. 직무서

① 부서장으로서의 원가관리자는 식료원가관리자, 음료원가관리자, 프로덕션 원가관리자, 판매분석원, 그리고 기타 보조원을 직접 관장한다.
② 원가관리자는 본 업무내규에 따라 직무를 충실히 수행할 책임을 호텔의 회계감사역에게 진다.
③ 원가관리자의 충실한 직무수행은 식음료 부문의 통제관리뿐만 아니라, 호텔 경영방침의 성공적 수행과 목표이익의 달성에도 적극 기여하여야 되는 중요한 직무이다. 따라서 원가관리자는 식음료 부문의 업무와 그 책임자 및 단위 책임자와의 긴밀한 협조와 건설적인 직무수행 태도가 요구된다.
④ 규정업무 외에 다음의 업무가 호텔이 정한 관리내규에 의하여 제대로 수행되고 있는지의 여부를 심사하고 보고할 책무를 진다.

㉠ **구매업무** : 구매에 있어서 회사의 기본방침에 입각하여 그의 직무를 수행하고 있는지의 여부를 주기적으로 심사하고, 시장조사 또는 외부 가격정보에 따른 식음료재료의 매입가격 적정여부를 심사한다.
㉡ **수령업무** : 검수에 있어서 회사가 정한 식음료재료의 구매 및 검수기준에 입각한 정확한 검수업무를 수행 및 보고가 되고 있는지를 심사한다.
㉢ **입고 및 출고** : 식음료재료의 관리에 있어서 회사가 정한 방침에 따라 제대로 수행되고 있는지의 여부를 정밀하게 심사한다.

㉣ **조리 및 공급** : 생산과 메뉴 조달업무가 회사의 정해진 절차에 따라서 이행되고 있는지의 여부와 식음료재료의 수불사항에 관하여 심사한다.

㉤ **판매 및 매상업무** : 식당의 판매 및 요금의 수납업무가 수입관리절차에 따라 정확히 수행되는지와 매상기록 및 관리업무에 관하여 심사한다.

Section 4 식음료원가관리 절차와 개선

1. 식음료 원가계산 절차

(1) 1부

표 9-27 일별과 월별 실제 매출원가의 결정과 보고

The determination and reporting of the actual cost of food sold, daily and monthly
1. The recording of food sales, covers and average checks (1) The source of the information (2) The recording of the information 2. The preparation of the food inventory control record (1) The purpose of the food inventory control record (2) The source of the information ① The food purchases ② Cost and pricing of imported foods ③ Food storeroom inventory ④ Food issued from the storeroom ⑤ The meat tag 3. The preparation of the kitchen cost record (1) The purpose of the kitchen cost record (2) The source of the information ① The food inventory control record ② The beverage inventory control record ③ The inter–kitchen transfers ④ Complimentary and special issues form the kitchens ⑤ Entertainment Checks ⑥ Officers' meal checks ⑦ Cafeteria Meals ⑧ Cooks' Meals in the kitchen (3) The recording of the information

4. The preparation of the daily food and beverage report
   (1) The purpose of the daily food and beverage report
   (2) The source of the information
      ① Food covers and food and beverage sales, today
      ② The average check
      ③ The gross cost of food consumed
      ④ Officers' and employees' meals, today and month-to-date
      ⑤ Net cost of food sold, today and month-to-date
   (3) The recording of the information
      ① Food sales and covers, today and month-to-date
      ② Actual food cost, today
      ③ Actual food cost, month-to-date
      ④ Actual food cost percentage, today
      ⑤ Actual food cost percentage, month-to-date

(2) 2부

표 9-28 월중 잠재매출원가 결정과 보고

The determination and reporting of the potential cost of food sold, month-to-date

1. Analysis of the portion sizes and recipes of the dishes featured by the hotel
   (1) Raw meat butcher test (2) Cooked meat butcher test
   (3) Recipe defination
2. Establishment of standard menu item presentation,. portion sizes and service
   Standard portion sizes, recipes, potential portion cost
3. Initial and periodic sales and potential cost analysis of restaurant and banquet menus
   (1) Sales analysis, restaurants
   (2) Development of the sales and potential cost analysis
   (3) Sales and potential cost analysis, banquet
4. Calculation and recording of the potential food cost
   (1) Purpose and theory
   (2) Method of calculation
   (3) Recording of the information
   (4) The difference between the actual and the potential food cost

(3) 3부

표 9-29 월말 결산과 보고

Month end verification and reporting
1. The taking, recording and balancing of the monthly physical inventories The food storeroom inventory (1) The method of obtaining of the information (2) The recording of the information (3) Quantity control reconciliation (4) The comparison of the storeroom physical and estimated food inventories ① Calculation of the estimated storeroom inventory ② Calculation of the inventory difference ③ Recording of the information ④ Analysis of the inventory difference (5) The rate of the food inventory turnover ① Source of the information ② Recording of the information (6) Inventory of food deposit bottles and containers ① Source of the information 2. Monthly food and beverage controllers report (1) Comments on monthly food sales and costs ① Food sales ② Food covers served ③ Average check ④ Food cost (2) Monthly food and beverage report (3) Comments on year to date food sales and costs ① Food sales ② Food covers served ③ Average check ④ Food cost (4) Year-to-date food and beverage report (5) Comments on monthly beverage sales and costs ① Beverage sales ② Beverage costs (6) Monthly summary of actual and potential beverage sales and costs (7) Comments on year-to-date beverage sales and costs ① Beverage sales ② Beverage costs (8) Year-to-date summary of actual and potential beverage sales and costs (9) Actual and estimated storeroom inventory variation report (10) Inventory turnover report (11) Report on deposit containers (12) Reconciliation of food cost (13) Reconciliation of beverage cost (14) Comments on other reports (15) Report of other work completed this month ① Raw meat butcher tests ② Cooked meat butcher tests ③ Recipes ④ Sales analysis

2. 식음료원가의 상승요인

(1) 메뉴계획

① 자연 및 지역적 여건과 계절, 요일과 같은 마케팅 환경에 부적합한 메뉴계획
② 수요창출에 역행하는 조잡한 메뉴의 제작
③ 단조로운 메뉴의 구성
④ 너무 많거나 너무 적은 메뉴의 품목수
⑤ 고원가 메뉴 품목수와 저원가 메뉴 품목수 또는 저원가 메뉴 품목수 사이의 불리한 배합
⑥ 수익적인 저원가 메뉴의 판매실적 부진
⑦ 식음료재료의 조달을 위한 공급여건에 부합한 메뉴계획
⑧ 음식의 분량과 판매가격의 조화 결여
⑨ 판매가격의 책정 실패
⑩ 인건비, 동력비 및 기타 비용을 고려하지 않은 메뉴선정 및 매가책정
⑪ 주방기구와 장비 및 운용비용을 고려하지 않은 메뉴계획

(2) 구 매

① 과다수량의 일시적 구입
② 고단가의 구매원가에 의한 구입
③ 구입재료에 관한 표준재료 명세 미설정 또는 미사용
④ 자유공개 경쟁입찰에 의한 거래선 결정의 미실시
⑤ 구매 결정권과 책임의 분산
⑥ 납품회사의 육성 및 원만한 관계유지 노력의 결여
⑦ 구매 예산제도의 미실시
⑧ 납품 및 대금 지불청구서에 관한 심사업무 결여
⑨ 비탄력적인 구매방법
⑩ 투기적인 자재구입
⑪ 구매자의 수뢰 및 부정직한 행위

(3) 검 수

① 검수인의 부정행위

② 자재 검수업무의 미숙
③ 불량 및 파손품의 반품처리 결여
④ 검수업무의 심사 불이행
⑤ 도량형 기기의 불비 및 결여
⑥ 검수장 및 검수시설의 결여
⑦ 검수 업무일지의 불작성
⑧ 가변성 식음료재료의 장시간 방치

(4) 저 장

① 저장고 내부물품의 특성별 배열 및 분리저장의 결여
② 부적합한 저장고 내부의 온도와 습도
③ 저장고 내부의 비위생 및 충해발생
④ 저장고 안에서의 도난발생
⑤ 장기누적 및 사장재료 발생
⑥ 비효과적인 재고조사 실시
⑦ 저장고 책임의 분산 및 키 보관 결여

(5) 출 고

① 자재관리대장 및 출고기록업무 소홀
② 출고의뢰 및 출고결정에 관한 권한의 분산
③ 출고단가의 부정확
④ 강제출고(급히 사용치 않으면 변질될 자재) 제도의 불용

(6) 조 리

1) 준 비

① 불충분한 작업도구 및 정비불량
② 과다한 식음료재료 손질(작업손실)
③ 원자재 수급관리의 불실시
④ 잔품자재사용의 미숙

2) 조 리

① 과잉생산
② 부적합한 조리방법 및 기술
③ 부적합한 조리온도
④ 과열 조리로 인한 감량 발생
⑤ 조리와 서브상의 시간계획 결여
⑥ 표준양목표의 불활용
⑦ 불결 또는 고장난 조리기구 사용
⑧ 조리용기의 불균형

(7) 판매 및 서비스

① 조리표준의 규격화 결여
② 서빙방법 및 용기의 표준화 결여
③ 잔여분의 재료 미활용
④ 재료수량 및 메뉴 판매량의 차이분석 미실시
⑤ 대고객 판매기술의 결여에 의한 반품 발생
⑥ 부주의에 의한 낭비요인의 발생

(8) 요금 수납

① 접객종사자의 부정행위
② 요금수납원의 부정행위
③ 담합에 의한 집단적인 부정행위
④ 불충분한 판매의 분석 및 감독
⑤ 신메뉴개발 및 관리의 미숙
⑥ 조잡한 품질의 메뉴 및 식당 분위기
⑦ 빈약한 판촉활동 및 광고

(9) 원가통제

① 매출액의 관리 및 심사업무 결여
② 예산매출 및 원가의 계획 결여

③ 재료 시장동향 및 물가에 관한 정보 부재
④ 부문별 책임자의 집중관리 결여
⑤ 제도적 관리의 부재
⑥ 관리의 서식 및 절차 불합리
⑦ 판매목적 외의 사용재료관리 결여
⑧ 요인제거차원의 예방관리 부재
⑨ 일일 결산관리에 의한 신속한 상황판단 및 대응조치의 미숙

3. 식음료원가의 개선

원가절감을 위한 실질적 방법의 개발에 있어서도, 당해 식당의 성격에 따라 다양하게 고려하여 볼 수 있다. 한 예로 미국의 세인트루이스에 있는 H.A Pope and Suns Co. 의 Harry H. Pope의 경우를 보면 다음과 같다.

① 메뉴분석
② 구입에 대한 관심의 집중
③ 현금유통의 적용
④ 편리한 식품의 사용제한
⑤ 양목표의 변경
⑥ 이용가능한 식품의 활용
⑦ 표준분량의 강조
⑧ 특정식품에 대한 융통성
⑨ 비식품 품목(냅킨 등)을 통한 원가절감

그러나 상기와 같은 원가절감방안은 Pope라는 식당의 특성에 어울리는 궁극적인 방안일 뿐으로 구체적인 방안은 되지 못한다. 그래서 다음과 같은 효과를 얻기 위하여 가능한 한 손실부분을 구분하여 접근하여야 한다.

① 낭비요소 방지, 예정된 이익확보
② 식재료가격의 변동에 민감
③ 실제원가계산(가식부분)이 정확-낭비요소주의
④ 식재료원가를 숙지함으로써 식재료 취급주의

⑤ 조리작업이 계획적으로 진행-영업성적에 관심
⑥ 식재료가격에 맞도록 사용
⑦ 낭비방지와 절약의식 고취(인적 자원, 시간 등에도)
⑧ 작업의 횡적 관계와 협조정신-능률향상
⑨ 보관관리 최선
⑩ 검품, 검량이 정확히 이루어짐
⑪ 판매의 확실화로 내용의 합리화

식당운영의 손실부분은 모든 곳에 존재하고 있으므로 이의 식별과 인지가 가장 먼저 이루어져야 한다. 보편적으로 원가손실부분은 다음과 같이 나누어 접근하기도 하다. 이것을 토대로 한, 보다 세부적인 방안강구가 더 중요하다.

(1) 구 매

① 식재료 표준 구매명세의 내역을 연구
② 최상의 재료구입을 위한 시장의 개발과 개척
③ 다량구매재료에 관한 계약협정 개선을 강구
④ 구매원에 대한 교육훈련강화와 개선
⑤ 경쟁사 구매가격의 조사·비교
⑥ 공개경쟁입찰과 같은 구매방법 개선
⑦ 납품회사별로 구매액을 조사·분석하고 배분

(2) 검 수

① 검수원에 대한 교육훈련 개선과 강화
② 효율분석에 의한 검수방법 및 절차를 개선
③ 검수에 사용되는 기구를 개선
④ 검수장의 설비 및 설계를 개선
⑤ 검수요원에 대한 업무실적을 정기적으로 평가

(3) 저 장

① 저장담당자에 관한 교육훈련 개선 및 강화
② 가치분석에 따라 저장방법 및 절차개선에 착수

③ 저장고의 시설 및 장비를 개선
④ 식재료에 대한 적정재고수준을 확보할 수 있는 방향으로 노력
⑤ 저장고 내의 서류 기록업무를 최소화 할 수 있는 방향으로 개선
⑥ 부패와 도난방지책을 강화
⑦ 저장재료에 대한 내부관리방법을 개선

(4) 출 고

① 출고방법 및 절차 개선
② 출고의뢰서의 발행횟수를 줄일 수 있도록 노력
③ 재료출고를 보조하는 설비 및 도구를 설치
④ 출고로부터 사용에 이르는 내부유통을 명확히 함
⑤ 장기사장자재에 대한 강제출고를 실시
⑥ 출고시간대를 설정하고 유형별 출고를 제도화
⑦ 서류업무를 단순화

(5) 생 산

1) 조리준비

① 조리준비방법을 개선
② 조리기구 및 장비를 비교·개선
③ 식음료재료의 산출량 제고에 노력
④ 조리사의 교육을 강화·개선

2) 조 리

① 조리의 제도적 개선을 강구
② 상품(요리)의 구성내용을 개선
③ 새로운 조리기구 및 장비를 발굴
④ 조리용 계측기구를 활용
⑤ 조리양목표를 활용
⑥ 조리사 교육을 강화하여 기술을 배양

3) 분량 규격화

① 분량의 배분작업을 명시
② 규격분량의 표준을 개선
③ 산출비율을 측정·비교·분석
④ 작업장의 환경을 개선하고 위생에 유념
⑤ 계량단위를 통일하고 계량기구를 완비

(6) 판매 및 관리

1) 서비스

① 서비스의 방법을 개선하여 불평과 불만요소를 제거
② 운반 중의 안전사고를 방지할 수 있도록 교육
③ 불평불만을 활용하는 절차를 강구
④ 서비스 직원의 교육을 강화
⑤ 조리청구서를 철저히 관리

2) 요금의 수납

① 매상관리를 위한 절차를 연구 및 개선
② 매상기록 및 검사업무를 간소화
③ 회계절차를 개량
④ 등록기와 같은 계기를 개선
⑤ 수납원에 대한 교육을 강화
⑥ 매출액 점검을 제도화

3) 원가통제

① 실제 식음료재료의 원가산정 및 보고절차를 개선
② 표준식음료재료의 원가산정 및 보고절차를 개선
③ 조리계획의 절차를 개선
④ 판매분석 및 보고절차를 개선
⑤ 특별관리를 위한 제반업무를 개선
⑥ 신속한 자료의 개발과 보고로 일선업무를 보완
⑦ 회사가 정한 각종의 표준업무에 관한 상태를 점검

PART Ⅲ

재무제표

Chapter 10

재무제표

Section 1 재무제표의 정의

재무제표(financial, statements)란 기업의 사회활동을 일정기간 사업연도(특정회계기간)로 구분하여 그 기간 중의 영업성과와 기말의 재정상태를 계산하여 작성되는 회계보고서이다.

즉, 재무제표는 기업의 사회활동의 총괄표이다.

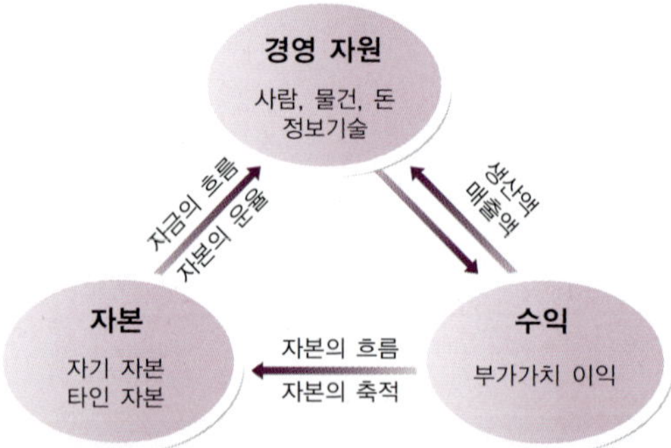

재무제표 → 대차대조표 → 자본의 운용과 조달(자금의 흐름을 알 수 있음)
→ 손익계산서 → 수익, 비용, 이익(수익과 이익의 내용을 알 수 있음)

회계 – 재무 회계(MHST) – 대차대조표(Balance sheet = B/S)
재산과 부채(빚)를 명확하게 한다.

- 손익계산서(Profit & Statement = P/L) : 이익을 계산한다. (수익–비용=이익)
- 관리회계(WANT) – 재무 분석
- 이익 계획
- 현금 흐름
- 기타

Section 2 재무제표의 종류

1. 대차대조표(B/S, Balance Sheet)

기업의 경영활동에 따라 자금의 흐름을 자산과 부채 그리고 자본으로 구분하여 일정시점의 잔액을 요약집계한 회계보고서이다.

2. 손익계산서(P/L, Profit and Loss)

기업의 일정기간의 영업활동성과를 수입, 비용, 이익의 관계로 표시한 집계품이다.

표 10-1 다양한 회계기준

결산기분	기업회계기준 (주식회사 외부감사에 관한 법률)	상법	법인세법
명칭	재무제표	영업보고서	세무조정계산서
재무제표의 종류	• 대차대조표 • 손익계산서 • 이익잉여금 처분계산서(또는 결손금 처리계산서) • 현금흐름표 • 부속명세서 • 주기와주석	• 영업보고서 • 대차대조표 • 손익계산서 • 이익잉여금 처분계산서(또는 결손금 처리계산서) • 부속명세서	• 대차대조표 • 손익계산서 • 이익잉여금 처분계산서(또는 결손금처리계산서) • 자본적립금명세서 • 부속명세서 • 소득금액조정명세서
대상회사	• 증권거래소 상장회사 • 증권업협회 등록회사 • 총자산 70억 원 이상인 주식회사	• 주식회사 • 유한회사	• 모든 회사
제 출 처	• 금융감독원 • 증권거래소	• 주주총회 • 사원총회(유원회사의 경우)*	• 세무서 외
재무제표의 공시 등	• 70억 원 이상의 기업은 공인 회계사의 외부 감사보고서가 필요 • 중소(주식)회사는 내부감사의 감사보고서 • 70억 원 이상의 기업은 대차대조표의 공시 의무가 있음		• 이익(소득)에 대한 과세가 목적 • 주주총회(유한회사는 사원총회)에서 승인된 재무제표를 제출

*사원이란 출자자를 말하며, 주식회사의 주주에 해당된다. (종업원을 말하는 것이 아님)

3. 이익잉여금 처분계산서(결손금처리계산서)

기업의 영업관할에 따라 생긴 이익의 처분사항에 관련된 재무보고서이다.

4. 현금흐름팀(Cass How Statment)

기업의 경영확률에 쓰여서 현금의 유입과 유출을 영업활동, 후자활동, 재무활동 애 체계적으로 분류하여 보고한 재무보고서이다.

Section 3 재무제표의 이용목적

1. 분석가

분석가는 서로 다른 목적으로 재무상태를 분석한다. 은행업자는 융자를 상환할 수 있을 만큼의 충분한 이익이 존재하고 있는지를 파악하고자 하거나, 융자에 대해 안전한 만큼의 충분한 자산이 존재하고 있는지를 파악하기 위하여 재무상태를 분석한다.

2. 투자가

투자가는 자신의 투자에 대한 회전율, 투자기회, 그리고 계획한 이익을 평가하기 위해 재무상태를 분석한다.

3. 납품업자

납품업자는 신용거래를 하기 이전에 상태를 점검한다. 경영자는 업체의 수익성을 파악하기 위하여 재무상태를 분석한다.

4. 경영자

경영자는 또한 업체의 효율을 판단하고, 그것의 비용과 기본적인 의사결정을 위하여 재무제표를 분석한다.

재무제표의 분석은 기본적으로 하나의 비교과정이다. 예컨대, 금액은 판매의 비율로서 나타낼 수 있다. 이들 비율들은 그 다음에 이전의 비율, 계획한 비율, 일반산업 비율, 무역협회나 특정 회계기업에 의해 나온 비율, 또는 예산비율과 비교할 수 있다.

유동비율 또는 재고자산회전율과 같은 퍼센티지비율들이 이용될 수 있다. 이들은 또한 일반산업, 또는 같은 업체의 과거자료와 비교될 수 있다. 비율은 특히 대차대조표 항목들을 분석하는 데에 유용하다.

새로운 업체들은 그들의 재무상태를 분석하는 데 특정문제를 가질 수도 있다. 그들은 그들의 수치와 비교할 수 있다. 그러나 타당성이나 계획한 수치가 없다면 비교는 행해질 수 없다. 또한 새로운 업체의 수치가 산업평균과 어떻게 다른지를 알 수가 없다. 산업평균은 평균으로 특정수치와 신뢰할 수 있는 수치가 한 업체에 대해 반드시 필요하지 않음을 기억하여야 한다.

Section 4 식음료 재무제표

1. 식음료 재무제표

음식 서비스산업은 재무제표를 분석하는 데 있어서 두 개의 중요한 자료를 가지고 있다. 하나는 라벤톨과 호워쓰(Laventhol and horwath)의 회계기업에 의해 만들어져, 미국 레스토랑협회에 의해 채택되어 추천되는 레스토랑 회계제도(The uniform system od accounts for restaurants)이다. 또한 호텔, 병원과 클럽을 위한 시스템들도 있다. 이 시스템들은 정교한 회계시스템들을 제공하고 있으므로, 업자는 개별시스템을 고안하기 위하여 공인회계사를 고용하지 않아도 된다.

회계시스템이 여러 업체들에 의해 이용되고 있기 때문에 개개의 개별업체가 같은 방법으로 그것의 수치를 계산하는 것이어서 산업을 위한 수치들을 수집하는 것이 가능하다. 만약 개별업체가 통일시스템에 따라서 제표를 만든다면, 그것은 의미 있는 비교가 될 수 있기 때문에 많은 도움이 된다.

다른 것들은 매해마다 레스토랑협회와 라벤톨과 호워쓰(Laventhol and horwath)에 의해 발행되는 레스토랑산업 영업보고서에서 제시되는 수치와 비율의 자료들이다. 업체의 유형, 위치, 업체의 영업연수, 판매량, 메뉴테마를 비롯하여 제휴에 의해 분류하는 산업보고서는 더 상세한 정보를 제공한다.

Chapter 11

대차대조표

Section 1 대차대조표(B/S : Balance Sheet)

기업의 영업활동에 따라 자금의 흐름을 자산과 부채 및 자본으로 구분하여 일정시점의 자산의 장부잔액을 대조하여 표시된 회계보고서이다.

표 11-1 대차대조표

(차변) (대변)

<table>
<tr><td rowspan="3">자산
(자금의 운용)</td><td>부채
(타인자본의 조달)</td></tr>
<tr><td>자본
(자기자본의 조달)</td></tr>
<tr><td>이익</td></tr>
<tr><td>비용
(매출원가, 판매관리비)</td><td>수익
(매출, 부가가치)</td></tr>
</table>

1. 대차대조표의 형태

재산, 부채, 자본의 관계식	• 자산(자금의 운용) = 부채(타인자본) + 자본(자기자본) (자금의 조달) • 자산 – 부채 = 자본(순자산)
순 운전자본의 계산식	• 유동자산 – 유동부채 = 순 운전자본 • (고정부채 + 자본) – 고정자산 = 순 운전자본

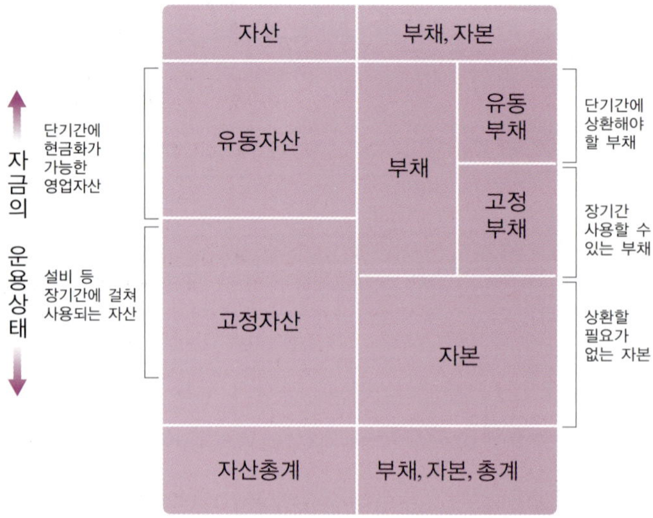

2. 대차대조표를 읽는 네 가지 관점

① 대차대조표로 회사의 현재상황을 파악한다.

② 대차대조표의 수치를 바탕으로 이익계획, 자금계획(예산)을 세운다.

③ 중·장기 사업계획과 운용계획을 조정한다.

④ 대차대조표를 해석하고 활용함으로써 경영관리능력을 높인다.

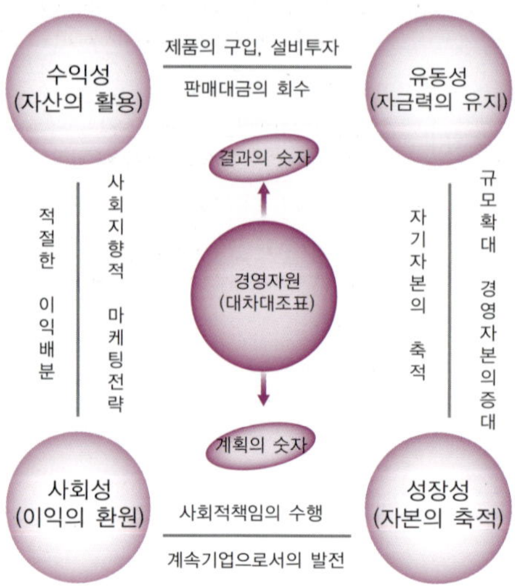

Section 2 대차대조표의 구성

대차대조표는 특정일이나 기간에 사업의 재무상태를 나타내는 것으로, 유형들 중 하나는 표 11-2와 같다. 대차대조표는 다음과 같은 기본적인 방정식에 바탕을 둔다.

대차대조표의 차변에는 업체가 소유하고 있는 자산을, 대변에는 모든 부채를 기록한다. 자산과 부채의 차이가 영업의 순가치, 즉 자본이다.

1. 고정자산

고정자산은 보통 토지와 건물을 말한다. 업체가 자산을 소유하고 있지 못하나, 자산을 개선하고자 한다면 이때에 개선은 토지임차권(leasehold)의 개선으로 나타난다. 토지는 가치를 변화시키게 되지만 가격을 떨어뜨리게 되는 것은 아니다.

2. 유동부채

유동부채는 연내에 지불되어야 하는 의무적 부채 중 하나이다. 이익지급액(accrued payroll)도 유동부채이다.

3. 장기부채

장기부채는 의무로서 정의되거나 당해 내에 지불되지 않는 의무의 일부분으로 정의된다. 여기에는 지불될 수 있는 저당, 사채, 장기채(long-term note), 그리고 장비계약으로 인한 지불액이 포함된다. 이들 부채의 일부분은 유동부채이다.

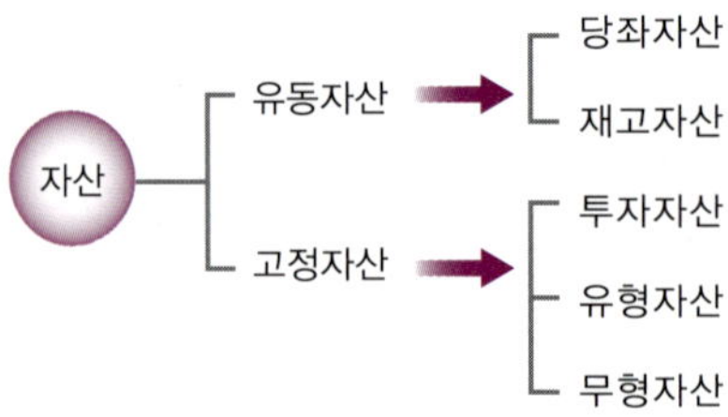

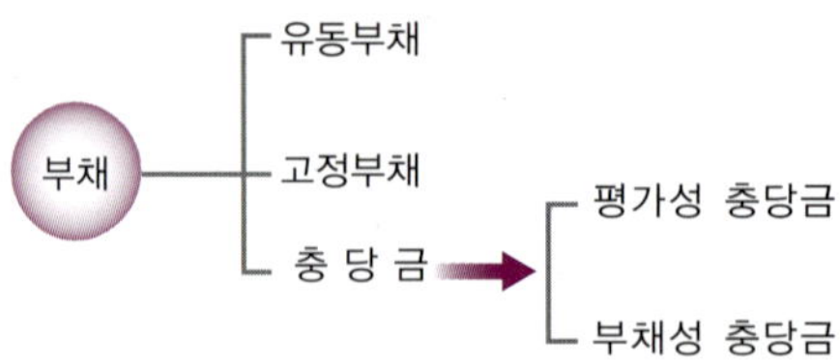

* 충당금은 임의항목이므로 독립적으로 표시하지 않으며, 평가성 충당금은 해당 자산항목에서 차감하는 형식으로, 부채성충당금은 유동부채 또는 고정부채 속에 포함시키는 경우가 많다.

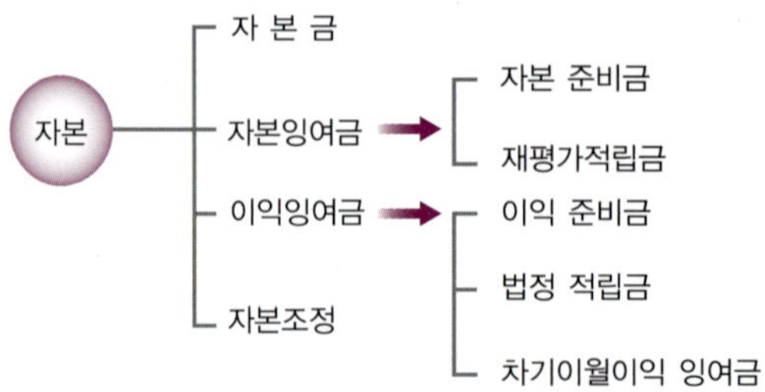

(1) 자본의 의미

자본 = 자산 − 부채 → 순자산

↓

자산 = 부채 + 자본

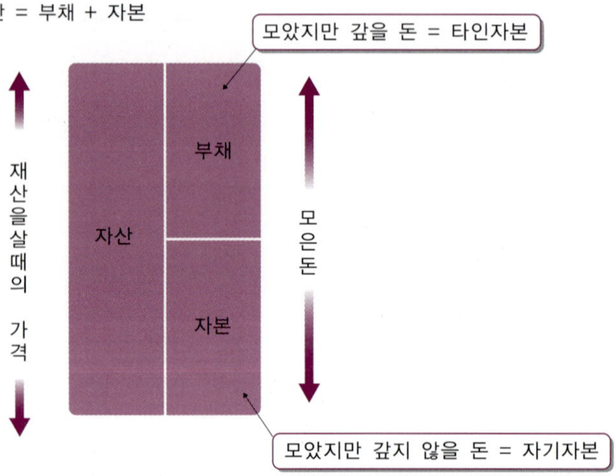

(2) 자본의 내역

자본 = 자본금 + 이익

자본		자본금		이익
모았지만 갚지 않을 돈		처음부터 갚지 않을 생각으로 모은 돈		잉여금 자사에서 만든 돈
2천만 원	=	자기 저금 1천5백만 원	+	자기 저금 1천5백만 원

(3) 자산과 부채

- 자본
  - 유동자산
    - 현금, 예금
    - 영수 어음, 차용증을 내게 하고 빌려준 돈
    - 외상 매출금, 상품을 팔았지만 들어오지 않은 돈
    - 단기 유가 증권, 당장 팔리는 주식 등
    - 제품(자사에서 만든것), 상품(사 가지고 와서 파는 것)
    - 제작 중인 물건, 원재료
    - 미수입금 상품 이외를 팔았지만 들어오지 않은 돈
    - 선불비용, 미리 지불한 돈, 나중에 돌려받으려고 생각한다.
  - 고정자산
    - 건물, 기계, 차량, 기구, 비품
    - 토지
    - 건설가 계정 만들다 둔 건물
    - 특허권, 지상권
    - 투자 유가증권, 자회사 주식, 관계회사 주식
    - 장기 대부금
- 부채
  - 유동부채
    - 지불 어음, 차용증을 내고서 빌린 돈
    - 외상 매입금, 상품을 들여오고 지불하지 않은 돈
    - 단기 차입금
    - 미불금, 상품이외의 것을 사고 지불하지 않은 돈
    - 선수금, 미리 받은돈, 나중에 돌려주려고 생각한다.
  - 고정부채
    - 사채, 회사가 일반 대중에게 빌린 돈
    - 장기 차입금

표 11-2 대차대조표

나타니 레스토랑			
2014년 12월 31일 대차대조표 (단위 : 원)			
유동자산			
현금			
보유금	3,500,000		
저금액	30,000,000	38,500,000	
고객으로부터 받을 수 있는 금액		10,000,000	
재고			
음식	40,000,000		
음료	25,000,000		
기타	10,000,000	75,000,000	
사전 지불 비용		9,000,000	
총유동자산			132,500,000
고정자산			
토지- 주차장		120,000,000	
건물개량	70,000,000		
축적된 감가상각	105,000,000		
가구와 비품	400,000,000		
축적된 감가상각	200,000,000	200,000,000	
장비와 유니폼		95,000,000	
총 고정자산			1,010,000,000
기타자산			45,000,000
총 자산			1,187,500,000
부채와 주주의 자본			
유동부채			
지불액		145,000,000	
장기부채 유동비율		50,000,000	
이자비용		65,000,000	
기타 유동부채		44,000,000	
총 유동부채			304,000,000
장기부채			450,000,000
기타 비유동부채			89,000,000
총부채			843,000,000
주주의 자본			
자본금		200,000,000	
연말 이익잉여금		144,500,000	
총자본금			344,500,000
총부채와 주주의 기본			1,187,500,000

4. 자본금

자본금은 업체가 가지고 있는 금액을 의미한다. 1인이나 2인 이상이 함께 소유하고 있는 업체는 자본계정에 의해 표현된 자신의 자본을 가질 수 있다.

5. 이익잉여금

이것은 배당이나 철수로서 소유주에게 분배된 것보다는 사업으로 유지된 수익을 의미한다. 손익계산서의 일부분인 이익배당금에 대한 형태는 다음과 같다.

Check point

기초 이익잉여금
+ 순 이익잉여금
= 합 계
− 특정기간 동안 배당지불
= 기말 이익잉여금

Section 3 대차대조표의 분석

1. 현 금

보통 업체는 두 가지의 현금계좌를 가지고 있다. 하나는 자유재량을 위해 이용될 현금이다. 다른 하나는 비용을 갚고, 자금을 비축하기 위하여 예치하여 준 현금이다. 비용의 필요를 충족시키는 데에 필요한 현금이 있어야 한다. 그러나 이에 대한 액수는 이자소득을 제공하기 위하여 이용될 수 있다. 개객의 업체는 수중이나 예금으로 가지고 있어야 하는 액수를 결정해야 한다. 업체마다 현금의 필요성은 상당히 변동될 수 있다.

현금예산은 너무 부족하거나 너무 많을 때, 그 적정선을 사전에 지적하여 준다. 새로운 경영자가 고용될 때마다 먼저 행해야 하는 것 중 하나는 수중이나 예금으로 가지고 있어야 할 금액의 액수를 결정하는 일이다.

2. 외상 매출금

외상매출금은 고객들이 업체에 지불해야 할 금액을 말한다. 현금판매를 하는 업체들은 외상매출금이 없다. 어떤 다른 업체들은 그들 고객들에게 식사에 대해 외상매출금을 허용할 수 있다. 물론 이것은 즉시 돈으로 지불되지 않으면 업체에 추가적인 비용이 되어 여분의 장부과정, 이자비용, 악재부채가 발생한다.

업체들은 이러한 서비스를 제공함으로써 얻을 수 있는 증가된 매출액에 비해 이들 비용이 지나치게 높은지 검토를 해야 한다. 신용카드 이용의 증가는 많은 업체들의 외상매출금에 크게 영향을 미치고 있다. 신용카드 회사는 이 위험들을 가정한다.

예컨대, 규모가 큰 방켓(banquet)이나 펑션은 외상매출금을 크게 증가시킬 수 있다. 그들의 회전율, 평균 회수기간, 매출의 퍼센티지, 그리고 판매일수의 측면에서 외상매출금을 평가할 수 있어야 한다. 다음의 공식은 외상매출금 회전율을 보여주고 있으며 회전율이 빠르면 좋다.

Check point

$$\text{외상매출금 회전율} = \frac{\text{총판매}}{\text{평균 외상매출금}}$$

만약 총판매가 특정기간 동안 1,000,000,000원이고, 외상매출금이 10,000,000원이라면 계산은 1,000,000,000원을 10,000,000원으로 나누어서 100이 된다. 그 기간은 일주일, 월 또는 년이 될 수도 있다.

평균 회수기간 공식은 다음과 같다.

Check point

$$\text{평균회수기간} = \frac{365\text{일}}{\text{외상매출금 회전율}}$$

만약 회전율이 100이라면 평균 회수기간은 365일을 100으로 나누어서 3.65가 된다. 회수기간이 짧으면 좋다.

종종 분석은 판매일수로 행해진다. 예컨대 매일 매출액이 평균 500,000원이고 외상매출액 2,000,000원을 가진 업체는 판매일수가 4일이 될 것이다. 외상매출금의 특성상 갑작스런 변화는 외상매출금의 전체 금액만큼이나 중요하다.

만약 판매에 대한 외상매출금의 비율이나 외상매출금에 의해 대표되는 판매일수가 갑작스럽게 상당히 증가하였다면 즉시 조사를 해야 할 필요가 있다. 외상매출의 질은 즉시 지불하려고 하는 의지로 정의된다. 전체 외상매출금이 2,000,000원이라면 다음의 차트는 이들 외상매출금의 질을 설정하는 데 도움을 준다.

표 11-3 외상매출금 계산

구분	분류		회수되지 않을 추정비율	회수되지 않을 추정치
	달러	비율		
미지불	1,200	60.0	1	12.00
30일 이내 지불	350	17.5	5	17.50
31~60일 내에 지불	300	15.0	10	30.00
61~120일 내에 지불	150	7.5	10	15.00
120일 이후에 지불	–	–	–	–
합계	2,000	100.0	–	74.50

보통 외상매출금의 지불기간이 길어지면 회수기간도 길어진다. 그 다음에 순외상매출금 수치를 더 정확하도록 하기 위하여 적립금을 만드는 것이 바람직하다.

신용카드 영업으로 인한 외상매출금은 보통 신용카드사에 수수료를 지불하는 것 이외에는 다른 문제가 없다. 종업원들로부터의 외상매출은 개인사정이므로 서로 다르게 분석되어야 한다.

3. 재고자산

음식업은 음식, 음료, 그리고 물품재고의 가치를 결정하여야 한다. 확보하고 있는 음식의 가치는 업체의 유형에 따라 다르다. 패스트서비스, 제한된 메뉴를 제공하는 업체는 거의 재고회전이 빠르지만 다양한 메뉴를 제공하는 업체는 재고회전율이 훨씬 더 느리며 음식 재고가치로 한매된 상품의 원가를 나눔에 의하여 결정된다.

만약 음식재고액이 40,000,000원이고 판매된 상품의 원가는 연 320,000,000원이라면 연 8회가 재고회전율이 된다. 한 달에 3, 4, 5번의 회전은 대부분의 업체에서 적용되는 회전율이다. 그러나 회전이 너무 높다는 것은 그날그날 벌어먹는 식의 영업을 의미하며 그 것은 너무 값비쌀 수 있다.

예컨대 현금이 너무 적거나 회전이 너무 높다는 것은 업체가 충분한 양을 구매할 여유가 없음을 의미할 수 있다. 또한 그것은 업체가 납품업자로부터 신용을 보장할 수 없음을 의미하기도 하며, 결국 그것이 경쟁적인 구매력을 제한한다.

너무 늦은 재고회전은 경영자가 가장 높은 수익성의 잠재를 달성할 만큼 자산을 회전시키지 못하나다는 것을 의미하는 대신에, 오래된 저장에 포함되어 여유 원가를 발생시키게 된다. 또한 그것은 재고가 이동될 수 없는 오래된 상품을 적재하게 됨을 의미할 수 있다. 그러므로 너무 오래되어 사용될 수 없는 상품이 많이 있는지를 확인하기 위하여 저장고 선반을 조사하는 데 도움이 된다. 알코올 음료의 재고회전 역시 평가되어야 한다. 회전율은 전체 매출량, 상품의 낮은 이용, 그리고 맥주 판매량에 영향을 미친다.

4. 유동비율

유동부채에 대한 유동자산의 비율은 유동비율이다. 만약 유동자산이 132,500,000원이고 유동부채가 304,000,000원이라면 그 비율은 0.44가 된다. 유동비율은 단기 채무자에게 얼마나 잘 상환할 수 있느냐를 의미하기 때문에 재무의 강점을 나타내는 지수가 된다. 대부분의 사업에 있어 2의 비율이 적합한 것으로 받아들여진다. 그러나 음식 서비스업체 있어서 보통 1에 가까운 것이 적합하다. 이러한 비율을 보다 낮추는 요인들은 수령액의 부족, 상대적으로 적은 재고, 그리고 빠른 재고회전이다. 납품업자들의 신용도에 의해 어떤 업체들은 1보다 낮은 비율을 지니게 된다. 그러나 이러한 것은 바람직하지 않으며 0.44비율은 너무 낮다.

유동비율은 잘못될 수 있다. 장기부채를 발생시켜 업체는 더 많은 현금을 받을 수 있고, 그것의 유동비율을 개선시킴으로써 업체는 더 많은 현금을 받을 수 있고, 그것의 유동비율을 개선시킬 수 있다. 그렇다고 해서 전체적인 재무상황은 변하지 않는다. 너무 높은 유동비율은 경영자가 그것의 유동자산을 회전시키지 못하거나 다른 방법으로 그것들을 이용할 수 없음을 의미한다.

유동자산과 유동부채 간의 차액은 운전자본이다. 만약 이러한 액수가 제한된다면 높은 회전이 이루어질 수 있다(회전은 판매량으로 운전자본의 액수를 나누어 결정한다). 초과적인 회전은 운전자본의 부족을 의미하며, 그것은 구매능력을 제한하고 심각한 문제를 초래할 수 있다. 낮은 회전은 운전자본이 초과적일 수 있다는 것을 의미하므로 최고의 강점으로 이용되지 못한다.

5. 고정자산

두 개의 서로 다른 업체들의 고정자산을 분석하는 것은, 비록 그들이 같은 규모·유형일지라도 문제가 발생할 수 있기 때문이다. 어떠한 업체는 그것의 위치를 가지고 있는 반면 다른 업체는 그것의 시설을 임대할 수 있다.

한 업체가 그것의 장비 모두를 구매할 수 있으나 다른 업체는 그것의 장비 대부분을 임차할지도 모른다. 또한 서로 다른 감가상각정책과 서로 다른 시설과 장비의 연수도 상호비교를 어렵게 만든다.

종종 고정자산 투자는 좌석당 원가로 표현된다. 어떤 업자는 그것을 그들이 지불할 수 있는 고객 좌석당 5,000,000원으로 할지도 모른다. 만약 예측한 원가가 좌석당 5,000,000원을 초과하게 된다면 투자타당성이 없는 것으로 생각한다.

6. 부 채

부채가 많은 업체는 문제의 업체가 된다. 종업원 임금은 업체의 자원을 위해 가장 먼저 요구되는 것이고, 임금지불은 현금이다. 다른 주요 비용은 납품업자에 대한 지불이다. 소비된 연 재료원가를 12로 나누는 것은 납품업자에게 지불되어야 하는 매달 평균액수가 된다. 이러한 비용이 매달 평균보다 더 높다면 업체는 지불능력이 낮은 것이다.

높은 발생비용(accrued expenses) 또한 중요하다. 유동비율은 업체 지불능력의 지수를 나타내 준다. 유동비율의 대안(refinement) 중 하나는 빠른 비율 또는 액시드 테스트(acid test)이다. 이러한 비율은 유동자산으로부터 재고가치를 차감한 것이고 현금과 쉽게 바꿀 수 있는 자산과 수령액을 포함한다.

1의 비율은 이론적으로 업체가 단기채무를 지불할 수 있는 유동자산을 가지고 있음을 의미한다. 부채는 또한 순가치나 주식투자와 비교될 수 있다. 업체의 부채는 소유주의 투자에 의해 보호되거나 상쇄된다. 주식에 대한 부채비율이 낮으면 업체의 신용은 더 안정적이다. 부채가치(debt-to-worth)의 비율은 이러한 것을 나타내 준다.

많은 비율들을 설명하고 있으나, 어떠한 것도 업체 모두에게 적합한 것이라고 할 수 없다. 업체의 성격에 적합한 것을 선택해야 한다.

비율과 퍼센티지는 다소 그 자체에 의해 잘못될 수 있지만 다른 비율이나 퍼센티지와 함께 이용될 수 있으며, 그것은 업체의 전체 재무조건 전망을 보여주고 그것의 재무개선을 지적하여 줄 수 있다. 소유 표준 퍼센티지와 비율을 이용하는 데 있어서 주의가 필요하다. 모든 업체는 서로 다르며 그것의 특별상황으로 인하여 표준비율이나 퍼센티지는 적합하지 않을 수 있다.

이와 같은 문제는 한 업체를 다른 업체와 비교할 때에 발생한다. 퍼센티지와 비율은 추세와 방향을 결정하는데 있어서도 아주 도움이 된다. 그러나 추세는 오직 과거자료를 이용한다.

미래의 실제수치는 서로 다를 수 있다. 퍼센티지와 비율은 또한 개선과 미래의 조건을 예측하는데 도움을 제공할 수 있다. 그들은 정확한 예측이 배경이 된다. 간단히 말해서 재무제표의 분석은 비율과 퍼센티지를 이용할 경우, 의사결정을 하는데 있어 경영자에게 가장 도움이 되는 도구이다.

Chapter 12

손익계산서

손익계산서(PL : profit and loss)는 기업의 일정기간 영업활동 성과 중 수익, 비용, 그리고 그 밖의 관계를 나타내는 보고서이다.

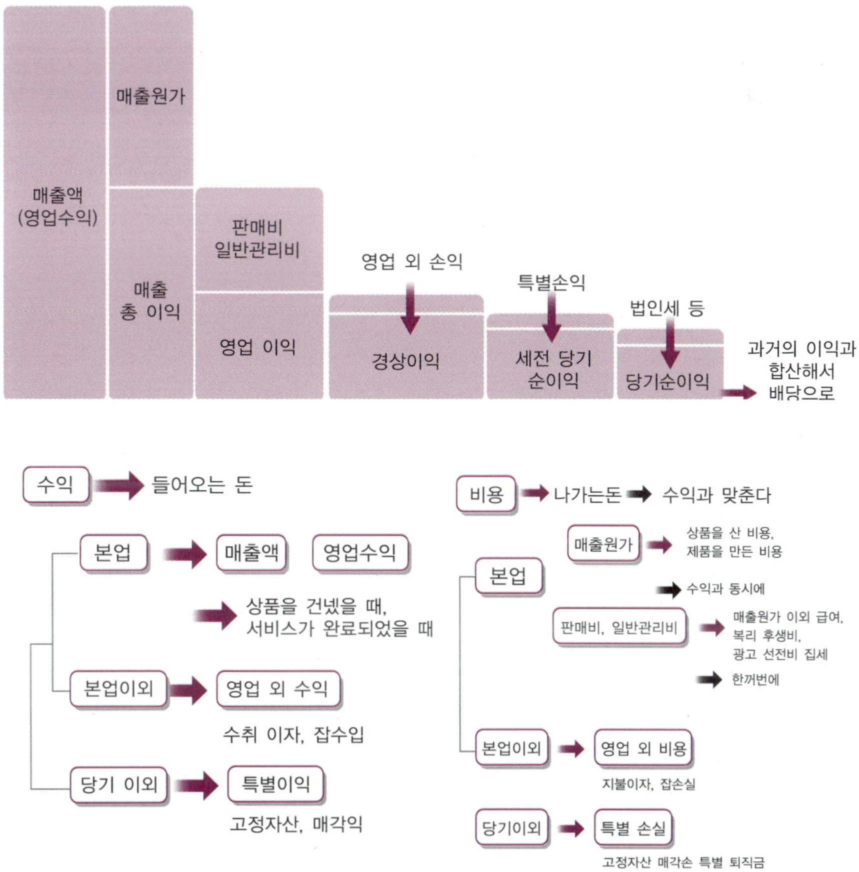

그림 12-1 수익과 비용

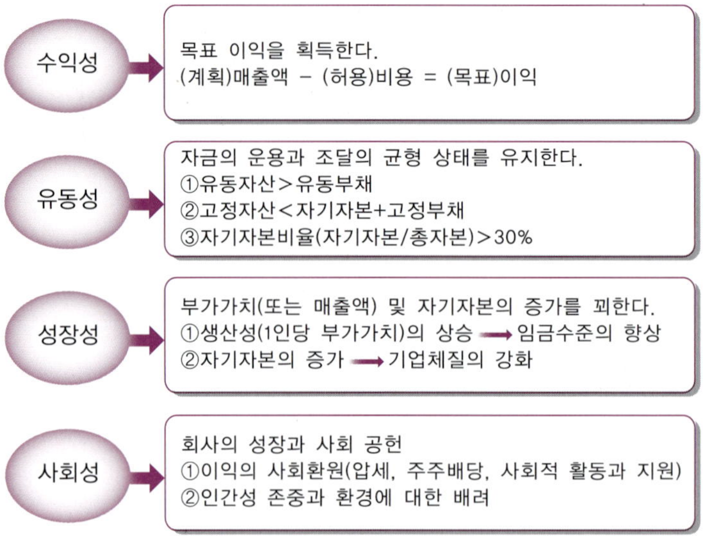

그림 11-2 손익계선서

Section 1 손익계산서의 구성

손익계산서의 구성은 업체들마다 약간씩 다르다. 외식사업체에 있어 손익계산서는 표 12-1과 같으나, 손익계산서의 항목들을 설명하기 위하여 표 12-2와 같이 가정해 볼 수 있다. 이 제표는 수익과 기타 소득을 기록한 다음에 세전수익을 파악하기 위하여 모든 비용을 차감하고 있다. 세부적인 분석을 위하여 각 항목은 퍼센티지로서 계산된다. 그런데 74,000,000원의 수익, 즉 세전수익이 판매의 7.4%이다. 판매(식음료)의 원가는 다음과 같이 계산된다.

기초재고액	30,000,000원
+ 구매액	330,000,000원
= 이용할 수 있는 식료 가치	360,000,000원
− 기말재고액	40,000,000원
= 측정기간 동안 사용된 식료의 가치	320,000,000원

얼마나 많은 식음료재료가 이용되었는지를 파악하기 위하여 기초와 기말재고를 파악해야 하는데, 기말재고는 또 다른 시기에는 기초재고가 된다. 가능하다면 재고는 주별이나 시기별로 다를 수도 있기 때문에, 같은 주의 같은 날에 행해야 한다. 업체가 가지고 있는 재고를 사용함으로써 너무 낮음 식음료원가가 될 수 있고, 특정기간 동안 더 높은 재고가 된다면 너무 높은 식음료원가나 더 낮은 수익이 될 수 있다. 어떤 업체들은 임시제표를 위해 4주를 13개로 분류하여 행한다. 이러한 절차는 기간별로 성수기일이나 비성수기일로 구분하는 것이다.

표 12-1에 의하면 각 범주의 금액수는 총 수익대비율로 나타내고 있다. 더 상세히 열거하기 위하여 개개의 범주 아래에 개별항목들을 나타내었다.

표 12-1 손익계산서 양식(일반 식당)

<table>
<tr><td colspan="3">매상고(1)</td><td></td><td colspan="3">지 출 내 역</td></tr>
<tr><td colspan="3">식자재구입비(2)</td><td></td><td rowspan="6">식자재비
(%)</td><td>육류</td><td></td></tr>
<tr><td rowspan="2"></td><td colspan="2">식자재</td><td></td><td>채소류</td><td></td></tr>
<tr><td colspan="2">음 · 주류</td><td></td><td>향신료</td><td></td></tr>
<tr><td colspan="3">원가공제액(3)(B－A)</td><td></td><td>곡류</td><td></td></tr>
<tr><td rowspan="4"></td><td rowspan="2">기초재고(A)</td><td>식자재</td><td></td><td>음 · 주류</td><td></td></tr>
<tr><td>음주류(잡류)</td><td></td><td>소계</td><td></td></tr>
<tr><td rowspan="2">기말재고(B)</td><td>식자재</td><td></td><td rowspan="5">인건비
(%)</td><td>사원급여</td><td></td></tr>
<tr><td>음주류(잡류)</td><td></td><td>P.A임금</td><td></td></tr>
<tr><td colspan="3">조이익(4)(1－2＋3)</td><td></td><td>상여금, 수당</td><td></td></tr>
<tr><td colspan="3">총인건비(5)</td><td></td><td>복리후생비</td><td></td></tr>
<tr><td colspan="3">제경비(6)</td><td></td><td>소계</td><td></td></tr>
<tr><td rowspan="7"></td><td colspan="2">수도광열비</td><td></td><td rowspan="5">수도
광열비</td><td>전기</td><td></td></tr>
<tr><td colspan="2">비품, 소모품</td><td></td><td>가스</td><td></td></tr>
<tr><td colspan="2">카드 수수료</td><td></td><td>수도</td><td></td></tr>
<tr><td colspan="2">운임, 접대비</td><td></td><td>연탄, 석유</td><td></td></tr>
<tr><td colspan="2">부가세, 세금</td><td></td><td>소계</td><td></td></tr>
<tr><td colspan="2">통신, 교통비</td><td></td><td colspan="2">비품, 소모품</td><td></td></tr>
<tr><td colspan="2">잡비</td><td></td><td colspan="2">카드 수수료</td><td></td></tr>
<tr><td colspan="3">영업판촉비(7)</td><td></td><td colspan="2">운임, 접대비</td><td></td></tr>
<tr><td colspan="3">임대료(8)</td><td></td><td colspan="2">부가세, 세금</td><td></td></tr>
<tr><td colspan="3">매상총이익(9)(4－5－6－7－8)</td><td></td><td colspan="2">통신, 교통비</td><td></td></tr>
<tr><td colspan="3">잡수입(10)</td><td></td><td colspan="2">영업판촉비</td><td></td></tr>
<tr><td colspan="3">감가상각비(11)</td><td></td><td>잡 비</td><td>청소비</td><td></td></tr>
<tr><td colspan="3">투자이자(12)</td><td></td><td>잡 비</td><td>기타</td><td></td></tr>
<tr><td colspan="3">순이익(13)(9＋10－11－12)</td><td></td><td colspan="2">총 계</td><td></td></tr>
</table>

표 12-2 니타니 레스토랑의 손익계산서

니타니 레스토랑 손익계산서 2013년 12월 31일(단위 : 원, %)		
수입		
음식	800,000,000	80.0
음료	200,000,000	20.0
총수입	1,000,000,000	100.0
판매의 원가		
음식	320,000,000	40.0
음료	50,000,000	25.0
총판매원가	370,000,000	37.0
총수익	630,000,000	63.0
기타 소득	1,000,000	1.0
총소득	631,000,000	63.1
통제가능한 비용		
봉급과 임금	270,000,000	27.0
종사원 편익	40,000,000	4.0
직접영업비	50,000,000	5.0
음악과 오락비	2,000,000	0.2
마케팅	25,000,000	2.5
수도광열비	40,000,000	4.0
행정비와 일반관리	38,000,000	3.8
수선관리	20,000,000	2.0
통제가능한 총비용	485,000,000	48.5
임대이전 소득과 기타 영업원가, 이자, 감가상각	146,000,000	14.6
임대와 기타 점유원가	62,000,000	6.2
이자와 감가상각이전소득	84,000,000	8.4
이자	10,000,000	1.0
소득세 준비전 총소득	74,000,000	7.4
소득세 준비	11,100,000	1.1
순소득	62,900,000	6.3

표 12-2는 2013년 12월 31일의 수익을 보여주고 있다. 이전에 매출액이라 부르던 수익은, 주로 식음료 판매로부터 나온 수익이다. 음료수익은 일반적으로 음식수익보다 더 수익적이기 때문에, 음식수익 대비 음료의 높은 퍼센티지는 그 밑단계에서 더 좋다.

어떤 경우에 있어서는 이들이 같이 제공되는지를 파악하는 것이 좋다. 기타 수익들은 기타소득으로 나타내고 있다.

매출의 원가는 판매된 식음료의 재료원가이다. 식음료가 서로 다른 퍼센티지를 가지기 때문에 음식원가와 음식수익, 음료원가와 음료수익 사이를 비교하는 것이 바람직하다. 1,000,000,000원과 비교하면 370,000,000원의 식음료 판매의 총원가는 37%의 총매출원가 퍼센티지가 된다.

1. 총수익

총수익은 판매로부터 재료원가를 차감한 후의 수익이다. 이때는 다른 비용을 고려하지 않는다. 그 외에 담배나 캔디판매와 같은 비식음료항목으로부터의 소득이 있다.

2. 통제 가능한 비용

관리자에게 직접적인 책임이 있는 비용으로, 유능한 관리와 효율성에 의해 영향을 받거나 통제될 수 있는 것들이다.

(1) 급료, 임금, 수당

급료는 서비스와 조리, 그리고 행정업무 직원에게 지불되는 임금이다. 수당은 종사원의 식비, 사회보장 세금, 종사원의 상해보험, 의료보험, 그리고 종사원의 근무의욕을 향상시킬 수 있는 기타 다른 비용의 같은 항목이 포함된다. 예컨대, 수당이 판매의 4%일지라도 그들은 총급여의 15%(270,000,000의 40,000,000)이 된다. 대부분의 환대업체들은 훨씬 더 높은 퍼센티지가 되며 종종 40% 이상이 되는 경우도 있다.

(2) 직접영업비

직접영업비는 고객을 위한 서비스에 직접적으로 관련된 항목들이다. 유니폼, 세탁, 차이나, 글래스웨어, 실버, 꽃, 라이센스, 데코레이션 그리고 주차료와 같은 비용이 포함된다.

(3) 음악과 오락비

음악과 오락비는 업체들마다 서로 다르다. 이런 다양성 때문에 표준수치와의 비교는 제한된다.

(4) 마케팅

마케팅은 이전에 광고와 촉진으로 기록되었다. 판매와 촉진, 광고, 선전, PR, 기부금, 프랜차이즈료를 포함한 커미션 비용이 포함된다.

(5) 수도광열비

이 비용은 이전의 통일시스템에 있어서 기구비(utilities)로 분류하였다. 연료비, 광열비, 수도료, 쓰레기세, 엔지니어 장치 그리고 아이스와 냉장장치의 비용이 포함된다.

(6) 행정비와 일반관리비

이 비용은 서비스와 고객의 안전과는 직접적으로 관계가 없는 경상비이다. 여기에는 전화료, 우편료, 사무용품, 데이터 처리비용, 외부회계와 법, 책임, 기타 다른 일반보험, 신용카드 수수료, 현금부족 그리고 의심스런 회계기준이 포함된다.

(7) 수선관리비

이 비용은 토지주인에 의해 지불되는 수선과 유지비가 점유원가로 분류되는 경우에는 포함되지 않는다. 통제 가능한 총비용은 재료원가와 함께 관리자가 관리할 수 있는 원가들이다. 임대, 감가상각 그리고 세금과 같은 비용은 고정적이고 통제가 거의 불가능하다.

3. 영업이익

(1) 임대와 기타 점유원가 이전소득

이것은 통제 가능한 모든 원가를 공제한 뒤의 소득이다. 이러한 소득은 보너스와 인센티브의 지불을 위한 기초로서 이용된다.

4. 영업 외 비용

(1) 임대와 점유원가

이것은 운영을 위해서 필요한 원가들이다. 이 범주에는 렌트, 부동산세 그리고 기타 재산보험이 포함된다. 물리적 자산의 원가, 재무계약, 이자율 또는 렌트는 구조의 변경으로 발생한다. 이들 비용들은 고정된 것으로 쉽게 변경할 수 없다. 여러 음식 서비스업체들에게 있어 주요문제는 지나치게 높은 렌트비용이다. 렌트료는 보험, 제산세 그리고 유지비로 나타내거나 그러하지 않을 수도 있다. 렌트료는 또한 판매의 퍼센티지로 나타낼 수 있다. 리스(lease)를 서명하기 이전 업체는 현금흐름이나 수익이 요구한 렌트에 적합한지를 검토하여야 한다.

(2) 감가상각

이것은 모든 물리적인 물건이 마모나 파쇄되기 때문에 발생한다. 이러한 비용을 고려하지 않는다면, 그들이 매달 지불되지 않더라도 실제비용이기 때문에 과도하게 수익을 평가하게 된다. 구매 또는 수리를 위한 여유자금이 없는 업체는 대체를 위하여 어려움을 겪을 수 있다. 감가상각은 측정된 자산의 유용연수에 대해 할당된 자산의 획득, 설치와 관련된 비용이라고 정의된다. 서로 다른 자산들은 서로 다른 측정연수를 가진다.

미국에서는 1986년 세개정(The Tax Reform Act of 198(6)에서 촉진원가회복시스템[Accelerated Cost Recovery System(ACRS)] 및의 기대한 연수에 바탕을 둔 감가상각 재산을 8가지로 분류하고 있다. 이들은 자산의 유형과 그것의 기대한 연수에 바탕을 이용할 수 있지만, 정기적인 수익계산서처럼 다른 유형의 제표작성을 한다.

또 다른 방법들은 잔존가치(salvage)를 고려하거나 고려하지 않는 직선형 감가상각(straight-line depreciation), 하향균형 감가상각(declining-balance Depreciation), 합계계수 감가상각(sum-of-the-digits depreciation) 그리고 단위생산 감가상각(units-of-production depreciation)등이 있다. 감가상각이 비현금이나 세공제비용이므로, 감가상각비는 그들이 비용으로 나타나지만 현금흐름에 있어서 영업에 이용될 수 있다.

5. 경상이익

이것은 빌린 자본을 이용하는 원가로 이자원가는 아주 다양할 수 있다. 자산이 저당잡혀 있는 업체는 자산임대나 저당잡히지 않는 업체가 가지지 않는 이자비용을 가진다. 운영장비가 임대되었는지 그렇지 않는지는 이자원가에 영향을 미칠 수 있다. 표 12-2에서는 다루지 않고 있지만 순소득으로부터 더하고 공제하여야 하는 것들이 있는데 다음과 같다.

① 장비판매의 소득이나 손실
② 외부투자로부터 발생된 소득
③ 판정이나 문제해결
④ 세반환이나 평가

이들은 불규칙하고 같은 시기에 발생하기 때문에 판매의 퍼센티지로 바꾸는 것은 타당하지 않다.

세금은 영리업체가 사업을 행하기 위하여 지불해야 하는 원가이다. 업체가 소유하고 있거나 공동투자한 것이라면, 세금이 붙은 소득은 소유주의 기타 세금이 붙는 소득(또는 손실)과 소유주 개인이 지불한 세금이 될 것이다. 업체가 법인이라면 일반적으로 법인세 이외에도 소득세를 지불해야 한다.

Section 2 손익계산서의 분석

분석목적을 위하여 손익계산서는 3가지, 즉 판매량이나 사업량, 비용 그리고 수익으로 분류하여 분석할 수 있다.

1. 매출분석

매출분석에 있어서 업자는 매출액이 증가하고 있는지, 감소하고 있는지, 그러하다면 그 이유는 무엇인지, 또한 물리적인 시설의 가치나 좌석의 수 또는 투자의 규모에 적합한 판매인지를 파악하고자 한다.

당해 매출액의 증가나 감소는 상대적 수치로 나타난다. 그리고 매출의 구성을 아는 것이 중요하다. 개개의 기간에 있어서 제공된 고객들의 수는 중요할 수 있다. 만약 알코올 음료가 판매된다면, 총매출액은 그들의 공헌도를 파악하기 위하여 분류되어야 한다. 만약 다른 상품이 취급된다면, 이것도 분류되어야 한다. 어떤 업자는 매출에서 개개의 식사가 따로 조사될 수 있도록 서로 다른 식사 시기별로 분류하고자 한다. 당해에 대한 총매출과 전해의 총매출은 이러한 방식으로 파악될 수 있다.

비록 매출액이 표 12-3과 같이 매해마다 증가하였을지라도 그 액수는 적고, 아마도 높은 원가로 인하여 판매가격이 더 높아질 것이다. 따라서 실제매출액에 있어서는 사실상 감소현상이 발생한다.

표 12-3 매출액분석 I

(단위 : 천 원)

	년 X		년 X+1		년 X+2	
	매출액	매출비율	매출액	매출비율	매출액	매출비율
순음식매출	800,000	80%	820,000	77.4%	840,000	76.4%
순음료매출	200,000	20%	240,000	22.6%	260,000	23.6%
순 매 출	1,000,000	100%	1,060,000	100.0%	1,100,000	100.0%

또한 매출액은 월별로 비교될 수 있다. 그러한 매출액 비교는 표 12-4에서 보여주고 있다.

표 12-4 매출액분석 II

(단위 : 천 원)

	당 해			지 난 해		
	음식판매	고객수	평균체크	음식판매	고객수	평균체크
조식	5,600	1,068	5.24	5,300	1,108	4.78
중식	26,000	2,210	11.76	24,500	2,194	11.67
석식	35,400	2,020	17.50	36,900	2,045	18.04
합계	67,000	5,298	12.65	66,700	5,347	12.47

표 12-5는 서로 다른 기간의 매출액을 비교하는 데 이용할 수 있는 형태이다. 현재와 지난해의 그 기간과 함께 비교될 수 있다. 지난달의 같은 주와 비교되는 것처럼 주별로 비교된다. 종종 당해의 매출액[Year-To-Date(YTD)]은 전년도와 비교된다.

그 형태는 판매변화뿐만 아니라, 감소나 증가비율을 보여준다. 만약 식료판매가 증가하였다면 그들의 증가원인을 파악하는 것이 바람직하다. 증가가 제공된 식사수, 식사수당을 받은 가격을 더 증가시키는 것과 같은 두 가지 요인 중의 하나 이상에 영향을 미칠 수 있다. 업체는 고객의 수가 감소하는 반면, 판매는 증가할 수 있다. 매출액은 고객의 양이 줄어들어도 증가할 수 있다. 이러한 정보는 제공된 고객의 수에 의하여 결정된다. 이러한 수를 매출액으로 나누면 평균고객지불가격이 결정되며 그것이 원가를 상쇄할 만큼 충분할 정도로 가격이 증가하였는지를 나타내주기 때문에 아주 중요한 수치이다.

표 12-5 매출액분석 Ⅲ

	현재	과거	증감	증감율
순음식매출	800,000	750,000	50,000	6.67%
순음료매출	200,000	210,000	(10,000)	(4.76%)

만약 원가가 10% 증가한다면 평균고객지불가격은 적어도 같은 비율로 증가해야 한다. 그것이 고객의 수에 영향을 미치지 않는다면 평균고객지불가격이 더 높아진다. 이러한 최적회전율은 가격을 증가시키거나 더 값비싼 메뉴의 선택, 메뉴 구성의 변화, 더 좋은 이미지를 줄 수 있는 촉진과 상품화에 의해 달성될 수 있다. 그러나 가격과 메뉴의 변화는 고객이 그들을 받아들일 때만 증가될 수 있다. 증가는 더 높은 개별 평균고객지불가격을 의미하지만, 고객의 수가 낮으면 판매량도 낮아지게 된다.

만약 매출액이 감소한다면 그것은 그 이유를 밝혀내야 한다. 보통 개개의 식사, 심지어는 개개의 메뉴 항목을 비교하는 것이 바람직하다. 아마도 아침식사와 같은 사업의 일부분만이 비수익적일 수 있다. 그것을 방지하는 것은 매출액을 떨어뜨릴 수 있다. 그러나 수익은 그럼에도 증가할 수 있다.

2. 매출분석 비율

음식 서비스업의 매출액을 분석하는 데 있어서는 여러 비율들을 이용할 수 있다. 식사 시기별로 분리하여 다음과 같은 비율들에 의해서 계산하는 것이 적합하다.

(1) 평균 매출액

이것은 아마도 가장 기본적인 비율이며, 고객의 수로 매출액을 나누면 된다.

Check point

$$\text{평균고객지불가격} = \frac{\text{매출액}}{\text{고객의 수}}$$

이 비율은 특히 특정영업에 있어 추세를 나타내는 데 도움이 된다. 만약 평균판매량이 계획한 것보다 너무 낮을 경우, 서로 다른 메뉴 항목들이나 더 많은 디저트와 에피타이저 촉진이 증가를 초래할 수 있다. 만약 가격이 경쟁업체보다 너무 높다면 고객을 잃을 위험이 있다.

(2) 좌석회전율

이 비율은 식당에 어떻게 고객을 유치하느냐를 나타낸다. 낮은 회전율은 더 많은 고객들의 유치가 필요하다는 것을 의미한다. 너무 높은 회전율은 사업확대의 필요를 나타낼 수 있다. 이용 가능한 좌석수로 식사당 고객의 수를 나눔으로써 계산된다.

Check point

$$\text{좌석회전율} = \frac{\text{고객의 수}}{\text{좌석의 수}}$$

(3) 평방피트 매출액

소매점은 평방피트로부터 수익을 결정하기 위하여 이 비율을 사용한다. 가령 서빙공간, 주문공간, 또는 업체에 의해 준비된 베이커리와 같은 음식 항목의 외부 판매에서 피트를 이용하고자 할 때 도움이 된다.

Check point

$$\text{평방피트 매출액} = \frac{\text{고객의 수}}{\text{평방피트의 수}}$$

(4) 비용분석

통제 가능한 비용은 매출액과 관련되어 있기 때문에 비용을 분석하는데 있어서 보통의 절차는 비용항목을 매출액 비율로서 계산하는 것이다. 매출액은 100%로 한다. 그리고 매출액으로 나눠어진 비용의 양은 비용비율이 된다. 그래서 음식판매가 800,000,000원이고 원가가 320,000,000원이라면 원가 퍼센티지는 40.0%이다.

Check point

$$\frac{\text{판매된 원가}}{\text{매출액}} = \frac{320{,}000{,}000\text{원}}{800{,}000{,}000\text{원}} = 40.0$$

여러 가지 비용항목의 양은 그들에 의해서 분석하기는 어려우나, 판매의 퍼센티지로서 그들은 더 의미가 있다. 만약 한 특정 비용이 이전에 상당히 증가하였다면 관심을 갖게 된다. 그러나 판매량이 적당히 증가하고 원가 퍼센티지가 일정하다면 아마도 특별한 관심이 필요하지 않을 것이다.

3. 원가비율 분석

여러 비용범주의 원가 퍼센티지는 같은 업체의 과거기간 동안의 비율, 계획한 비율, 설정한 목표, 또는 산업평균과 비교할 수 있다. 이들 비교를 위하여 표 12-6과 표 12-7에서는 '레스토랑산업 영업레포트. 20××' 로부터 산업자료를 얻었다. 완전한 분석은 유형, 크기, 지리적 위치, 연수, 그리고 소유형태에 대한 세부적인 수치를 제공하여 준다.

과거와 현재의 원가범주 퍼센티지 수치를 비교하는데 있어 업자는 모든 추세를 알고 있어야 한다. 이들은 분석하는데 관련되어 있는 분야에 있어 관리의 부족을 나타내 줄 수 있다. 기구비(utility costs)가 특정기간 동안 꾸준한 비율을 유지한다면, 예컨대 갑작스런 폭등이나 폭락에는 빠른 대책이 필요하다 하겠다.

비용범주는 변동비, 반변동비, 그리고 고정비로 구분될 수 있다. 변동비는 판매량과 다소 직접적으로 변화를 줄 수 있어야 한다. 재료원가는 좋은 예이다. 가령 인건비와 같은 반변동비는 매출량에 변화를 주나 변동식료원가와 같지는 않다.

표 12-6 원가비율 분석 I

풀-메뉴 테이블서비스 손익계산서(단위 : 천 원)						
	좌석당 액수			판매 대비율		
	낮은품질	중간품질	높은품질	낮은품질	중간품질	높은품질
판매						
음식	1,919	3,492	5,445	70.7%	78.7%	90.5%
베버리지	445	921	1,789	16.4	24.3	31.0
총판매	2,530	4,333	7,036	100.0	100.0	100.0
판매원가						
음식	682	1,244	2,031	33.4	37.0	40.7
베버리지	113	245	473	22.9	26.7	32.4
총판매원가	875	1,518	2,447	31.7	34.9	38.5
총수익	1,542	2,845	4,492	61.5	65.1	68.3
기타소득	12	42	122	0.3	0.8	3.2
총소득	1,650	2,940	4,634	62.5	66.3	69.9
통제 가능한 비용						
급료	722	1,247	1,947	24.8	29.2	34.3
종사원편익	63	146	305	2.0	4.0	6.1
직접영업비	130	261	474	4.1	6.1	8.5
음악과 오락	6	34	84	0.2	0.9	2.5
광고/촉진	32	84	161	1.0	1.9	3.4
용품	101	157	233	2.5	3.4	4.4
행정과						
일반관리비	63	172	410	2.0	4.0	7.2
수선관리	39	77	138	1.1	1.7	2.5
총통제 가능한 비용	1,289	2,265	3,579	44.8	51.2	58.0
점유원가 이전 소득	260	621	1,158	8.8	14.1	20.9
점유원가						
임대	137	230	404	3.0	5.0	6.9
재산세	15	28	52	0.3	0.6	1.1
기타세금	9	29	103	0.2	0.7	3.1
재산보험	38	63	111	0.9	1.6	2.6
총점유원가	149	300	548	4.3	6.6	9.5
이익과 감가상각			676	2.6	6.9	13.1
이전소득	63	326				
이자	15	50	120	0.3	1.2	2.5
감가상각	67	146	251	1.8	3.0	4.6
레스토랑 수익	(48)	137	482	(1.7%)	3.2%	9.2%

표 12-7 원가비율 분석 Ⅱ

풀-메뉴 테이블서비스 순수익(단위:천 원)												
항 목	좌석당 액수						총 판매대비율					
	순수익			순손실			순수익			순손실		
	낮은 품질	중간 품질	높은 품질	낮은 품질	중간 품질	높은 품질	낮은 품질	중간 품질	높은 품질	낮은 품질	중간 품질	높은 품질
판매												
음식	2,789	4,163	6,246	1,540	2,640	4,459	72.0%	80.8%	95.9%	67.4%	77.0%	86.6%
베버리지	555	1,191	2,254	394	905	1,429	15.2	22.9	29.5	17.9	24.9	33.8
총판매	3,381	5,197	7,788	1,962	3,616	6,208	100.0	100.0	100.0	100.0	100.0	100.0
판매원가												
음식	1,030	1,499	2,331	606	993	1,622	33.1	36.8	40.6	34.9	38.5	42.9
베버리지	139	306	587	103	255	407	23.8	27.2	32.0	23.8	27.8	34.6
총판매원가	1,154	1,877	2,637	744	1,265	2,144	31.9	35.0	38.5	32.9	36.2	39.8
총수익	2,110	3,313	5,154	1,233	2,342	3,807	61.5	65.1	68.1	60.2	63.8	67.1
기타 소득	13	41	113	6	30	111	0.3	0.7	2.1	0.1	0.8	3.0
총소득	2,213	3,445	5,362	1,345	2,450	3,385	63.0	66.2	69.7	60.9	65.2	68./8
통제 가능한 비용												
급료	895	1,401	2,082	642	1,004	1,785	23.7	27.3	31.6	25.7	31.3	35.8
종사원편익	62	169	327	43	114	244	1.5	3.4	5.4	1.7	3.8	5.7
직접영업비	146	269	465	132	267	536	3.7	5.3	7.4	5.1	6.7	11.2
음악과 오락	4	15	80	13	39	106	0.1	0.4	1.7	0.4	1.2	3.2
광고/촉진	36	84	158	32	99	173	1.0	1.7	3.0	1.3	2.4	4.3
용품	118	174	253	86	146	212	2.5	3.3	4.2	2.9	3.7	5.2
행정과 일반관리비	75	189	464	58	151	327	1.9	3.8	7.1	2.4	4.5	8.4
수선관리	48	86	149	36	66	132	1.1	1.6	2.4	1.2	1.9	2.9
총통제 가능한 비용	1,513	2,485	3,845	1,180	2,041	3,554	43.0	48.3	53.0	51.3	58.1	65.3
점유원가 이전소득	524	904	1,532	57	269	605	13.1	17.02	23.7	2.3	7.7	12.7
점유원가												
임대	142	242	427	119	213	372	2.9	4.7	6.4	3.4	5.9	8.1
재산세	14	27	45	15	30	60	0.3	0.6	0.9	0.4	0.9	1.5
기타세금	10	27	95	7	35	129	0.2	0.6	2.8	0.2	1.2	3.6
재산보험	37	62	108	36	63	116	0.8	1.4	2.2	1.2	1.8	3.0
총점유원가	153	305	560	134	264	549	3.9	6.3	8.7	5.0	7.5	12.6
이익과 감가상각 이전 소득	280	509	958	(164)	(25)	153	6.1	10.2	15.8	(4.6)	(0.6)	3.9
이자	13	41	113	19	61	137	0.3	1.0	2.1	0.7	2.0	4.0
감가상각 그 밖의 공제	68	145	240	64	151	272	1.6	2.6	3.7	2.5	4.1	6.6
이전 순소득	130	297	689	(399)_	(165)	(50)	3.1	6.6	12.0	(9.7)	(4.5)	(1.8)
그 밖의 공제	9	30	196	23	37	103	0.2	1.0	3.2	0.4	1.4	3.4
세이전 순손익	105	255	637	(412)	(194)	(62)	2.7%	5.6%	10.9%	(10.1)%	(4.8)%	(2.1)%
기타 자료												
커버당 평균수령액	5.36	10.56	16.51	6.65	10.55	16.85						
평균일일 좌석회전	0.8	1.5	2.7	0.5	0.9	1.4						
생산성지수	2.90	3.29	3.83	2.45	2.93	3.45						

행정과 일반관리비와 같은 고정비용이 매출량에 영향을 미침에도 불구하고 꾸준히 유지된다. 비용이 더 변동할수록 판매와 관련된 비율수치는 더 중요하다.

가장 큰 비용범주 중에서 2가지는 인건비와 재료원가이다. 이들은 프라임 원가라고도 한다. 경영자는 판매에 대한 인건비의 비율이 어느정도가 적합한지를 알아야 한다. 만약 바라는 것이 판매가격보다 비율이 높다면 그 높은 것은 더 나은 인건비 분석과 관리에 대한 필요성을 제기하는 것일 수 있다. 작업시간당 제공된 식사나 작업시간당 판매량과 같은 작업생산표준 이용은 증가하는 곳을 발견할 수 있다.

한편 인건비율이 계획한 것보다 낮을 경우, 업체는 너무 적은 인원을 고용하고 있어 고객에게 표준 이하의 음식과 서비스를 제공할 수 있다. 품질관리는 인건비와 재료원가관리만큼이나 중요하다.

이미 앞에서 언급한 것과 같이 재료원가는 가장 중요한 변동비 중의 하나이다. 식사의 수가 변화되는 것처럼 사용된 총재료원가 또한 변화되어야 한다.

비록 프라임 원가가 전체원가 중 주요부분이라고 할지라도 다른 범주도 연구해야 한다. 단기간에 현금의 지출을 막기 위한 한 방법이 필요한 수선과 유지를 금지하는 것일 수 있으나 나중에 막대한 비용이 투입될 수 있다는 점을 고려하여야 한다.

원가비율을 분석하는데 있어서는 표준과 비교하지 않는 것에 주의해야 한다. 편의식품과 가공식품을 이용하는 업체는 낮은 인건비를 가지게 된다. 하지만 그 반면에 높은 재료원가를 가질 수 있다. 업체는 만약 낮은 메뉴가격이 높은 재료원가 비율에도 불구하고, 더 높은 수익을 제공할 만큼 부가적인 사업 이상으로 결정된다고 믿는다면, 정상적인 재료원가보다 더 높은 재료원가를 감당하고자 한다. 비교적 높은 엔터테인먼트 비용과 광고비용에도 마찬가지이다.

2개 업체의 원가비율을 비교하는데 있어서는 유사한 유형인지를 알아야 한다. 패스트푸드 햄버거스탠드와 고급 레스토랑의 비용은 상당히 다를 수 있다. 또한 개개의 업체는 같은 회계분류를 이용하고 있는지도 파악함이 좋다. 매출량은 또한 원가비율, 특히 고정비용에 있는 것들에 영향을 미친다. 행정비와 일반관리비는 판매의 많은 비율을 차지할 수 있다.

만약 매출량이 배가 되는데 새로운 비용이 발생하지 않았다면, 그런 비율수치는 반으로 줄여야 한다. 또한 메뉴가격이 적합한지를 알아야 한다.

너무 낮은 메뉴가격은 판매에 영향을 미치고 비율에 영향을 미친다. 통제 가능한 비용은 경영자의 원가관리 효율성에 아주 중요하다. 재료원가나 노동원가를 줄일 수 있는 것처럼 경영자가 통제할 수 있는 비용도 있다.

원가를 분석하기 위하여 비율을 이용하는 것 대신에, 어떤 업체들은 특정 원가범주를 위하여 좌석당 원가를 결정한다. 따라서 가령 에너지, 마케팅, 그리고 점유원가는 판매비율로서 원가의 양 대신에 좌석당 원가를 제공하기 위하여 좌석수로 나눌 수 있다. 이것은 특정원가에 대해 더 나은 측정치를 제공할 수 있다. 또한 에너지나 린넨의 가격과 같은 특정원가에 대한 특정계산이 있을 수 있다.

설명한 바와 같이 통제 가능한 원가는 판매의 비율, 좌석당, 그리고 식사당으로 분석될 수 있다.

표 12-8은 음식 서비스업을 분석하기 위하여 이용할 수 있는 형태의 것이다. 식사기간 동안의 특정식사 때(아침, 점심, 또는 저녁)보다는 오히려 일수로 구분하는 것이 업체에게 있어서는 더 좋다. 매출량, 고객의 수, 종업원의 근무시간은 쉽게 판매기점등록기나 다른 방법으로부터 쉽게 결정 될 수 있다. 이러한 정보를 통하여 평균체크, 좌석당 회전율, 근무시간별 서브받은 고객수, 그리고 근무시간당 매출량은 쉽게 결정될 수 있다.

대부분의 판매기점등록기는 이런 계산을 행해줄 수 있다.

표 12-8 레스토랑 분석(1,000석 레스토랑)

식사기간	매출량	고객수	좌석수	근무시간	평균체크	좌석당 매출량	좌석당 회전율	근무시간별 고객수	근무시간별 매출량
8~11	600	150	100	20	4.00	5.00	1.5	7.5	30
11~3	1200	200	100	30	6.00	5.33	2.0	6.7	40
3~8	800	150	100	25	5.33	8.00	1.5	6.0	32
8~11	250	100	100	10	2.50	2.50	1.0	10.0	25
합계	2850	600	400	85	4.75	28.50	6.0	7.1	33.53

4. 수익분석

비용이 판매로부터 공제될 때 남은 금액을 말한다. 비율분석과는 달리 수익은 사업의 생존과 업자를 충족시키기 위해서 사업에 적합한 것이어야 한다. 비율은 바라는 수익을 나타낸다. 하지만 업자가 그 수익에 충족하지 못하고 더 나은 노력을 통하여 더 많은 것을 얻을 수 있다면 수익은, 단순히 불충분하게 된다.

총액주의의 원칙

① 수익과 비용은 총액을 기재하는 것이 원칙
② 총매출액에서 에누리, 환입, 할인액을 빼서 순매출액을 표시한다.
③ 매출원가는 다음과 같이 표시한다.
기초재고액+당기매입액(제주원가)−기말재고액

구분 표시의 원칙

① 영업손익(수익−비용=영업이익),
경상손익(영업외수익−영업외비용=경상이익),
당기순이익(특별이익−특별손실=당기순이익)
의 계산방식에 따라 구분한다.
② 매출총이익은 기업회계원칙에서는 표시하지만 상법에서는 반드시 표시하지 않아도 된다

발생주의의 원칙

① 수익과 비용은 현금수지에 관계없이 발생한 기간에 할당한다.
② 미실현수익은 원칙상 당기의 손익계산으로 계상하지 않는다.
③ 선수수익과 선급비용은 당기의 손익계산에서 빼고,
미수수익과 미지급비용은 계산한다.

비용, 수익 대응의 원칙

① 수익과 비용은 그 발생원천에 따라 분류하고, 관련하는 수익과 비용을 대응시켜 표시한다.
② 매출액과 매출원가(제품대응), 매출액과 판매관리비(기간대응) 등

실현주의의 원칙

① 매출액은 상품의 판매와 서비스 제공에 따라 실현한 것에 한한다.
(판매기준, 발송기준 등)
② 할부판매는 할부기준(기일도래기준) 또는 회수기준, 건설업은 공사완성기준 또는 공사진행기준 등이 안전도이다.
③ 자산 평가이익은 계산하지 않는다.
그리고 동일 기업 내의 부문간 거래로 생긴 내부이익은 제거한다.

그림 12-3 손익계산서(P/L)의 작성원칙

Chapter 13

손익분기점

Section 1 손익분기점의 개념

손익분기점(BEP : Break Ever Point)이란 손실과 이익이 균형된 상태를 의미하며 인원 %, 수량, 횟수, 매출액 등 다양한 형태로 표시할 수 있는데 일반적으로는 매출액으로 표시한다. 즉, 이익도 손실도 발생하지 않는 매출액을 손익분기점이라고 한다. 광의의 손익분기점은 매출, 비용, 이익의 관계로서 현상분석이나 계획설정의 경우에 그 적용범위가 넓게 활용되고 있다.

손익분기점 분석이란 비용, 매출과 수익간의 관계를 보여준다. 그 관계는 메뉴가격결정에 있어 얼마나 많은 비용이 포함되어야 하는지에 관한 이해에 도움을 줄 수 있다. 손익이란 것은 손실과 이익을 말한다.

외식산업에 있어서 원가관리라는 용어는 음식 서비스단위의 기능과 관련된 소득과 비용의 모든 항목에 대한 관리를 의미하여 왔다. 그러한 것 중에서 하나가 손익분기점이다. 성공적인 경영을 위해서는 수익과 손실을 결정하는 원가와 매출량 사이의 관계를 알 필요가 있다. 손익분기점에 의하면 이들 관계를 알 수 있다. 또한 영업으로 벌어들인 매출액, 수익 또는 손실, 비용구조, 메뉴가격의 변화, 판매를 증가시키기 위한 추가적인 광고비와 같은 비용발생의 타당성과 사업확대의 타당성에 관한 정보를 얻어낼 수 있다.

손익분기점 차트는 매출량과 소득, 그리고 수익과 손실 간의 관계를 그래픽에서 나타낸다. 그러기 위하여 업체가 비용을 상쇄할 수 있는 매출량을 보여주어 수익이 발생하는 것을 나타내어 준다. 또한 그것은 메뉴가격의 변화로 인한 기대효과도 밝혀 줄 수 있다. 그것은 메뉴가격을 더 높일 것인지 아니면 메뉴가격을 고객의 증가에 맞출 것인지를 결정하는데 도움을 제공하여 줄 수 있다.

판매와 원가범주는 손익분기점 그래프에 나타나 있다. 사실상 그 차트는 '시각적이고 가변적인 예산(a visual and variable budget)' 이라 할 수 있다. 그것은 특정 판매를 위한 사전 원가를 보여준다. 판매뿐만 아니라 수익을 나타내 줌으로써 그것은 판매만이 아닌 수익을 추구할 수 있도록 하여 준다. 재정적인 문제는 그들이 발생하기 이전에 나타나며, 문제가 발생하기 이전에 조치를 강구할 수 있는 바탕이 된다.

그래픽에서 원가와 판매의 표시는 표나 통계형태로 제시하는 것보다 정보를 더 쉽게 얻을 수 있다. 손익분기점 차트는 과거 업무수행을 설명하기 위하여 사용되거나, 미래의 업무수행의 예산책정이나 예측으로서 이용될 수 있다.

Section 2 기본적인 분석

손익분기점 차트는 L형의 그래프이다. 보통 왼쪽의 수직선은 액수를 나타내고, 수평선은 식사의 수량을 나타낸다. 예컨대 10,000원의 가격으로 판매된 매출량이 1,000개라면 그림 13-1과 같이 그려진다.

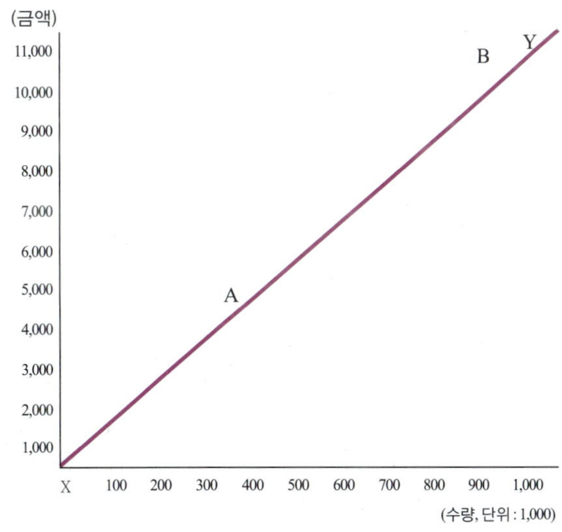

그림 13-1 매출라인 I

차트를 그릴 때에는 고정비와 변동비 같은 원가를 고려해야 한다. 고정비는 판매량과 관계없는 비용이다. 이는 임대료나 보험료와 같은 비용이다. 식음료재료비나 린넨과 같은 변동비는 매출량과 직접적으로 관련되어 있어서 다양하다. 어떤 비용은 매출량이 변동함에 따라 변하므로 반변동비용이라고 한다. 인건비와 같은 경우는 여기에 속한다. 이는 고정비용과 같은 성격도 띠게 된다. 그러나 매출량이 증가함에 따라 가령, 매출량이 50% 정도 증가하면 인원충원에 있어서도 반드시 50%가 증가해야 된다는 것은 아니지만 더 많은 인원이 필요하게 된다.

고정비의 경우는 예외로 매출량과 관계가 없다. 차트상에 판매량과 비용의 선(line)을 그리기 위하여 2개 이상의 점이 필요하다. 물론 직선은 이 2개의 점을 통과하게 된다. 그러나 직선상에 없는 더 많은 점이 있다면 그 점들을 통과하는 직선이 그려진다. 비록 그들이 서로 교차하지 않을지라도 유사하다. 적당한 점들이 그려진다면 곡선으로 나타날 수도 있다. 특정판매에 있어 변화가 심하다면 서로 엇갈린 그림이 그려진다.

예컨대 식사당 평균가격이 10,000원이고 800개의 식사를 판매했다고 하며 매일 수익 450,000원을 일일기준으로 한 외식업체의 재무자료를 다음과 같이 가정한다.

표 13-1 매출량 비교

(단위 : 원)

	매 출 량 1	매 출 량 2
판매된 식사의 수	400	1,000
식사당 10,000원의 수입	4,000,000	10,000,000
고 정 비	1,000,000	1,000,000
행 정 비	800,000(20%)	1,600,000(16%)
식 품 비	1,400,000(35%)	3,500,000(35%)
인 건 비	1,400,000(35%)	3,000,000(30%)
손 익	−600,000	900,000

이러한 수치를 이용할 경우 매출량 1에 있어서는 손실액이 600,000원이 되고 매출량 2에 있어서는 수익이 900,000원이 된다.

이러한 매출량을 손익분기점 차트에 옮긴다면 그림 13-2와 같게 된다. 400개의 매출량일 경우는 점 A이고, 1,000개의 판매량일 경우에는 점 B이며 이들 점을 연결한 선이 XY이다.

1,000,000원의 고정비는 그림 13-2의 CD점을 연결하는 수평선이다. 일일 고정비는 영업일수에 의해 전체 연고정비용을 나누면 된다.

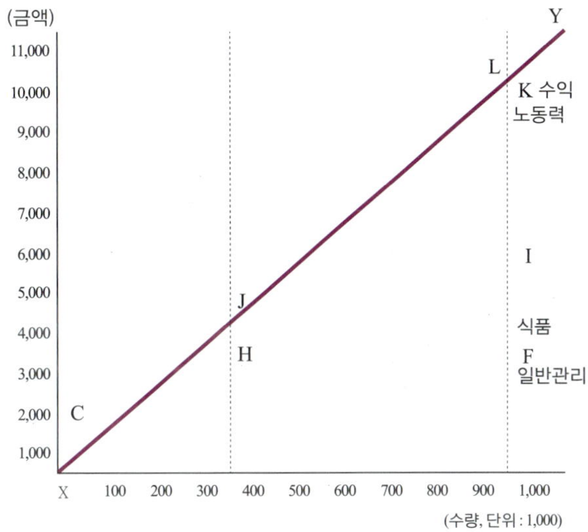

그림 13-2 매출라인 Ⅱ

800,000원과 1,600,000원의 행정비는 고정비용에 더해져서 총비용은 1,800,000원과 2,600,000원이 된다. 또 이들 점은 EF점을 연결하는 선이 된다.

1,400,000원과 3,200,000원의 식음료재료비는 상기의 총비용에 더해지고 새로운 총비용이 HI점인 3,200,000원과 6,100,000원이 된다. 여기에 인건비 JK점인 4,600,000원과 9,100,000원이 더해진다.

매출량 직선을 관통하는 점은 식사수가 750개, 매출량이 7,500,000원이 된다. 이 점이 손익분기점이 된다. 왼쪽 J점은 손실폭을 나타내며 오른쪽 K는 수익폭을 나타낸다. 차트에 의하면 1,000개의 식사를 판매할 경우에 수익폭은 LK인 450,000원이 된다. 이러한 손익분기점 차트는 일일기준으로 그려질 수 있으며 그 이외에 매출량에 수익과 비용의 분포를 나타내는데에도 이용된다.

예컨대 판매가격에 있어 10%가 증가하였으나, 가격증가가 매출량 5% 정도를 감소시킬 것으로 기대된다고 가정하자. 10%의 메뉴증가는 평균 11,000원이 된다. 그러면 400개의 매출량은 4,400,000원이 되고 1,000개의 매출량은 11,000,000원으로 그림 13-3의 XY선상의 B점이 된다. 총비용 JK는 같다. 만약 매일 800개의 가격증가로 인해 약 5% 정도 감소된다면 새로운 판매량 760개가 된다.

760개의 수익폭은 QR점이 되어 1,100,000원이 된다. 앞에서의 450,000원의 수익에 비해서 바람직한 증가라고 할 수 있다.

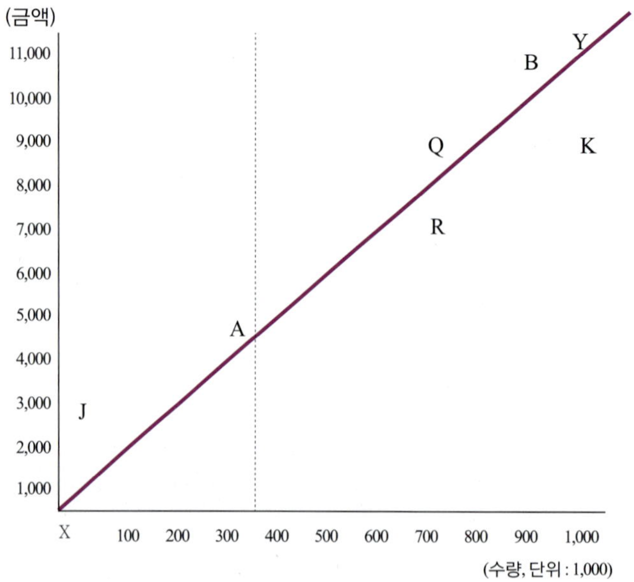

그림 13-3 10%의 메뉴 판매가격 증가 효과

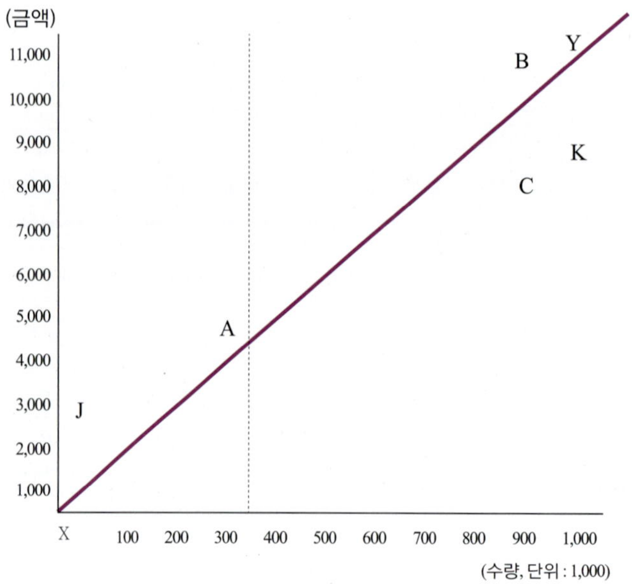

그림 13-4 낮은 판매가격의 효과

한편 매출당 평균가격이 9,500원이라면 400개의 식사판매에 대해 매출량 1에서는 매출량이 3,800,000원(그림 13-4의 A점), 매출량 2에서는 매출량이 9,500,000원(점 B)이 된다. 손익분기점 차트에 의하면 매출량 1에서 수익 450,000원에 대한 수익폭은 BC가 된다.

손익분기점 차트는 일일, 주, 월, 년 또는 특정기간을 기준으로 작성될 수 있다. 연별 손익분기점 차트는 업체 확장가능성이나 새로운 업체의 경영타당성을 파악하는 데에 도움이 된다.

Section 3 손익분기점 분석의 단점

손익분기점 분석은 매출량-비용의 수익관계를 분석하는 데에 도움이 되는 방법일 수 있다. 그러나 음식 서비스업체가 그들을 이용하는데 있어 복잡한 요인들이 존재하고 있음을 인식해야 한다.

손익분기점 차트는 한 개의 상품만 존재할 경우 아주 효과적이다. 그러나 음식 서비스업체의 메뉴는 보통 여러 가지의 상품으로 구성되어 있다. 이러한 여러 메뉴의 마크업과 수익 퍼센티지는 아주 다양하며 똑같은 조정작업이 각각의 메뉴에 대해 적용되지 않기 때문에, 전체 메뉴가격의 증감을 적용하기가 어렵다. 이를 극복하기 위해서는 손익분기점 계산에 있어 가중이나 평균변화를 고려하는 것이 가능하다. 예컨대 스테이크를 선정하였다면 그 스테이크는 주요판매 메뉴 중 하나이다. 손익분기점 분석은 최적판매가격을 결정하기 위하여 이용될 수 있다. 물론 고정비용과 스테이크 판매에 할당되어야 하는 다른 비용비율의 가정이 있어야 한다.

손익분기점 차트를 이용하는 데 있어 또 다른 요인은, 수집된 자료의 관련범위이다. 직선은 수직축으로부터 반대편 가장자리로 확대된다. 이들은 잘못될 수 있는데, 특히 비용을 나타내는 선의 전체길이에 대해 똑같은 단위-비용-시간-매출량 관계를 가지고 있지 않기 때문에 변동비에 있어 더욱 그러하다. 다른 매출량에 있어서 단위비용은 서로 다른 자원의 이용으로 변화 될 수 있다. 서로 다른 매출량에 있어, 서로 다른 단위비용은 직선으로 나타낼 수 없고 곡선과 같은 선으로 나타내게 된다.

이러한 성격 때문에 손익분기점은 정확한 정보를 제공할 수 없다. 대신 가격결정을 위한 기초자료나 다른 재무 의사결정에 있어 첫 번째 단계로서 도움이 된다. 그러나 최종 의사결정 이전에 또한 다른 분석이 도입되어야 한다.

Section 4 공헌이익

공헌이익의 분석은 원가-매출량-수익 관계의 연구에 있어 유익하다. 이것은 상품을 생산하는 데 필요한 변동비에 대한 상품의 초과이익이다.

회사의 특징에 맞춰 공헌이익을 파악한다.

1. 부문별 업적 파악 기준

매출액		
변동비용		
한계이익	공헌이익1	상품별판매이익
관리기능고정비용		
관리기능이익	공헌이익2	부문책임자의 업적
관리불능고정비		
부문별이익	공헌이익3	부문의 최종성적
본사비배부액		
사업부이익	공헌이익4	사업부의 최종성적

2. 업적평가를 위한 비용 분류

어떤 한 메뉴품목을 10,000원에 판매하고 변동비가 6,000원이라고 가정하자. 공헌율은 4,000원이고 고정비와 수익에 대한 변동비는 매출량의 40%가 된다. 이것은 다음과 같이 설명할 수 있다.

표 13-2 공헌이익

	식 사 당	비 율
판매가격	10,000원	100%
변 동 비	6,000원	60%
공헌이익	4,000원	40%

공헌이익의 적용은 다음과 같은 공식에 의한다.

Check point

$$\text{손익분기점에 필요한 판매수입} = \frac{\text{고정비}}{\text{판매수입의 비율로 나타나는 공헌이익}}$$

만약에 공헌율이 한 메뉴품목이 아닌 전체 메뉴판매에 대해 40%이고, 고정비가 60,000,000원이라 한다면 손익분기점은 150,000,000원이 된다.

$$\frac{6{,}000{,}000}{40\%} = 150{,}000{,}000\text{원}$$

또한 이것은 매출액 대신에 판매된 식사수로 계산될 수 있다. 만약 평균 식사가 10,000원에 판매되고 식사당 공헌율이 4,000원이라면 15,000개의 식사가 손익분기점에서 판매된다.

$$\text{식사수의 손익분기점} = \frac{\text{고정비}}{\text{단위당 공헌이익}}$$

$$= \frac{6{,}000{,}000\text{원}}{4000\text{원}} = 15{,}000\text{개의 식사}$$

공헌이익을 이용함으로써 또한 목표수익에 필요한 판매량을 결정할 수 있다.

Check point

$$\text{목표수익 달성에 필요한 판매수입} = \frac{\text{고정비} + \text{목표수익}}{\text{판매수익률로 나타나는 공헌이익}}$$

세전 수익이 30,000,000원을 목표로 하고 있다면 이것은 225,000,000원의 매출량을 요구할 것이다.

$$\frac{60{,}000{,}000\text{원} + 30{,}000{,}000\text{원}}{40\%} = 225{,}000{,}000\text{원}$$

공헌이익은 계획하는데 도움이 될 수 있다. 예컨대 레스토랑은 적은 수익으로 인하여 조식은 제공하지 않는 것을 원칙으로 고려하고 있다. 그러나 조식이 고정비와 총비용에 대한 그것의 공헌이익에 관하여 고려된다면 조식을 판매하는 것이 바람직하다. 공헌이익개념은 메뉴가격을 결정하는데 있어서도 이용된다.

공헌이익을 계산하는데 있어서는 식음료재료와 같이 하나의 변동비나 총비용을 이용할 수 있다. 그러나 고정비와 몇몇 변동비 사이에 실질적으로 구분이 안 되는 것도 있다. 예컨대 인건비가 그것으로, 변동비 또는 고정비로 구분하는 것이 좋다.

(1) 목표이익 – 목표매출액

Check point

- 손익분기점 매출액 = 고정비 ÷ $\left(1 - \frac{\text{변동비}}{\text{매출액}}\right)$
- 목표 이익에 이르는 매출 = (목표이익 + 고정비) ÷ 한계 이익률

(2) 한계이익

Check point

- 매출액 – 변동비(매출액에 비례하는 비용, 매출원가가 대표) = 한계이익
- 한계이익(매출액에 비례하는 이익, 변동비를 매출 원가라고 생각하면 매출 총이익)
  – 고정비(매출액에 관계 없이 드는 비용, 판매비·일반 관리비)
  = 이익 또는 손실(영업 이익이 된다)

(3) 손익분기점 매출액의 계산공식

① $\text{BEP} = \dfrac{F}{1 - \dfrac{V}{S}}$

② $BEP = \dfrac{F+P}{1-\dfrac{V}{S}}$ (P : 목표이익)

③ $BEP = \dfrac{F \pm f + P}{1-\dfrac{V}{S}}$ (f : 고정비용의 증가)

④ $BEP = \dfrac{F}{1-\left(\dfrac{V}{S}\right) \pm r}$ (r : 변동비용의 증가)

⑤ $BEP = \dfrac{F}{1-\left(\dfrac{V}{S}\right) \pm g}$ (g : 매출이익률의 증가)

• BEP : 손익분기점 • F : 고정비용 • V : 변동비용 • S : (현재의) 매출액

Check point

$$\frac{\text{변동비용}}{\text{매출액}} = \text{변동비용}$$

$$1 - \frac{\text{변동비용}}{\text{매출액}} = \frac{\text{매출액} - \text{변동비용}}{\text{매출액}} = \text{한계이익률}$$

(4) 손익분기점 매출액

1) 이익 계산식에서 이익이 제로인 상태

Check point

고정비 = 한계 이익액 = 매출액 × 한계이익률 ··················①

2) 손익분기점 매출액 식

① 식으로부터 다음을 얻는다.

Check point

$$\text{매출액} = \frac{\text{고정비}}{\text{한계이익률}} = \frac{\text{고정비}}{1 - \text{변동비율}}$$

3) 경영 안전율을 구한다.

Check point

$$경영안전율 = 1 - \frac{손익분기점\ 매출액}{현재의\ 매출액}$$

(A사의 손익분기점 매출액 계산)

Check point

예1 이익 계획에서의 중요 숫자

- 매출액 400억 원
- 매출원가 280억 원(비율 70%)
- 판매변동비 12억 원(비율 3%)
- 변동비율 73%
- 한계 익률 27%
- 고정비 88억 원

- 손익분기점 매출액 계산

$$매출액 = \frac{880,000}{0.27} = 32,592,590,000원$$

경영안전율을 구한다.

$$안전율 = 1 - \frac{32,592,590}{40,000,000} = 18.5\%$$

4) 이익 도표

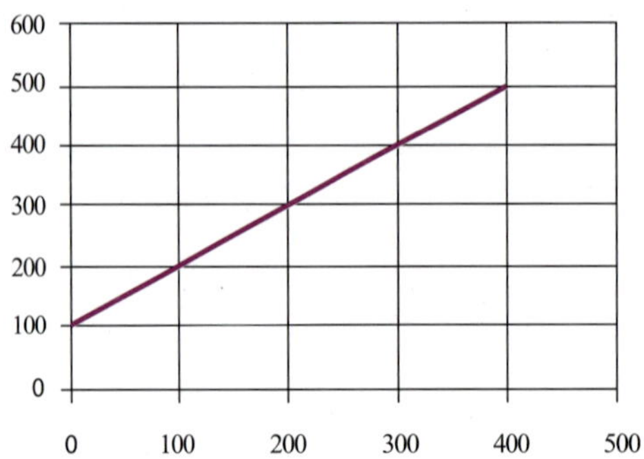

5) 손익분기점 계산식의 활용(현재의 비용 구조)

Check point

$$손익분기점\ 매출액 = \frac{고정비}{1 - 변동비율}$$

① 목표 이익액을 올리기 위한 매출액

비용의 구조는 변하지 않는다. 즉, 고정비와 변동비율은 현재의 숫자를 바꾸지 않는다.

Check point

$$필요\ 매출액 = \frac{고정비 + 목표이익액}{1 - 변동비율}$$

② 목표 이익액을 올릴 때 고정비 증감과 필요 매출액의 변화

Check point

$$필요\ 매출액 = \frac{고정비 + 목표이익액 \pm 변동시킬\ 고정비}{1 - 변동비율}$$

③ 고정비와 매출액을 움직이지 않고 변동비율을 변화시켜서 목표이익액을 올린다.

Check point

$$매출액 = \frac{고정비 + 목표이익액}{1 - (변동비율 \pm 변동시킬\ 변동비율)}$$

④ 고정비를 삭감해서 손익분기점 매출액을 낮춘다.

Check point

$$손익분기점\ 매출액(1 - 낮추는\ 비율) = \frac{허용\ 고정비}{1 - (변동비율)}$$

예2 비용을 변동비와 고정비로 나누면 손익분기점을 간단하게 알 수 있다.

손익계산서 → 종합원가계산		
매출액	(A)사	(B)사
총비용	3,000(만 원)	3,000(만 원)
이익	2,700	2,700
	300	300
두 회사 모두 같은 경영상태인가?		

⇩ 경영실태를 알 수 있다.

총비용을 상세하게 구분한다 → 직접원가계산		
	(A)사	(B)사
매출액	3,000(만 원)	3,000(만 원)
비용	(2,700)	(2,700)
변동비용	1,800	1,500
고정비용	900	1,200
이익	300	300

A사는 B사보다 경영 내용이 좋다. 왜냐하면 A사는 손익분기점이 낮아 불황에 강하기 때문이다.

⇩ 명백한 우열의 차가 있다.

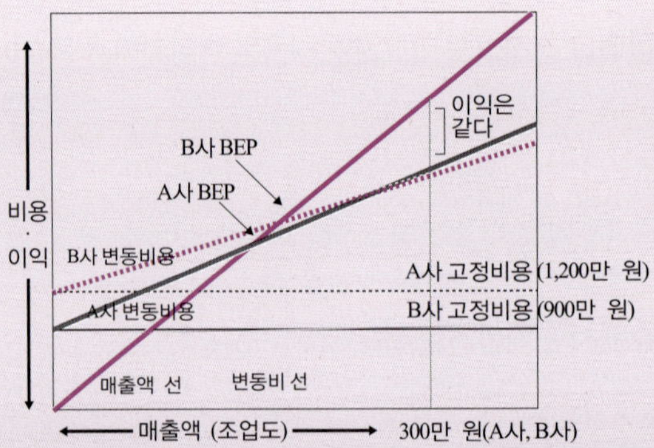

손익분기점(B.E.P)을 비교한다.

손익분기점 공식을 알면 채산성 계산이 쉬워진다.

1. 고정비율을 한계이익률로 나누면 손익분기점 매출액이 나온다(분기점공식).

- 매출액 − 변동비용 = 한계이익
- 한계이익 ÷ 매출액 = 한계이익률
- 고정비용 ÷ 한계이익률 = 손익분기점매출액

2. 손익분기점 매출액을 계산해 비교한다(분기점의 계산).

	(A)사	(B)사
매출액	3,000만 원	3,000만 원
변동비용	1,800만 원	1,500만 원
한계이익	1,200만 원	1,500만 원

① (한계이익률)	(40%)	(50%)
고정비용	900만 원	1,200만 원
② 손익분기점매출액	2,250만 원	2,400만 원
	(900 ÷ 0.4%)	(1,200 ÷ 0.(5)

∴ A사가 B사보다 손익분기점이 낮으므로 양호하다.

③ 경영안전율	75%	80%
	(2,250 ÷ 3,000)	(2,400 ÷ 3,000)

∴ 전자전략까지의 여유도는 A사가 매출액의 25%, B사는 20%가 된다.

3. 차입금 400만 원을 상환하고 목표이익 200만 원을 달성하기 위한 매출액(분기점의 응용)

〈A사〉 $\dfrac{\text{고정비용(900)} + \text{목표이익(200)} + \text{차입금상환(400)}}{\text{한계이익률(0.4)}} = 3{,}750\text{만 원}$

〈B사〉 $\dfrac{\text{고정비용(1,200)} + \text{목표이익(200)} + \text{차입금상환(400)}}{\text{한계이익률(0.5)}} = 3{,}600\text{만 원}$

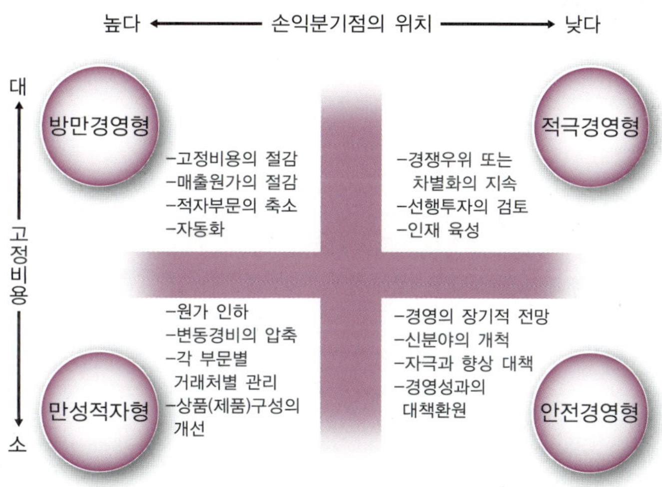

그림 13-5 손익분기점의 위치

Chapter 14

감가상각

Section 1 감가상각의 개념

1. 감가상각의 정의

고정자산은 사용되는 동안에 감모, 마모, 또는 파손되어 가치가 떨어지거나 아예 가치가 없어지기도 한다. 그러나 제품이나 상품처럼 실제로 재고조사를 해서 감모나 마모를 확인하여 금액을 산출하기란 불가능하다. 따라서 고정자산은 정해진 계산방식에 따라 감소한 가치에 대한 금액을 산출해서 이적을 매년 비용화 하는데, 이것을 감가상각이라 하며, 산출된 금액은 감가상각비가 된다.

고정자산에는 유형 고정자산과 무형 고정자산이 있다. 이 2가지 고정자산을 감가상각자산이라고 하며, 여기서 토지나 차지권은 감가상각을 하지 않는다.

2. 감각상각의 분류

(1) 유형 고정자산

토지, 건물, 기계, 차량운반구, 30만 원 이상의 공구, 기구, 비품

(2) 무형 고정자산

영업권, 수리권, 특허권, 실용신안권, 의장권, 상표권, 어업권

3. 임시상각과 특별상각

감가상각은 연별상각을 하는 정규의 감가상각이 있고, 그 이외에도 임시상각과 특별상각이 있다.

(1) 임시상각

신제품을 발매함에 따라 고정자산의 가치가 하락한 경우의 상각이다. 손익계산서의 특별손실로 계상된다.

(2) 특별상각

조세감면규제법에 규정된 상각이다. 이것은 정상적 상각액 이상을 특별히 추가로 인정하는 감가상각으로서, 대개 20~50%까지 허용하고 있다. 특별상각의 목적은 삼업의 근대화, 수출산업의 보호, 그리고 시설기자재의 국산화를 촉진시키는 데에 있다. 그리고 특별상각은 관할 세무서장의 승인을 받아야 한다.

4. 내용연수와 잔존가액

(1) 내용연수

내용연수는 감가상각자산의 사용가능한 연수이다. 여기에는 물리적 내용연수, 경제적 내용연수, 법정 내용연수가 있다. 물리적 내용연수는 물리적으로 마멸될 때까지의 사용연수이고, 경제적 내용연수는 기술혁신에 의해 물리적으로 사용할 수 있더라도 채산상 더 이상 사용할 수 없게 될 때까지의 내용연수이다. 그리고 법정 내용연수는 세법상 규정된 내용연수를 말한다.

내용연수는 물리적 내용연수와 경제적 내용연수를 고려하여 결정해야 하지만, 이에 대한 정확한 추정이 어려우므로 실무에서는 법정 내용연수에 의거하여 결정한다.

(2) 잔존가액

잔존가액은 내용연수가 끝난 시점에서 폐기될 때에 기대되는 추정처분액이다. 세법에서는 유형 고정자산의 잔존가액을 취득가액의 10%로 정하고 있고, 무형 고정자산의 잔존가액은 0으로 정하고 있다. 따라서 고정자산은 취득가액 전부를 비용으로서 상각할 수 있다.

5. 표시방법

(1) 직접법

감가상각에 대해서 차변에 감가상각비를 기입하고, 대변에 당해 고정자산을 기입하는 것으로, 고정자산가액 을 직접감소시키는 방법이다.

(2) 간접법

감가상각에 대해서 차변에 감가상각비를 기입하고, 대변에 감가상각 충당금을 기입하는 것으로 고정자산가액을 감가상각 충당금을 통해 간접적으로 감소시키는 방법이다. 유형 고정자산의 감가상각은 원칙적으로 간접법으로 한다.

6. 처분과 제각

(1) 처 분

고정자산을 매각하는 것을 처분이라 한다. 실무에서는 상각의 번거로움을 덜기 위해 매각할 때에 대부분 감가상각을 하지 않는 경우가 많고, 대신에 처분이익이 증가하게 된다. 또한, 기계를 팔아서 손실이 난 경우에는 차변에 고정자산 처분손실을 기입한다.

현금 감가상각 충당금	기계 고정자산 처분이익

(2) 제 각

사용연수 중에 사용을 중지하고 폐기하는 것을 제각이라 한다.

감가상각 충당금 고정자산 제각손실	기계

7. 무형 고정자산의 감가상각

무형 고정자산은 정액법이 이용된다.

Check point

$$\text{무형 고정자산 감가상각액} = \frac{\text{취득원가} - 0}{\text{내용연수}}$$

표 14-1

종 류	내용연수	종 류	내용연수
특허권	10	전기가스 공급시설 이용권	15
상표권	10	전신전화 전용시설 이용권	20
의장권	7	공업용 수도시설 이용권	15
실용신안권	5	수도시설 이용권	15
수리권	15	열공급 시설 이용권	15
어업권	10	댐 사용권	50
영업권	5	수도시설 관리권	30
광업권	20	유료도로 관리권	10
전용측선 이용권	25	하수종말처리장 시설 관리권	25

Section 2 감가상각의 계산방법

계산방법은 정액법, 정률법, 연수합계법, 그리고 비례법이 있는데 각 회사는 이 중에서 한 가지를 선택하여 세무서에 신고해야 하지만, 정률법을 가장 많이 이용하고 있다.

1. 정액법

정액법은 각각 기간 동안에 균등한 금액을 상각하는 방법으로서, 취득원가에서 잔존가액을 뺀 금액을 내용연수로 나누어 감가상각비를 산출한다. 하지만 일반적으로 세법에서 정해진 정액법 상각률을 곱해서 계산한다.

Check point

$$\text{감가상각액} = \frac{\text{취득원가} - \text{잔존가격}}{\text{내용연수}}$$

2. 정률법

정률법은 감가상각 자산의 해당기 초의 미상각잔액에 정률을 곱해서 계산하는 방법이다. 여기서 미상각잔액이란 취득원가에서 지금까지의 감가상각비를 뺀 금액을 말하며, 각각의 정률은 세법에 의해 정해져 있다. 정률법으로 계산하면 감가상각비는 초기년도에 가장 많고 그 다음은 해마다 감소한다.

Check point

감가상각액 = 미상각잔액 × 정률

3. 연수합계법

연수합계법은 정률법과 같이 감가상각비가 해마다 적어지나 감소율이 정률법보다 적다. 우리나라에서는 거의 사용되고 있지 않다.

Check point

$$감가상각액 = (취득원가 - 잔존가액) \times \frac{취득원가(내용연수 + 1) \times 내용연수}{2}$$

예 눈꽃 빙수기계의 취득원가 ₩1,000,000원, 추정잔존가치 5%, 추정내용연수 5년, 상각률(r) 0.451

■ 정액법

눈꽃빙수기계의 취득원가 ₩1,000,000, 추정잔존가치 0, 추정내용연수 5년이므로

① 연도별 감가상각비 = ₩200,000

② 정액법에 의한 감가상각비 계산과정

연도	계산과정	감가상각비	감가상각누계액	장부가액
1	₩1,000,000 ÷ 5년	₩200,000	₩200,000	₩800,000
2	₩1,000,000 ÷ 5년	200,000	400,000	600,000
3	₩1,000,000 ÷ 5년	200,000	600,000	400,000
4	₩1,000,000 ÷ 5년	200,000	800,000	200,000
5	₩1,000,000 ÷ 5년	200,000	1,000,000	0
합계		₩1,000,000		

■ 정률법

① 연도별 감가상각비 = 장부가액(미상각잔액) × 상각률

② 상각률 $= 1 - \sqrt[5]{\frac{₩50,000}{₩1,000,000}} = 0.451$

연도	계산과정	감가상각비	감가상각누계액	장부가액
1	₩1,000,000 × 0.451	₩451,000	₩451,000	₩549,000
2	549,000 × 0.451	247,599	698,599	301,401
3	301,401 × 0.451	135,932	834,531	165,469
4	165,469 × 0.451	74,627	909,158	90,842
5	90,842 × 0.451	40,842	950,000	50,000
합계		₩950,000		

*소수점 둘째자리까지만

위의 정률법에 의한 감가상각비 계산과정을 살펴보면, 취득원가 ₩1,000,000 중에서 ₩950,000이 감가상각비로 분배되었고, ₩50,000이 잔존가액으로 남게 된다. 왜냐하면 잔존가치 5%라고 가정하였기 때문이다. 그리고 잔존가액은 완전히 제각(除却)되기 전까지 장부에 계속 기록해 둔다.

■ 감가상각법의 비교

연도	정액법	정률법
1	200,000	451,000
2	200,000	247,599
3	200,000	135,932
4	200,000	74,627
5	200,000	40,842
합계	1,000,000	950,000

4. 비례법

(1) 생산량 비례법

Check point

$$감가상각액 = (취득원가 - 잔존가액) \times \frac{당기\ 실제\ 생산량}{총\ 추정\ 생산량}$$

(2) 작업시간 비례법

Check point

$$감가상각액 = (취득원가 - 잔존가액) \times \frac{당기\ 실제\ 작업시간}{총\ 추정\ 작업시간}$$

부록

현장실습 CHECK 첨부

- REQUISITION SLIP
- BEVERAGE REQUISITION
- INTER-HOTEL TRANSFER REQUISITION
- PURCHASE ORDER
- INTER-KITCHEN TRANSFER SHEET
- REQUEST FOR IDENTIFICATION
- REQUEST FOR ADVANCE PAYMENT

REQUISITION SLIP

☐ FOOD ☐ F&B.O.EQUIPMENT
☐ BEVERAGE ☐ F.F&E
☐ GENERAL ☐ STATIONARY

DATE____________

DEPARTMENT ____________________ No. ______________ ISSUED No. ___________

CODE No.	Q'TY	UNIT	ITEM	Q'TY ISSUED	UNIT PRICE	REMARK

APPROVED BY : ______________________ ISSUED BY : ______________________

REQUESTED BY : ____________________ RECEIVED BY : ____________________

*White-General Store *Blue-Order Dept *Pink-Concerned Dept

BEVERAGE REQUISITION

TO : ____________________
FROM : ________________
DATE : _________________

BIN NUMBER	ITEMS / BRANDS	SIZE / UNIT	REQUISITIONS			RETURNS	REMARKS
			1ST	2ND	TOTAL		

CLERK : ______________ SUPERVISOR : ______________ APPROVED BY : ______________

INTER-HOTEL TRANSFER REQUISITION

Issued From: ____________ (Department) ☐ Food ☐ Beverage Issued To: ____________ (Department) Date: 20 . . .

Ordered Quantity	Unit	Item	Issued Quantity	Unit Cost	Total Cost
Total					

Issued By: ____________ Received by: ____________ Approved by: ____________

Cost Controller Copy

PURCHASE ORDER

NO.

CODE	DESCRIPTION	USE	SIZE	UNIT	QTY	VENDOR		VENDOR		PURCHASING ONLY		
						UNIT PRICE	AMOUNT	UNIT PRICE	AMOUNT	VENDOR	UNIT PRICE	AMOUNT
			SUB TOTAL									

V.A.T	
TOTAL	
PAYMENT TERMS	
DELIVERY TERMS	
PO RECEIPT DATE	
PO APPROVAL DATE	
ORDER DATE	
DELIVERY DATE	

REQUEST DEPARTMENT ________ REQUESTED DATE ________ ORIGINATOR ________

REQUESTED BY ________ DATE REQ / EXPECTED ________ DEPARTEMENT HEAD ________ DIVISION HEAD ________

REMARKS

PURCHASING CLERK	PURCHASING ASST.	PURCHASING MGR.	DIRECTOR OF PURCHASING	CONTROLLER	DEPUTY G.M.	G.M.

WHITE : Purchasing YELLOW : Accounting PINK : Receiving BLUE : Request Department

INTER-KITCHEN TRANSFER SHEET

FROM: DATE: . .

TO	DESCRIPTION / SIZE	TRANSFER		COST	
		Q'TY	UNIT	UNIT	TOTAL
TOTAL					

ISSUED BY	RECEIVED BY	EXECUTIVE CHEF	COST CONTROLLER

COST CONTROL

REQUEST FOR IDENTIFICATION

Please check:

☐ Identification Card ☐ Name Tag ☐ Business Card

Employee Name (ENGLISH) ______________ ______________ ______________
(First Name) (Middle Initial) (Last Name)

(KOREAN) ______________ ______________
(Familiy Name) (Name)

Department : ____________________ Date of Hire ____________________

For Business Card only : Telephone No. ____________________

Extension No. ____________________

Direct Line Number ____________________
(If applied)

Fax Number ____________________

Title : (English) ____________________

(Korean) ____________________

Approval:

____
Department Manager

____
Division Head

____
Director of Human Resources

____
General Manager

REQUEST FOR ADVANCE PAYMENT

DATE PREPARED: ______________________ VOUCHER #. __________

DUE DATE FOR PAYMENT: ________________

DUE DATE FOR SETTLEMENT: ______________

pAYEE: ______________________ DEPT.: ______________

REASON: ______________________________

____

☐ PURCHASING ☐ TRAVELLING ☐ SALARY ☐ OTHERS: __________

DESCRIPTION (P.O#)	AMOUNT
TOTAL	

PREPARED BY	DEPT./DIVISION HEAD	CONTROLLER	R. M.	GENERAL MANAGER

WORKSHEET FOR DAILY MARKET LIST – [1]

ORDER DATE : 2014/07/10

DELIVERY DATE : 2014/07/11

ITEM NO.	ITEM NAME(ENG)	ITEM NAME(KOR)	ITEM SPEC.	UNIT	VENDOR	VENDOR NAME	UNIT PRICE	ON HAND	BUTCHER 02-11	PASTRY 02-12	MAIN HOT 02-13	MAIN COLD 02-14	Coffee shop 02-21	French k 02-22	Italian k 02-23	chinese k 02-26	korean k 02-32	Banquet k 02-33	Japanese k 5A-10
1-01-11-000	*BEEF LOCAL :																		
1-01-11-123	BEEF BONE	잡뼈		KGR	F040	HANKOOK SIK POOM	2,400.00												
1-01-11-171	BEEF INTESTINE	곱창		KGR	F040	HANKOOK SIK POOM	2,300.00												
1-01-11-194	BEEF MARROW SPECIAL-골사골	골수		KGR	F040	HANKOOK SIK POOM	5,000.00												
1-01-11-211	BEEF MUSCLE SEUJI	알스지		KGR	F040	HANKOOK SIK POOM	5,800.00												
1-01-11-422	BEEF ROUND F/YOOK-HOI(육우육회	육회용 방심		KGR	F040	HANKOOK SIK POOM	7,400.00												
1-01-11-511	BEEF SHANK	사태		KGR	F040	HANKOOK SIK POOM	5,000.00												
1-01-11-537	BEEF STRIPLOIN FRZ-MILK BULL	육우 채끝 냉동		KGR	F040	HANKOOK SIK POOM	8,500.00												
1-01-21-000	*PORK LOCAL :																		
1-01-21-139	PORK BELLY IMPORTED		BOX	KGR	F040	HANKOOK SIK POOM	6,400.00												
1-01-21-261	PORK FAT BACK	사각비계		KGR	F040	HANKOOK SIK POOM	1,000.00												
1-01-21-285	PORK NET FAT	돼지 기름망		KGR	F040	HANKOOK SIK POOM	1,200.00												
1-01-21-431	PORK LOIN BONE IN	돼지 등심 뼈있는		KGR	F040	HANKOOK SIK POOM	3,200.00												
1-01-21-432	PORK LOIN BONE OUT	돼지 등심 뼈없는		KGR	F040	HANKOOK SIK POOM	3,200.00												
1-01-21-631	PORK ROUND BONE-OUT	돼지 방심		KGR	F040	HANKOOK SIK POOM	2,800.00												
1-01-21-911	PORK WILD BARBECUE	바베큐 멧돼지		PIECE	F062	WOO JOO NONG JANG	450,000.00												
1-01-51-000	*CHICKEN :																		
1-01-51-611	CHICKEN SPRING	삽계	900GR	KGR	F017	SAM-SEUNG CHOOK SAN	2,900.00												
1-01-51-711	CHICKEN WHOLE BROILER	통닭	1.2KG UP	KGR	F017	SAM-SEUNG CHOOK SAN	2,800.00												
1-01-51-755	CHICKEN WING MEAT	닭봉		KGR	F017	SAM-SEUNG CHOOK SAN	4,500.00												
1-01-51-811	CHICKEN YOUNG	영계	400/500GR	EA	F017	SAM-SEUNG CHOOK SAN	1,600.00												
1-01-51-911	CHICKEN GIZZARD	닭 모래집		KGR	F017	SAM-SEUNG CHOOK SAN	3,000.00												
1-01-52-000	*DUCK :																		
1-01-52-212	DUCK BREAST LOCAL	오리가슴살 국산		KGR	F031	JOO WON NONG SAN	13,000.00												
1-01-63-000	*CASING NATURAL :																		
1-01-63-111	CASING SHEEP 20/22	양장		MTR	F001	NATIONAL SERVICE	450.00												
1-02-11-000	*FISH SEA :																		
1-02-11-111	ANGLER FISH FRESH	아구		KGR	F132	IN-CHUN SU SAN	8,000.00												
1-02-11-116	BLACK SEABREAM FROZEN FILLET	흑돔살 냉동		KGR	F023	E-DEN SOO SAN	10,000.00												
1-02-11-122	COD FISH FRESH (LOCAL)	대구 후레쉬 (국산)	4-5KG UP	KGR	F132	IN-CHUN SU SAN	10,000.00												
1-02-11-211	EEL SEA - ANAGO	바다장어		KGR	F132	IN-CHUN SU SAN	10,000.00												
1-02-11-235	GOMBU JIRI	곰부지리		KGR	F090	CHANG-DAE SU SAN	14,000.00												
1-02-11-252	HAKE FILLET-KING GU WHOLE	통킹구		KGR	F023	E-DEN SOO SAN	5,000.00												
1-02-11-261	HALFBEAK SA-YO-RI	사요리		EA	F132	IN-CHUN SU SAN	1,500.00												
1-02-11-262	HALFBEAK SA-YO-RI F/SUSHI	사요리(스시용)		PKG	F023	E-DEN SOO SAN	3,500.00												
1-02-11-271	HALIBUT FRESH CULTIVATED (L)	활광어 양식 (대)	1.5KG UP	KGR	F132	IN-CHUN SU SAN	20,000.00												
1-02-11-361	MERO FILLET	메로살		KGR	F011	MO-YANG SOO SAN	14,000.00												
1-02-11-425	POLLACK FROZEN CUT BLACK	흑태살		KGR	F132	IN-CHUN SU SAN	4,800.00												
1-02-11-511	SEABASS FRESH CULTIVATED	활농어 양식	1.5KG UP	KGR	F132	IN-CHUN SU SAN	19,000.00												
1-02-11-514	SEABASS FILLET FROZEN	냉동 농어살		KGR	F011	MO-YANG SOO SAN	16,000.00												
1-02-11-522	SEABREAM FRESH CULTIVATED (A)	활도미 양식 (A)	2KG UP	KGR	F132	IN-CHUN SU SAN	24,000.00												
1-02-11-527	SEABREAM DRIED OK DOM	건옥도미 (국산)		KGR	F023	E-DEN SOO SAN	18,000.00												
1-02-11-528	SEABREAM JIRI	지리도미	2KG UP	KGR	F132	IN-CHUN SU SAN	12,000.00												
1-02-11-532	SKATE FISH FRZ. CLEANED	홍어 냉동 손질		KGR	F011	MO-YANG SOO SAN	4,000.00												
1-02-11-552	SISHAMO FRIED FROZEN			EA	F023	E-DEN SOO SAN	350.00												
1-02-11-611	TUNA AKAMI	참치 아까미		KGR	F147	DAE-BO YU TONG	22,000.00												
1-02-11-612	TUNA BIGEYE STEAK	빅아이 스테이크		KGR	F089	WON-YANG MUL SAN	16,000.00												
1-02-11-613	TUNA DORO (A)	참치 도로		KGR	F147	DAE-BO YU TONG	200,000.00												
1-02-11-617	TUNA DORO WHITE	참치 백도로		KGR	F011	MO-YANG SOO SAN	22,000.00												
1-02-11-731	WOO-RUCK FRESH	우럭 (생)		KGR	F132	IN-CHUN SU SAN	15,000.00												

WORKSHEET FOR DAILY MARKET LIST – [2]

ORDER DATE : 2014/07/10

DELIVERY DATE : 2014/07/11

ITEM NO.	ITEM NAME(ENG)	ITEM NAME(KOR)	ITEM SPEC.	UNIT	VENDOR	VENDOR NAME	UNIT PRICE	ON HAND	BUTCHER 02-11	PASTRY 02-12	MAIN HOT 02-13	MAIN COLD 02-14	Coffee shop 02-21	French k 02-22	Italian k 02-23	chinese k 02-26	korean k 02-32	Banquet k 02-33	Japanese k 5A-10
1-02-11-738	WOO-RUCK CLEANED (C)			KGR	F023	E-DEN SOO SAN	12,000.00												
1-02-11-813	YELLOW CORVINA FILLET	냉동조기살		KGR	F011	MO-YANG SOO SAN	12,000.00												
1-02-11-819	YELLOW CORVINA (XL)			EA	F058	HAE DONG SANG-HOI	12,000.00												
1-02-12-000	***FISH RIVER :**																		
1-02-12-211	EEL RIVER - UNAKI CLEANED	소제 민물장어		KGR	F132	IN-CHUN SU SAN	21,000.00												
1-02-12-411	SALMON FRESH LOCAL	생연어		KGR	F132	IN-CHUN SU SAN	12,000.00												
1-02-21-000	***CLAMS/CRABS :**																		
1-02-21-113	ABALONE FRESH (M)	중전복		KGR	F126	TAE-HAN MUL SAN	68,000.00												
1-02-21-125	CLAM HODATTAEGAI	호닷대가이(가리비)		KGR	F126	TAE-HAN MUL SAN	12,000.00												
1-02-21-132	CLAM MO-SI	흑모시		KGR	F126	TAE-HAN MUL SAN	5,500.00												
1-02-21-133	CLAM RED FRESH	피조개 (생)		KGR	F126	TAE-HAN MUL SAN	7,000.00												
1-02-21-135	CLAM WATER - JAE-CHI	재치조개		KGR	F126	TAE-HAN MUL SAN	1,500.00												
1-02-21-142	CLAM (M)-중합	중합		KGR	F126	TAE-HAN MUL SAN	6,000.00												
1-02-21-145	CLAM YOUNG-JI FILLET	영지 조갯살		KGR	F011	MO-YANG SOO SAN	8,500.00												
1-02-21-149	CLAM MEAT W.O/SHELL	조갯살		KGR	F126	TAE-HAN MUL SAN	2,800.00												
1-02-21-153	CRAB MALE CLEANED	숫꽃게소제		KGR	F089	WON-YANG MUL SAN	7,000.00												
1-02-21-155	CRAB MEAT	게맛살		KGR	F058	HAE DONG SANG-HOI	4,000.00												
1-02-21-157	CRAB LEG MEAT FRZ.	홍게다리살 냉동		KGR	F089	WON-YANG MUL SAN	12,500.00												
1-02-21-161	CRAB SPIDER LEG FROZEN	영덕게 다리살튀김	10PC	PKG	F011	MO-YANG SOO SAN	3,500.00												
1-02-21-175	SEA CUCUMBER SLICED FROZEN	해삼 슬라이스 냉동		KGR	F023	E-DEN SOO SAN	12,000.00												
1-02-21-223	OYSTER SMOKED	훈제굴		KGR	F011	MO-YANG SOO SAN	14,000.00												
1-02-21-271	SHELL TOP PEELED	깐소라		KGR	F126	TAE-HAN MUL SAN	9,500.00												
1-02-21-276	SHELL BAE-TOP BARBEL FRESH	골뱅이 촉수(일식)		KGR	F023	E-DEN SOO SAN	9,000.00												
1-02-21-281	WOO RUNG PEELED	우렁살		KGR	F126	TAE-HAN MUL SAN	4,000.00												
1-02-22-000	***LOBSTER/PRAWN/SHRIMP :**																		
1-02-22-343	SHRIMP PEELED LOCAL	시바살		KGR	F089	WON-YANG MUL SAN	6,800.00												
1-02-22-352	SHRIMP AMA-EBI	아마에비		BOX	F132	IN-CHUN SU SAN	12,000.00												
1-02-22-355	SHRIMP (M) LOCAL-중하	중하		EA	F089	WON-YANG MUL SAN	700.00												
1-02-22-356	SHRIMP (L) LOCAL-대하	대하		EA	F089	WON-YANG MUL SAN	2,300.00												
1-02-23-000	***OCTOPUS/SQUID/OTHERS :**																		
1-02-23-312	CUTTLE FISH HAN-CHI	한치		KGR	F126	TAE-HAN MUL SAN	11,000.00												
1-02-23-411	OCTOPUS BOILED-찐문어	찐문어		KGR	F090	CHANG-DAE SU SAN	16,000.00												
1-02-23-412	OCTOPUS LARGE	문어 (대)		KGR	F126	TAE-HAN MUL SAN	11,000.00												
1-02-23-416	OCTOPUS NAK-JI FRESH	생낙지		KGR	F126	TAE-HAN MUL SAN	6,500.00												
1-02-23-418	SQUID(SMALL)	쭈꾸미(소)		KGR	F089	WON-YANG MUL SAN	3,500.00												
1-02-23-611	SEA SQUIRT FROZEN	멍게냉동		KGR	F011	MO-YANG SOO SAN	3,500.00												
1-02-23-613	SEA SQUIRT FRESH	산 멍게		KGR	F126	TAE-HAN MUL SAN	1,500.00												
1-02-23-636	SQUID FROZEN WHOLE IMPORT	페루 이까		KGR	F023	E-DEN SOO SAN	5,000.00												
1-02-23-637	SQUID DAEPO CLEANED FROZEN	대포 이까 소제 냉동		KGR	F023	E-DEN SOO SAN	4,500.00												
1-02-31-000	***MARINE PLANTS FRESH :**																		
1-02-31-171	JELLY FISH LOCAL	해파리(국산)		KGR	F089	WON-YANG MUL SAN	8,000.00												
1-02-31-611	TOSAKANORI GREEN	도사까노리		KGR	F020	SHIN-KEUM NONG SAN	12,000.00												
1-02-31-612	TOSAKANORI RED	적도사까노리		KGR	F020	SHIN-KEUM NONG SAN	12,000.00												
1-02-31-712	SEA TANGLE FRESH SSAM	쌈다시마		KGR	F058	HAE DONG SANG-HOI	2,000.00												
1-02-32-000	***FISH ROES :**																		
1-02-32-311	ROE HERRING - KAZUNOKO	청어알		KGR	F126	TAE-HAN MUL SAN	28,000.00												
1-02-32-511	ROE SALMON LOCAL	연어알(국산)		KGR	F089	WON-YANG MUL SAN	48,000.00												
1-02-32-551	ROE SEA URCHIN (UNI) (L)	성게알 (L)		KGR	F132	IN-CHUN SU SAN	8,000.00												
1-02-32-552	ROE SEA URCHIN (UNI) (S)	성게알 (S)		KGR	F132	IN-CHUN SU SAN	6,000.00												
1-02-33-000	***FISH SALTED :**																		

WORKSHEET FOR DAILY MARKET LIST – [3]

ORDER DATE : 2014/07/10

DELIVERY DATE : 2014/07/11

ITEM NO.	ITEM NAME (ENG)	ITEM NAME (KOR)	ITEM SPEC.	UNIT	VENDOR	VENDOR NAME	UNIT PRICE	ON HAND	BUTCHER 02-11	PASTRY 02-12	MAIN HOT 02-13	MAIN COLD 02-14	Coffee shop 02-21	French k 02-22	Italian k 02-23	chinese k 02-26	korean k 02-32	Banquet k 02-33	Japanese k 5A-10
1-02-33-141	CUTTLE FISH SALTED	오징어젓		KGR	F058	HAE DONG SANG-HOI	4,500.00												
1-02-33-161	KONOWADA	해삼창자젓		KGR	F126	TAE-HAN MUL SAN	70,000.00												
1-02-33-226	POLLACK ROE SALTED (L)	명란젓 (대)	7.5KG	PKG	F058	HAE DONG SANG-HOI	120,000.00												
1-02-33-251	RAW MARINATED	알조림		KGR	F090	CHANG-DAE SU SAN	13,000.00												
1-03-11-000	*FRUITS FRESH :																		
1-03-11-112	APPLE FUJI (L)	후지사과	300GR*45EA/B	EA	F140	DAE KWANG SANG SA	1,000.00												
1-03-11-121	APRICOTS	살구		KGR	F140	DAE KWANG SANG SA	2,500.00												
1-03-11-211	BANANA IMPORT	바나나 수입		KGR	F140	DAE KWANG SANG SA	1,800.00												
1-03-11-313	GRAPE KING	거봉		KGR	F140	DAE KWANG SANG SA	4,000.00												
1-03-11-331	GRAPEFRUIT FRESH IMPORT	자몽		EA	F140	DAE KWANG SANG SA	700.00												
1-03-11-421	KIWI FRESH	키위	100GR	EA	F140	DAE KWANG SANG SA	400.00												
1-03-11-431	LEMON FRESH	레몬		EA	F140	DAE KWANG SANG SA	380.00												
1-03-11-461	MELON EUN-CHON	참외		EA	F140	DAE KWANG SANG SA	450.00												
1-03-11-463	MELON MUSK	머스크 멜론	1KG	KGR	F140	DAE KWANG SANG SA	2,200.00												
1-03-11-465	MELON WATER	수박		KGR	F140	DAE KWANG SANG SA	1,000.00												
1-03-11-523	PEACH YELLOW	황도		KGR	F140	DAE KWANG SANG SA	1,500.00												
1-03-11-524	PEACH CHUN-DO	천도복숭아		KGR	F140	DAE KWANG SANG SA	2,300.00												
1-03-11-531	PEAR FRESH	배	550GR*30EA	EA	F140	DAE KWANG SANG SA	1,150.00												
1-03-11-551	PINEAPPLE	파인애플		KGR	F140	DAE KWANG SANG SA	1,400.00												
1-03-11-565	PLUM YELLOW			KGR	F140	DAE KWANG SANG SA	1,800.00												
1-03-12-000	*FRUITS FROZEN :																		
1-03-12-556	RASPBERRY IQF		1KG*5/BOX	PKG	F029	JE-WON INT'L	10,000.00												
1-03-21-000	*VEGETABLE FRESH :																		
1-03-21-151	BEAN SPROUTS FRESH CLEAN	두절콩나물		KGR	F042	HAP DONG MUL SAN	1,500.00												
1-03-21-152	BEAN SPROUT FRESH	콩나물		KGR	F042	HAP DONG MUL SAN	850.00												
1-03-21-154	BEAN SPROUT GREEN	숙주나물		KGR	F042	HAP DONG MUL SAN	900.00												
1-03-21-161	BEET ROOTS	비트		KGR	F042	HAP DONG MUL SAN	1,800.00												
1-03-21-172	BELLFLOWER ROOT SLICED	찹찹이도라지		KGR	F042	HAP DONG MUL SAN	4,000.00												
1-03-21-173	BELLFLOWER ROOT WHOLE	통도라지		KGR	F042	HAP DONG MUL SAN	3,400.00												
1-03-21-185	BROCCOLI	브로콜리		KGR	F042	HAP DONG MUL SAN	2,000.00												
1-03-21-191	BURDOCK	우엉		KGR	F042	HAP DONG MUL SAN	2,700.00												
1-03-21-211	CABBAGE CHINESE	통배추		KGR	F042	HAP DONG MUL SAN	400.00												
1-03-21-212	CABBAGE RED	적채		KGR	F042	HAP DONG MUL SAN	600.00												
1-03-21-213	CABBAGE UL-GA-RI	얼갈이배추		KGR	F042	HAP DONG MUL SAN	600.00												
1-03-21-214	CABBAGE WHITE	양배추		KGR	F042	HAP DONG MUL SAN	400.00												
1-03-21-221	CARROTS	당근		KGR	F042	HAP DONG MUL SAN	900.00												
1-03-21-231	CAULIFLOWER	콜리플라워		KGR	F042	HAP DONG MUL SAN	1,400.00												
1-03-21-241	CELERY	셀러리		KGR	F042	HAP DONG MUL SAN	1,400.00												
1-03-21-261	CHARD	근대		KGR	F042	HAP DONG MUL SAN	700.00												
1-03-21-271	CROWN DAISY	쑥갓		KGR	F042	HAP DONG MUL SAN	750.00												
1-03-21-281	CUCUMBER GA-SI	가시오이		KGR	F042	HAP DONG MUL SAN	800.00												
1-03-21-282	CUCUMBER SO-BE-GI	소배기오이		KGR	F042	HAP DONG MUL SAN	1,000.00												
1-03-21-285	CUCUMBER NO-KAK	노각		KGR	F042	HAP DONG MUL SAN	600.00												
1-03-21-311	DEO-DUK	더덕		KGR	F042	HAP DONG MUL SAN	13,000.00												
1-03-21-316	DON-NA-MUL	돈나물		KGR	F042	HAP DONG MUL SAN	1,500.00												
1-03-21-321	EGGPLANTS	가지		KGR	F042	HAP DONG MUL SAN	1,000.00												
1-03-21-331	FERNBRAKE	고사리		KGR	F042	HAP DONG MUL SAN	2,300.00												
1-03-21-342	GARLIC PEELED	깐마늘		KGR	F042	HAP DONG MUL SAN	5,000.00												
1-03-21-343	GARLIC STEM	마늘종		KGR	F042	HAP DONG MUL SAN	1,400.00												
1-03-21-351	GINGER PEELED	깐생강		KGR	F042	HAP DONG MUL SAN	3,800.00												

WORKSHEET FOR DAILY MARKET LIST – [4]

ORDER DATE : 2014/07/10

DELIVERY DATE : 2014/07/11

ITEM NO.	ITEM NAME(ENG)	ITEM NAME(KOR)	ITEM SPEC.	UNIT	VENDOR	VENDOR NAME	UNIT PRICE	ON HAND	BUTCHER 02-11	PASTRY 02-12	MAIN HOT 02-13	MAIN COLD 02-14	Coffee shop 02-21	French k 02-22	Italian k 02-23	chinese k 02-26	korean k 02-32	Banquet k 02-33	Japanese k 5A-10
1-03-21-352	GINGER WHOLE	통생강		KGR	F042	HAP DONG MUL SAN	4,000.00												
1-03-21-422	LEEK (BOO-CHU) KOREAN	한국부추		KGR	F042	HAP DONG MUL SAN	1,100.00												
1-03-21-423	LEEK (YOUNG-YANG BOO-CHU)	영양 부추		KGR	F042	HAP DONG MUL SAN	2,300.00												
1-03-21-431	LETTUCE HEAD (ICEBERG)	양상추		KGR	F042	HAP DONG MUL SAN	1,400.00												
1-03-21-432	LETTUCE LEAVES	잎상추		KGR	F042	HAP DONG MUL SAN	1,200.00												
1-03-21-441	LOTUS ROOT	연근		KGR	F042	HAP DONG MUL SAN	2,700.00												
1-03-21-445	KALE	케일		KGR	F020	SHIN-KEUM NONG SAN	4,000.00												
1-03-21-451	MALLOW (A-WOOK)	아욱		KGR	F042	HAP DONG MUL SAN	800.00												
1-03-21-461	MUSHROOM AGARLIC	느타리버섯		KGR	F042	HAP DONG MUL SAN	5,000.00												
1-03-21-462	MUSHROOM PENG-I	팽이버섯		PKG	F042	HAP DONG MUL SAN	360.00												
1-03-21-464	MUSHROOM PYO-GO	표고버섯		KGR	F042	HAP DONG MUL SAN	5,000.00												
1-03-21-465	MUSHROOM YANG-SONG-I	양송이		KGR	F042	HAP DONG MUL SAN	5,000.00												
1-03-21-468	MUSHROOM BUSH CLOVER	싸리 버섯		PKG	F042	HAP DONG MUL SAN	1,000.00												
1-03-21-469	NAMUL GO-DOL-BAE-KI	고돌배기		KGR	F042	HAP DONG MUL SAN	1,600.00												
1-03-21-471	ONION DRY (L)	양파 (대)		KGR	F042	HAP DONG MUL SAN	500.00												
1-03-21-473	ONION GREEN	대파		KGR	F042	HAP DONG MUL SAN	1,200.00												
1-03-21-475	ONION SPRING	실파		KGR	F042	HAP DONG MUL SAN	1,200.00												
1-03-21-481	O-BOK CHAE	오복채		KGR	F032	JIN-BOOK SOON CHAI	3,600.00												
1-03-21-511	PARSLEY KOREAN	미나리		KGR	F042	HAP DONG MUL SAN	900.00												
1-03-21-512	PARSLEY STONE	돌미나리		KGR	F042	HAP DONG MUL SAN	800.00												
1-03-21-521	PARSLEY	파세리		KGR	F042	HAP DONG MUL SAN	2,000.00												
1-03-21-531	PEAS GREEN	완두콩		KGR	F042	HAP DONG MUL SAN	2,000.00												
1-03-21-551	PEPPER GREEN FRESH	풋고추		KGR	F042	HAP DONG MUL SAN	1,800.00												
1-03-21-552	PEPPER GREEN TWISTED	꽈리고추		KGR	F042	HAP DONG MUL SAN	1,400.00												
1-03-21-554	PEPPER RED FRESH	홍고추		KGR	F042	HAP DONG MUL SAN	3,000.00												
1-03-21-561	PIMENTO GREEN	청피망		KGR	F042	HAP DONG MUL SAN	1,800.00												
1-03-21-562	PIMENTO RED	홍피망		KGR	F042	HAP DONG MUL SAN	1,800.00												
1-03-21-571	POTATOES SWEET BUD BOILED	삶은고구마순		KGR	F042	HAP DONG MUL SAN	900.00												
1-03-21-572	POTATOES SWEET BUD	고구마순		KGR	F042	HAP DONG MUL SAN	1,200.00												
1-03-21-573	POTATOES SWEET	고구마		KGR	F042	HAP DONG MUL SAN	2,500.00												
1-03-21-574	POTATOES (L)	감자 (대)		KGR	F042	HAP DONG MUL SAN	700.00												
1-03-21-622	SESAME LEAVES	깻잎		KGR	F042	HAP DONG MUL SAN	2,400.00												
1-03-21-631	SPINACH LEAVES	시금치		KGR	F042	HAP DONG MUL SAN	1,200.00												
1-03-21-641	SQUASH CHOSUN	조선호박		KGR	F042	HAP DONG MUL SAN	1,000.00												
1-03-21-643	SQUASH PIG	돼지호박		KGR	F042	HAP DONG MUL SAN	600.00												
1-03-21-644	SQUASH SWEET	단호박		KGR	F042	HAP DONG MUL SAN	1,900.00												
1-03-21-648	SQUASH LEAVES	호박잎		KGR	F042	HAP DONG MUL SAN	1,200.00												
1-03-21-649	SQUASH OLD PEELED	깐 늙은 호박		KGR	F042	HAP DONG MUL SAN	1,000.00												
1-03-21-671	TOMATOES (L)	토마토 (대)		KGR	F042	HAP DONG MUL SAN	1,400.00												
1-03-21-681	TURNIP KOREAN	무우		KGR	F042	HAP DONG MUL SAN	350.00												
1-03-21-683	TURNIP SPRING	열무		KGR	F042	HAP DONG MUL SAN	600.00												
1-03-21-813	WILD ASTER FRESH	생취나물		KGR	F042	HAP DONG MUL SAN	1,200.00												
1-03-21-841	YAM	산마		KGR	F042	HAP DONG MUL SAN	5,300.00												
1-03-22-000	*VEGETABLE SPECIAL :																		
1-03-22-111	ALFALPA	알파파		PKG	F020	SHIN-KEUM NONG SAN	250.00												
1-03-22-115	ALOE FRESH	알로에		KGR	F154	MAN-WOO NONG JANG	5,000.00												
1-03-22-121	BASIL LEAVES	바실잎	10GR	PKG	F020	SHIN-KEUM NONG SAN	500.00												
1-03-22-151	CHERRY TOMATO	체리토마토	22EA	KGR	F020	SHIN-KEUM NONG SAN	2,300.00												
1-03-22-161	CHERVIL	미나리	20GR	PKG	F020	SHIN-KEUM NONG SAN	400.00												
1-03-22-165	CHINESE PARSLEY	고수	15GR	PKG	F020	SHIN-KEUM NONG SAN	400.00												

WORKSHEET FOR DAILY MARKET LIST – [5]

ORDER DATE : 2014/07/10

DELIVERY DATE : 2014/07/11

ITEM NO.	ITEM NAME (ENG)	ITEM NAME (KOR)	ITEM SPEC.	UNIT	VENDOR	VENDOR NAME	UNIT PRICE	ON HAND	BUTCHER 02-11	PASTRY 02-12	MAIN HOT 02-13	MAIN COLD 02-14	Coffee shop 02-21	French k 02-22	Italian k 02-23	chinese k 02-26	korean k 02-32	Banquet k 02-33	Japanese k 5A-10
1-03-22-171	CHICORY GREEN	청치커리	100GR	PKG	F020	SHIN-KEUM NONG SAN	300.00												
1-03-22-172	CHICORY RED	홍치커리	100GR	PKG	F020	SHIN-KEUM NONG SAN	500.00												
1-03-22-175	CHIVES	차이브	30GR	PKG	F020	SHIN-KEUM NONG SAN	400.00												
1-03-22-178	CHUNG-KYUNG-CHAE	청경채		KGR	F020	SHIN-KEUM NONG SAN	2,200.00												
1-03-22-181	CORN SALAD	콘샐러드	60GR	PKG	F020	SHIN-KEUM NONG SAN	320.00												
1-03-22-215	DILL FRESH	딜	10EA	PKG	F020	SHIN-KEUM NONG SAN	400.00												
1-03-22-251	FENNEL FRESH	펜넬		KGR	F020	SHIN-KEUM NONG SAN	5,500.00												
1-03-22-265	GREEN VITAMIN	청비타민	50GR	PKG	F020	SHIN-KEUM NONG SAN	320.00												
1-03-22-271	KAIWARE MUSTARD CRESS	무순이	60GR	PKG	F020	SHIN-KEUM NONG SAN	300.00												
1-03-22-281	KINOME	기노메		PKG	F020	SHIN-KEUM NONG SAN	400.00												
1-03-22-315	LETTUCE ROMANO			KGR	F020	SHIN-KEUM NONG SAN	3,000.00												
1-03-22-361	MUSTARD GREEN	겨자순		PKG	F020	SHIN-KEUM NONG SAN	350.00												
1-03-22-421	PEPPERMINT FRESH	페퍼민트	30GR	PKG	F020	SHIN-KEUM NONG SAN	370.00												
1-03-22-436	RADISH RED	레디쉬 (적)		PKG	F020	SHIN-KEUM NONG SAN	1,000.00												
1-03-22-438	ROLAROSA	롤라로사		KGR	F020	SHIN-KEUM NONG SAN	5,000.00												
1-03-22-441	ROSEMARY FRESH	로즈메리	10GR	PKG	F020	SHIN-KEUM NONG SAN	400.00												
1-03-22-521	SHISO (SESAME LEAVES)	참깻잎	10EA	PKG	F020	SHIN-KEUM NONG SAN	280.00												
1-03-22-531	SHISONOMI	시소노미	1KG	PKG	F032	JIN-BOOK SOON CHAI	11,500.00												
1-03-22-611	TARRAGON	타라곤	25EA	PKG	F020	SHIN-KEUM NONG SAN	400.00												
1-03-22-621	THYME FRESH	다임	20GR	PKG	F020	SHIN-KEUM NONG SAN	400.00												
1-03-22-751	WATER CRESS	물냉이	30GR	PKG	F020	SHIN-KEUM NONG SAN	350.00												
1-03-24-000	***KIMCHI OUTLETS :**																		
1-03-24-111	KIMCHI AL-TA-RI	알타리김치(업장)		KGR	F041	HAN SUNG SIK POOM	1,700.00												
1-03-24-311	KIMCHI CABBAGE	포기김치(업장)		KGR	F041	HAN SUNG SIK POOM	2,200.00												
1-03-24-321	KIMCHI CUCUMBER	오이소배기(업장)		KGR	F041	HAN SUNG SIK POOM	2,800.00												
1-03-24-371	KIMCHI WATERY	나박김치(업장)		KGR	F041	HAN SUNG SIK POOM	1,320.00												
1-03-24-421	KIMCHI ROLL BOSSAM	롤보쌈김치(업장)		KGR	F041	HAN SUNG SIK POOM	3,300.00												
1-03-24-441	KIMCHI RADISH ROOT	깍두기(업장)		KGR	F041	HAN SUNG SIK POOM	1,600.00												
1-03-24-521	KIMCHI WHITE	백김치(업장)		KGR	F041	HAN SUNG SIK POOM	2,200.00												
1-03-24-711	KIMCHI YUL-MU	열무김치(업장)		KGR	F041	HAN SUNG SIK POOM	2,000.00												
1-03-24-721	KIMCHI YUL-MU WATER	열무물김치(업장)		KGR	F041	HAN SUNG SIK POOM	1,000.00												
1-03-26-000	***VEGETABLE PICKLED :**																		
1-03-26-421	GINGER PICKLED SLICE	초생강		KGR	F032	JIN-BOOK SOON CHAI	9,000.00												
1-03-26-451	ONION PICKLED - RACKYO	락교		KGR	F032	JIN-BOOK SOON CHAI	3,800.00												
1-03-26-714	RADISH PICKLE JE-JU	제주 단무지		KGR	F058	HAE DONG SANG-HOI	3,000.00												
1-03-26-717	RADISHE PICLE PRESSED	압축단무지	220GR	PKG	F032	JIN-BOOK SOON CHAI	1,700.00												
1-03-26-811	UMEBOSI LOCAL PKG	우메보시	210GR	PKG	F032	JIN-BOOK SOON CHAI	3,000.00												
1-03-27-000	***VEGETABLE MISCELLANEOUS :**																		
1-03-27-113	GINSENG 3 YEARS	인삼 3년근		KGR	F025	WON-IL SANG SA.	38,000.00												
1-03-27-421	PUMPKIN DRIED - GAN-PYO	간뾰		KGR	F058	HAE DONG SANG-HOI	4,500.00												
1-03-27-611	WATER SHIELD - SOON CHAE	순채		KGR	F032	JIN-BOOK SOON CHAI	11,000.00												
1-04-11-000	***MILK :**																		
1-04-11-111	MILK FRESH (L)	생우유 (대)	1000ML	PKG	F016	SAM-BO TEUK PAN	1,100.00												
1-04-11-113	MILK FRESH LOW FAT	저지방우유	1000ML	PKG	F016	SAM-BO TEUK PAN	1,100.00												
1-04-11-115	MILK SOFT CONDENSED	연유	580ML	PKG	F016	SAM-BO TEUK PAN	2,700.00												
1-04-11-131	MILK POWDERED	분유		KGR	F016	SAM-BO TEUK PAN	5,500.00												
1-04-11-211	MILK COCONUT (액상)		250GR	PKG	F025	WON-IL SANG SA.	1,850.00												
1-04-12-000	***CREAM :**																		
1-04-12-111	CREAM COFFEE FRESH	커피생크림	500ML	PKG	F016	SAM-BO TEUK PAN	1,330.00												
1-04-12-131	CREAM FRESH	생크림	500ML	PKG	F016	SAM-BO TEUK PAN	1,500.00												

WORKSHEET FOR DAILY MARKET LIST – [6]

ORDER DATE : 2014/07/10

DELIVERY DATE : 2014/07/11

ITEM NO.	ITEM NAME(ENG)	ITEM NAME(KOR)	ITEM SPEC.	UNIT	VENDOR	VENDOR NAME	UNIT PRICE	ON HAND	BUTCHER 02-11	PASTRY 02-12	MAIN HOT 02-13	MAIN COLD 02-14	Coffee shop 02-21	French k 02-22	Italian k 02-23	chinese k 02-26	korean k 02-32	Banquet k 02-33	Japanese k SA-10
1-04-12-133	CREAM FRESH DOUBLE WHIP	위핑크림	1000ML	PKG	F016	SAM-BO TEUK PAN	3,400.00												
1-04-12-145	CREAM SOUR LOCAL	사와크림	1000ML	CAN	F016	SAM-BO TEUK PAN	4,200.00												
1-04-13-000	***ICE CREAM/SHERBET :**																		
1-04-13-121	ICE CREAM CHOCOLATE	초코렛 아이스크림	10LT	CAN	F051	CONNIE ISLAND	20,000.00												
1-04-13-142	ICE CREAM MELON	메론 아이스크림	10LT	CAN	F051	CONNIE ISLAND	20,000.00												
1-04-13-151	ICE CREAM STRAWBERRY	딸기 아이스크림	10LT	CAN	F051	CONNIE ISLAND	20,000.00												
1-04-13-176	ICE CREAM WALNUT	호도 아이스크림	10LT	CAN	F051	CONNIE ISLAND	20,000.00												
1-04-13-301	SOFT ICE CREAM CHOCORATE	초코렛 소프트 아이스	10EA/BOX	BOX	F051	CONNIE ISLAND	18,000.00												
1-04-13-302	SOFT ICE CREAM VANILLA	바닐라 소프트 아이스	10EA/BOX	BOX	F051	CONNIE ISLAND	18,000.00												
1-04-14-000	***BIOGHURT/YOGHURT :**																		
1-04-14-111	BIOGHURT APRICOT	살구요거트	100ML	EA	F016	SAM-BO TEUK PAN	300.00												
1-04-14-145	BIOGHURT PEACH	복숭아 요거트	100ML	EA	F016	SAM-BO TEUK PAN	300.00												
1-04-14-161	BIOGHURT STRAWBERRY	딸기요거트	100ML	EA	F016	SAM-BO TEUK PAN	300.00												
1-04-14-311	YOGHURT PLAIN	플레인요구르트	100ML	EA	F016	SAM-BO TEUK PAN	290.00												
1-04-14-312	YOGHURT F/SATFF REST.	요구르트(직원식당)	65ML	EA	F016	SAM-BO TEUK PAN	85.00												
1-04-21-000	***BUTTER :**																		
1-04-21-123	BUTTER(UNSALTED) YELLOW		4.53KGR/BOX	KGR	F156	DONG-NAM SANG SA	5,400.00												
1-04-21-125	BUTTER UNSALTED LOCAL (S)	무염버터 (소)	450GR	PKG	F016	SAM-BO TEUK PAN	3,000.00												
1-04-21-126	BUTTER UNSALTED LOCAL (S)	무염버터 (대)	10 KGR	KGR	F016	SAM-BO TEUK PAN	5,100.00												
1-04-22-000	***MARGARINE :**																		
1-04-22-121	MARGARINE COMPOUND	마가린 컴파운드	4.5KG	BOX	F142	NAM-YOUNG SANG SA	22,500.00												
1-04-32-000	***CHEESE AUST. SOFT :**																		
1-04-32-713	CHEESE PIZZA	피자치즈	2.27KG	KGR	F016	SAM-BO TEUK PAN	7,300.00												
1-04-33-000	***CHEESE SWISS HARD :**																		
1-04-33-526	CHEESE RICOTTA LOCAL		4LB*8	PKG	F148	HWA-AM MUL SAN	24,500.00												
1-04-39-000	***CHEESE OTHER :**																		
1-04-39-711	CHEESE PIZZA LOCAL	피자치즈		KGR	F016	SAM-BO TEUK PAN	8,400.00												
1-04-91-000	***EGGS :**																		
1-04-91-111	EGGS PREPARED	계란		EA	F012	BO EUN SANG HOEI	80.00												
1-04-91-112	EGGS QUAIL	메추리알		PKG	F058	HAE DONG SANG-HOI	350.00												
1-04-91-115	EGGS CHINESE DUCK	송화단		EA	F025	WON-IL SANG SA	350.00												
1-05-11-000	****CONDIMENTS/SPICES :**																		
1-05-11-111	ACCENT (MIWON)	미원	1KGR	KGR	F025	WON-IL SANG SA	3,850.00												
1-05-11-312	CINNAMON STICK WHOLE	통계피		KGR	F058	HAE DONG SANG-HOI	4,500.00												
1-05-11-562	MUSTARD SEED GROUND LOCAL	겨자씨 가루	300GR	PKG	F025	WON-IL SANG SA	1,200.00												
1-05-11-635	PEPPER RED DRIED SOFT	고운 고추가루		KGR	F033	CHUN-IL SANG HOEI	11,000.00												
1-05-11-636	PEPPER RED DRIED ROUGH	굵은 고추가루		KGR	F033	CHUN-IL SANG HOEI	11,000.00												
1-05-11-743	SALT TABLE HAN-JU	한주소금	3KG	PKG	F058	HAE DONG SANG-HOI	1,500.00												
1-05-11-763	SEASAME SEED ROASTED	볶은 깨		KGR	F033	CHUN-IL SANG HOEI	7,500.00												
1-05-13-000	***SAUCE :**																		
1-05-13-315	BEANS POWDER	콩가루		KGR	F025	WON-IL SANG SA	4,500.00												
1-05-13-411	SAUCE TABASCO		2OZ	BTL	F025	WON-IL SANG SA	1,650.00												
1-05-14-000	***KETCHUP/MAYONNAISE/MUSTARD :**																		
1-05-14-911	WASABI JAPANESE	와사비 일산	250GR	PKG	F025	WON-IL SANG SA	5,000.00												
1-05-14-915	WASABI NE-RI	네리와사비	40GR	PKG	F025	WON-IL SANG SA	1,550.00												
1-05-15-000	***SOY SAUCE/VINEGAR/MIRRING :**																		
1-05-15-675	VINEGAR LOCAL	화영 식초 (대)	1.8LT	BTL	F025	WON-IL SANG SA	1,250.00												
1-05-17-000	***SOUP BASE :**																		
1-05-17-812	SOUP VEAL STOCK CHEF		1.3KG*6	PKG	F039	HANKOOK NESTLE	17,480.00												
1-05-21-000	***SYRUP :**																		

WORKSHEET FOR DAILY MARKET LIST – [7]

ORDER DATE : 2014/07/10 DELIVERY DATE : 2014/07/11

ITEM NO.	ITEM NAME(ENG)	ITEM NAME(KOR)	ITEM SPEC.	UNIT	VENDOR	VENDOR NAME	UNIT PRICE	ON HAND	BUTCHER 02-11	PASTRY 02-12	MAIN HOT 02-13	MAIN COLD 02-14	Coffee shop 02-21	French k 02-22	Italian k 02-23	chinese k 02-26	korean k 02-32	Banquet k 02-33	Japanese k SA-10
1-05-21-132	SYRUP CARAMEL (M)	카라멜시럽 (중)	180ML	BTL	F025	WON-IL SANG SA	800.00												
1-05-21-134	SYRUP CARAMEL LOCAL		2.6KG	BTL	F025	WON-IL SANG SA	3,500.00												
1-05-21-212	SYRUP GLUCOSE (L)	물엿 (대)	2.5KG	CAN	F025	WON-IL SANG SA	3,250.00												
1-05-21-213	SYRUP GLUCOSE OIL	엿기름		KGR	F058	HAE DONG SANG-HOI	1,800.00												
1-05-24-000	*FLAVOUR/ESSENCE/EXTRACT :																		
1-05-24-151	FLAVOUR ORANGE	오렌지향	500ML	BTL	F025	WON-IL SANG SA	6,000.00												
1-05-24-611	EXTRACT COFFEE	커피엑기스	1KG*12/BOX	JAR	F144	(주) SUN-IN	25,000.00												
1-05-25-000	*GELATINE :																		
1-05-25-225	GELATINE PAN	판 젤라틴	1KG*25/BOX	PKG	F029	JE-WON INT'L	30,000.00												
1-05-26-000	*JAM/JELLY :																		
1-05-26-151	JAM APRICOT GEL LOCAL		5KG	CAN	F029	JE-WON INT'L	15,000.00												
1-05-26-322	HONEY BTL DONG-SUH	동서벌꿀	1.14KG	BTL	F025	WON-IL SANG SA	9,500.00												
1-05-26-814	JAM STRAWBERRY 14KG		14KG	PAIL	F029	JE-WON INT'L	39,200.00												
1-05-27-000	*OIL/SHORTENING :																		
1-05-27-711	SHORTENING	쇼팅	4.5KG	CAN	F142	NAM-YOUNG SANG SA	11,000.00												
1-05-27-811	ASTEL S/P	에스텔 S/P	20KG/5KG*4	BOX	F142	NAM-YOUNG SANG SA	82,000.00												
1-05-31-000	*FRUIT CANNED :																		
1-05-31-337	CHERRY PITTED SOUR RED		12*680G JAR	JAR	F029	JE-WON INT'L	4,000.00												
1-05-31-653	MANDARIN CAN 800GR		800GR	CAN	F025	WON-IL SANG SA	2,550.00												
1-05-31-721	PEACH HALVES #10	황도 캔	830GR	CAN	F025	WON-IL SANG SA	2,250.00												
1-05-31-726	PEACH SLICED		830GR*24/BOX	CAN	F029	JE-WON INT'L	2,000.00												
1-05-31-731	PEAR HALVES		850GR	CAN	F025	WON-IL SANG SA	2,350.00												
1-05-31-751	PINEAPPLE SLICED	파인애플 캔 슬라이스	825GR	CAN	F025	WON-IL SANG SA	2,350.00												
1-05-32-000	*FRUIT DRIED/PEELED :																		
1-05-32-115	APRICOT DRIED		1KGR	KGR	F025	WON-IL SANG SA	8,500.00												
1-05-32-315	MANGO DRIED	말린 맹고	5KG*4/BOX	KGR	F029	JE-WON INT'L	12,000.00												
1-05-32-325	PAPAYA DRIED			KGR	F058	HAE DONG SANG-HOI	8,000.00												
1-05-32-523	RAISIN SEEDLESS LOCAL (L)	건포도 국산 (대)	11.34KG	BOX	F142	NAM-YOUNG SANG SA	38,600.00												
1-05-33-000	*NUTS :																		
1-05-33-115	ALMOND POWDER		22.68KG/BOX	KGR	F025	WON-IL SANG SA	13,500.00												
1-05-33-321	CHESTNUT PEELED	생율껍질없는		KGR	F058	HAE DONG SANG-HOI	12,000.00												
1-05-33-411	DATE DRIED	건대추		KGR	F058	HAE DONG SANG-HOI	7,000.00												
1-05-33-431	GINKO NUT PEELED LOCAL	깐은행 (국산)		KGR	F058	HAE DONG SANG-HOI	11,500.00												
1-05-33-521	MANGO SLICE		1KG	PKG	F025	WON-IL SANG SA	11,000.00												
1-05-33-732	PINE NUT LOCAL	잣국산		KGR	F058	HAE DONG SANG-HOI	32,000.00												
1-05-33-741	PUMPKIN SEED	호박씨	KGR	KGR	F025	WON-IL SANG SA	5,500.00												
1-05-33-751	PISTACHIO PEELED			KGR	F058	HAE DONG SANG-HOI	8,500.00												
1-05-33-771	SUNFLOWER SEED DRIED	해바라기씨		KGR	F025	WON-IL SANG SA	5,000.00												
1-05-34-000	*VEGETABLE CANNED :																		
1-05-34-333	CORN SWEET BABY LOCAL	베이비 콘	15OZ	CAN	F025	WON-IL SANG SA	900.00												
1-05-34-334	CORN SWEET KERNEL #10		3KG	CAN	F025	WON-IL SANG SA	6,000.00												
1-05-34-371	DILL PICKLES #10		99OZ	CAN	F025	WON-IL SANG SA	9,650.00												
1-05-34-631	PEPPER CORN GREEN		425GR	BTL	F025	WON-IL SANG SA	16,500.00												
1-05-35-000	*MUSHROOM CANNED/DRIED :																		
1-05-35-261	MUSHROOM DRY MOG-I	건목이버섯		KGR	F058	HAE DONG SANG-HOI	20,000.00												
1-05-51-000	*CEREAL :																		
1-05-51-221	COCOA POPS (L)		500GR	PKG	F025	WON-IL SANG SA	3,150.00												
1-05-51-225	ALMOND FLAKES		210GR	PKG	F025	WON-IL SANG SA	3,450.00												
1-05-51-232	CORN FLAKES		350GR	PKG	F025	WON-IL SANG SA	2,150.00												
1-05-51-234	RICE(HYUN-MI) FLAKES		250GR	PKG	F025	WON-IL SANG SA	3,350.00												

WORKSHEET FOR DAILY MARKET LIST – [8]

ORDER DATE : 2014/07/10

DELIVERY DATE : 2014/07/11

ITEM NO.	ITEM NAME(ENG)	ITEM NAME(KOR)	ITEM SPEC.	UNIT	VENDOR	VENDOR NAME	UNIT PRICE	ON HAND	BUTCHER 02-11	PASTRY 02-12	MAIN HOT 02-13	MAIN COLD 02-14	Coffee shop 02-21	French k 02-22	Italian k 02-23	chinese k 02-26	korean k 02-32	Banquet k 02-33	Japanese k 5A-10
1-05-52-000	*NOODLE/SPAGHETTI/BUN :																		
1-05-52-214	DUMPLING SHAOMAI-CRAB PRAWN	샤오마이	408GR*30PKG	PKG	F139	YOUNG-NAM KOREA	4,500.00												
1-05-52-218	DUMPLING SHARK'S FIN	어혈교	480GR*24PKG	PKG	F139	YOUNG-NAM KOREA	6,000.00												
1-05-52-331	DUMPLING (MAN-DU)	만두	1KG	PKG	F058	HAE DONG SANG-HOI	1,300.00												
1-05-52-365	NOODLE BEANS-POOLMUWON	풀무원 콩국수	600GR	PKG	F025	WON-IL SANG SA.	2,200.00												
1-05-52-421	NOODLE CHINESE VERMICELLI	옛날당면	1KG	PKG	F058	HAE DONG SANG-HOI	5,000.00												
1-05-52-427	NOODLE COLD ARROWROOT	칡냉면		PKG	F025	WON-IL SANG SA.	1,750.00												
1-05-52-434	NOODLE COLD (SONG-HAK)	송학 냉면		PKG	F025	WON-IL SANG SA.	1,850.00												
1-05-52-521	NOODLE MACCARONI		500GR*20PKG	PKG	F025	WON-IL SANG SA.	950.00												
1-05-52-552	NOODLE MACCARONI LOCAL	마카로니	10KGR	BOX	F025	WON-IL SANG SA.	19,000.00												
1-05-52-553	NOODLE LOCAL WOODONG	우동	1.5KG/12PK	PKG	F025	WON-IL SANG SA.	2,650.00												
1-05-52-556	NOODLE WOODONG FRESH (S)	우동 사리면(한일)	200GR	PKG	F025	WON-IL SANG SA.	440.00												
1-05-52-563	NOODLE SOBA FRESH	생모밀		KGR	F025	WON-IL SANG SA.	1,550.00												
1-05-52-571	NOODLE SO-MYUN	소면	1500GR/PKG	PKG	F025	WON-IL SANG SA.	1,950.00												
1-05-52-772	SPAGHETTI	스파게티	500GR*20PKG	PKG	F025	WON-IL SANG SA.	950.00												
1-05-52-779	PASTRY SPRING ROLL	춘권피		PKG	F009	DIMSUM KOREA	1,300.00												
1-05-53-000	*SNACK/BREAD/BISQUITS :																		
1-05-53-141	CANDY ASSORTED	종합캔디	380GR	PKG	F025	WON-IL SANG SA.	2,350.00												
1-05-53-145	CANDY MINT	민트캔디	225GR	PKG	F025	WON-IL SANG SA.	900.00												
1-05-53-258	CRACKER ZEC		110GR*24PKG	PKG	F025	WON-IL SANG SA.	563.00												
1-05-53-421	SUNFLOWER SEED			KGR	F025	WON-IL SANG SA.	4,500.00												
1-05-53-651	SNACK CRACKER SESAME	깨강정	600GR	PKG	F058	HAE DONG SANG-HOI	1,500.00												
1-05-53-661	SNACK GIM-GO-DOL-I	김 고돌이		KGR	F058	HAE DONG SANG-HOI	3,000.00												
1-05-53-681	SNACK GINGER PROCESSING	편강		KGR	F058	HAE DONG SANG-HOI	6,800.00												
1-05-53-711	SNACK LOTUS ROOT PROCESSING	연근편		KGR	F058	HAE DONG SANG-HOI	8,000.00												
1-05-53-751	SNACK POP CORN RAW	팝콘	350GR	PKG	F058	HAE DONG SANG-HOI	1,300.00												
1-05-53-761	SNACK POTATO CHIP	감자칩	7OZ	CAN	F025	WON-IL SANG SA.	2,500.00												
1-05-53-831	SNACK SESAME WILD DRIED	들깨강정		PKG	F058	HAE DONG SANG-HOI	2,000.00												
1-05-53-845	SANCK WHEAT ROLL	밀과자말이	680GR	PKG	F058	HAE DONG SANG-HOI	6,500.00												
1-05-53-856	SNACK TORTILLA CHIP			BAG	F077	HYO RIM SAN MUL	51,400.00												
1-05-53-857	SNACK SALSA DIP			BAG	F077	HYO RIM SAN MUL	28,300.00												
1-05-61-000	*SUGAR :																		
1-05-61-121	SUGAR BROWN	브라운슈가		KGR	F025	WON-IL SANG SA.	1,350.00												
1-05-61-127	SUGAR BROWN	흑설탕	1KG	PKG	F025	WON-IL SANG SA.	1,350.00												
1-05-61-151	SUGAR NEW	뉴슈가		PKG	F025	WON-IL SANG SA.	1,400.00												
1-05-62-000	*FLOUR :																		
1-05-62-211	CORN STARCH	콘스타치	22KG	BAG	F025	WON-IL SANG SA.	16,000.00												
1-05-62-212	CORN STARCH		500GR	KGR	F025	WON-IL SANG SA.	1,000.00												
1-05-62-471	FLOUR RYE	호밀가루	3KG	PKG	F025	WON-IL SANG SA.	5,100.00												
1-05-62-611	FLOUR STICKY RICE	찹쌀가루		KGR	F075	KYUNG KI MI JUM	3,600.00												
1-05-64-000	*GRAIN :																		
1-05-64-131	BEAN BLACK DRIED	검정콩		KGR	F075	KYUNG KI MI JUM	4,800.00												
1-05-64-421	DRIED MILLET	차조		KGR	F075	KYUNG KI MI JUM	2,000.00												
1-05-64-425	DRIED INDIAN MILLET	차수수		KGR	F075	KYUNG KI MI JUM	1,800.00												
1-05-64-511	RICE GLUTINOUS	찹쌀		KGR	F075	KYUNG KI MI JUM	3,200.00												
1-05-71-000	*CHOCOLATE :																		
1-05-71-311	CHOCO CONVERTURE DARK		2.5KG*10/BOX	PKG	F144	(주) SUN-IN	19,500.00												
1-05-71-313	CHOCO CONVERTURE MILK	우유 초코렛	2.5KG*10/BOX	PKG	F144	(주) SUN-IN	18,750.00												
1-05-71-317	CHOCO CONVERTURE WHITE		2.5KG*10/BOX	PKG	F144	(주) SUN-IN	21,750.00												
1-05-71-380	SOCCOR BALL CHOCO	축구공 초코볼	3EA/PACK	EA	F151	HARMONY	500.00												

WORKSHEET FOR DAILY MARKET LIST – [9]

ORDER DATE : 2014/07/10

DELIVERY DATE : 2014/07/11

ITEM NO.	ITEM NAME(ENG)	ITEM NAME(KOR)	ITEM SPEC.	UNIT	VENDOR	VENDOR NAME	UNIT PRICE	ON HAND	BUTCHER 02-11	PASTRY 02-12	MAIN HOT 02-13	MAIN COLD 02-14	Coffee shop 02-21	French k 02-22	Italian k 02-23	chinese k 02-26	korean k 02-32	Banquet k 02-33	Japanese k 5A-10
1-05-71-561	CHOCOLATE STICK		1.65KG	BOX	F029	JE-WON INT'L	11,000.00												
1-05-71-719	CHOCO VERMICELLI	버미셀리	12.5KG/BOX	BOX	F029	JE-WON INT'L	60,000.00												
1-05-73-000	*PASTRY DECORATION :																		
1-05-73-512	CHOCO DECO BARRY CHIPS		5KG/BOX	BOX	F144	(주) SUN-IN	44,000.00												
1-05-73-573	PLAN GEL	케이크 광택제		PAIL	F144	(주) SUN-IN	3,000.00												
1-05-77-000	*PASTRY CREAM/ PASTE :																		
1-05-77-257	GIANDUJA WHITE		2KG*10	BOX	F144	(주) SUN-IN	17,000.00												
1-05-77-414	MASSA TICINO(DECO ROMA)	슈가 페이스트	6.5KG	PAIL	F144	(주) SUN-IN	19,500.00												
1-05-77-612	PASTE ALMOND PRALINE		1KG*6/BOX	PAIL	F144	(주) SUN-IN	18,000.00												
1-05-78-000	*BAKERY POWDER/MIX :																		
1-05-78-245	JELLY ICE WATER	빙수용 젤리	8KGR/400G*20	BOX	F142	NAM-YOUNG SANG SA	30,000.00												
1-05-78-556	POWDER CORN MIX GOLD (L)	콘믹스 파우다 골드 (	25KG	BAG	F063	U.K PRO BAKER	115,000.00												
1-05-78-623	POWDER FONDANT APRICOT	에프리코트혼당	5KG TIN	TIN	F029	JE-WON INT'L	17,500.00												
1-05-78-775	POWDER S-500	S-500 파우다	25KG	BAG	F027	UNION MU YEOK	125,000.00												
1-05-78-778	POWDER MIRROR			KGR	F027	UNION MU YEOK	5,300.00												
1-05-78-862	RICE CAKE ICE WATER	빙수떡	4KGR/400G*10	BOX	F142	NAM-YOUNG SANG SA	14,000.00												
1-05-78-931	YEAST FRESH		500GR	PKG	F025	WON-IL SANG SA.	950.00												
1-05-78-932	YEAST DRY	이스트 드라이	500GR	PKG	F025	WON-IL SANG SA.	4,750.00												
1-05-79-000	*BAKERY OTHER :																		
1-05-79-112	RED BEANS FOR CAKES	통단 7호 제빵용	10KG/5KG*2	CAN	F142	NAM-YOUNG SANG SA	15,000.00												
1-05-79-113	RED BEANS FOR BING-SOO	통단6호 빙수용	18KGR/3KGR*6	BOX	F142	NAM-YOUNG SANG SA	25,000.00												
1-05-81-000	*SEAFOOD CANNED :																		
1-05-81-342	TUNA CAN LOCAL	참치 캔	2KG	CAN	F025	WON-IL SANG SA.	8,450.00												
1-05-82-000	*SEAFOOD DRIED :																		
1-05-82-111	ANCHOVY DASI	다시멸치		BOX	F058	HAE DONG SANG-HOI	12,000.00												
1-05-82-115	ANCHOVY DRIED JIRI	지리멸치		BOX	F058	HAE DONG SANG-HOI	26,000.00												
1-05-82-141	CUTTLE FISH DRIED SLICE	오징어채		KGR	F058	HAE DONG SANG-HOI	12,000.00												
1-05-82-238	POLLACK DRIED SLICE	북어채		KGR	F058	HAE DONG SANG-HOI	11,000.00												
1-05-82-431	SHRIMP DRIED F/STAFF CANTEEN	건새우(직원식당)		KGR	F058	HAE DONG SANG-HOI	18,000.00												
1-05-82-711	WHITE BAIT DRIED	뱅어포		SHT	F058	HAE DONG SANG-HOI	400.00												
1-05-83-000	*SEA PLANTS DRIED :																		
1-05-83-311	SEASONED LAVER F/SNACK	안주용 맛김	8SHT*10EA*10	BOX	F058	HAE DONG SANG-HOI	19,000.00												
1-05-83-312	DRIED LAVER CHOPPED			KGR	F058	HAE DONG SANG-HOI	7,000.00												
1-05-83-313	DRIED LAVER F/KIMBAB	김 김밥용	10SHT*100PKG	BOX	F058	HAE DONG SANG-HOI	105,000.00												
1-05-83-611	DRIED SEA TANGLE (DASIMA)	건 다시마		KGR	F058	HAE DONG SANG-HOI	4,500.00												
1-05-83-621	DRIED SEA MUSTARD	건미역		KGR	F058	HAE DONG SANG-HOI	9,000.00												
1-05-91-000	*MISCELLANEOUS (A) :																		
1-05-91-115	BEANCURD SOFT POOLMUWON SANMAR	풀무원 순두부 산마루	300GR	PKG	F025	WON-IL SANG SA.	500.00												
1-05-91-212	BEANCURD POOLMOOWON	풀무원두부		PKG	F025	WON-IL SANG SA.	1,800.00												
1-05-91-221	BEEF DASHIDA	쇠고기 다시다	1KG	PKG	F025	WON-IL SANG SA.	6,250.00												
1-05-91-222	ANCHOVY DASHIDA	멸치 다시다	1KG	PKG	F025	WON-IL SANG SA.	4,650.00												
1-05-91-233	KOREAN SAUSAGE - RICE GLUTINOU	찹쌀 순대	KGR	KGR	F025	WON-IL SANG SA.	2,950.00												
1-05-91-341	GONYACKU PAN	판 곤약구	650GR	PKG	F058	HAE DONG SANG-HOI	700.00												
1-05-91-342	GONYACKU THIN	실 곤약구	200GR	PKG	F058	HAE DONG SANG-HOI	400.00												
1-05-91-351	ACORN CURD	도토리묵 (업장)	300GR	EA	F025	WON-IL SANG SA.	1,200.00												
1-05-91-355	JELLY GREEN BEAN (CHUNG-PO-MUK	청포묵	200GR	EA	F025	WON-IL SANG SA.	600.00												
1-05-91-361	O-DENG GAMABOKO	오뎅		KGR	F058	HAE DONG SANG-HOI	4,300.00												
1-05-91-411	SWEET CINNAMON PUNCH	수정과 맛차	1KGR	PKG	F158	BO-WOO SIK POOM	3,600.00												
1-05-91-429	POWDER ROSTING	튀김 가루		PKG	F025	WON-IL SANG SA.	1,350.00												
1-05-91-431	RICE CAKE ASSORTED	복합떡		KGR	F028	7SI TTUK-JIB	7,000.00												

WORKSHEET FOR DAILY MARKET LIST – [10]

ORDER DATE : 2014/07/10

DELIVERY DATE : 2014/07/11

ITEM NO.	ITEM NAME(ENG)	ITEM NAME(KOR)	ITEM SPEC.	UNIT	VENDOR	VENDOR NAME	UNIT PRICE	ON HAND	BUTCHER 02-11	PASTRY 02-12	MAIN HOT 02-13	MAIN COLD 02-14	Coffee shop 02-21	French k 02-22	Italian k 02-23	chinese k 02-26	korean k 02-32	Banquet k 02-33	Japanese k 5A-10
1-05-91-434	RICE CAKE KYUNG DAN	경단		KGR	F028	7SI TTUK-JIB	7,000.00												
1-05-91-436	RICE CAKE SONG PYUN	송편		KGR	F028	7SI TTUK-JIB	4,500.00												
1-05-91-439	RICE CAKE TTK-BOK-I	떡볶이(직원식당)		KGR	F025	WON-IL SANG SA	2,250.00												
1-05-91-511	RICE NECTAR	잔치용 식혜	1KGR	PKG	F158	BO-WOO SIK POOM	3,600.00												
1-05-91-512	RICE PUNCH	비락 식혜	1000ML	EA	F058	HAE DONG SANG-HOI	1,800.00												
1-05-91-653	SOUP OX TAIL	꼬리 곰탕		CAN	F025	WON-IL SANG SA	4,250.00												
1-05-91-661	SOYBEAN SOUP POOLMOOWON	풀무원 콩국		PKG	F025	WON-IL SANG SA	550.00												
1-05-91-667	SOYBEAN BLOCK POWDER	메주 가루		KGR	F058	HAE DONG SANG-HOI	3,000.00												
1-05-91-911	ICE BLOCK FOR BANQUET EVENT	아이스 블럭		EA	G044	JUNG WOO YANG HAENG	8,000.00												
1-05-91-921	ICE DRY FOR BANQUET	드라이 아이스		BOX	G096	GEO SAN EVENT	18,000.00												
1-06-12-000	*PASTE/SAUCE :																		
1-06-12-612	SOY SAUCE KIKKOMAN		946ML/CAN	CAN	F025	WON-IL SANG SA	4,200.00												
1-06-16-000	*SEAFOOD :																		
1-06-16-333	KATSUOBUSHI LOCAL	가쓰오부시(국산)		KGR	F090	CHANG-DAE SU SAN	13,500.00												

참고문헌 LIBRARY

■ 국내문헌

- 김충호, "호텔경영학", 형설출판사, 1998.
- 나정기, "식음료원가관리", 백산출판사, 1995.
- 원융희, " 현대 호텔식당경영론", 대왕사, 1989.
- 이정자, "호텔 식음료 원가관리", 형설출판사, 1989.
- 김동수, "식음료 원가관리론", 백산출판사, 2012.
- 송수근·백남길, "외식조리원가관리", 백산출판사, 2012.
- 진대현, "쉽게 풀어보는 원가노트", 더난출판사, 1997.
- 홍기운·진양호·김장익, "최신 식품구매론", 대왕사, 2001.
- 박석하·손영삼·김제승, "알기 쉬운 원가관리 실무", 범한, 2002.
- 조만식·이상식, "원가관리회계", 세학사, 1998.

■ 국외문헌

- 샤토유이치, "돈 잘버는 회사들이 선택한 재무분석 테크닉 73", 비즈니스맵, 2005.
- 유아사 가즈오, "수요예측에 성공한 기업들이 선택한 재고관리 테크닉 73", 비즈니스맵, 2012.
- 히라노 겐, "재무분석", 새로운 제안, 1992.
- 우카쿠히데키, "돈 잘버는 회사들이 선택한 이익계획테크닉 77", 비즈니스맵, 2008.
- 호죠고이치, "돈 잘버는 회사들이 선택한 결산분석 테크닉 70", 비즈니스맵, 2006.
- 스가마쇼지, "돈 잘버는 회사들이 선택한 구매관리 테크닉 95", 비즈니스맵, 2005.
- 우치야마츠토무, "돈 잘버는 회사들이 선택한 IT활용 테크닉 65", 비즈니스맵, 2005.
- 가타히라 기미오, "경영관리가 튼튼한 기업들이 선택한 회계 실무 테크닉 85", 비즈니스맵, 2013.
- 우치야마츠토무, "돈 잘버는 회사들이 선택한 팀장경영전략테크닉71", 비즈니스맵, 2005.

- Davis Bernard and Stone Sally, "Food and Beverage Managemant", Butterworth Heinemann, 1991.
- Eckstein Eleanor F., "Menu Planing", AVI, 1983.
- Gerald W. Lattin, "The Loding, and Food Service Industry", Eucational Institute of the American Hotel & Motel Association, 1985.
- Green Eric F. and Drake Galen G., "Profitable Food and Becerage Management Planning", VNR, 1991.
- Kasavana Michael L., "Computer Systems for Foodservice Operations", VNR, 1984.
- Kasavana Michael L., "Menu Engineering A Practical Guide to Menu Analysis", Revised Edition, Hospitality Publications, 1990.
- Kay M. Beverly, "Menu Design and Layout", The Degree of MPS, Faculty of the Graduate School of Cornell University, 1985.
- Keiser James, "Controlling and Analyzing Costs in Foodservice Operations", MaCmillan Publishing, Co., 1989.
- Khan Nahmood A., "Concepts of Foodservice Operations and Management", VNR, 1990.
- Khan Mahmood A., "VNR's Encyciopedia of Hospitality and Tourism", VNR, 1993.
- Kotler Rhilip, "Marketing Management Analysis, Planing, and Control", Prentice Hall International, 1984.
- Kreck Lothar A., "Menus : Analysis and Planning", VNR, 1984.
- Lundberg Donald E., "The Restaurant : From Concept to operation", John Wiley & Sons., 1985.

찾아보기 INDEX

ㅊ

ㅋ

ㅌ

ㅍ

ㅎ

기타

호텔 & 외식산업

원가관리론

2014년 9월 1일 초판 인쇄
2014년 9월 5일 초판 발행

저 자 진양호
발행인 주병오
발행처 지구문화사 JIGU PUBLISHING Co.
경기도 파주시 회동길 209
파주출판문화정보산업단지
영업팀 (031)955－7566 · 7577
편집디자인팀 (031)955－7731
F A X (031)955－7730
홈페이지 www.ji-gu.co.kr
전자우편 jigupub@hanmail.net
등록번호 1979년 7월 13일 제 9－57호

ISBN 978-89-7006-714-8 값 20,000원